Libro de Comunicaciones
7ª Conferencia Española
Passivhaus

Universitat Pompeu Fabra

Barcelona

26 y 27 de Noviembre 2015

7ª Conferencia Española **PASSIVHAUS**
Barcelona 26-27 Nov 2015

7ª Conferencia Española Passivhaus

Universitat Pompeu Fabra, Auditori del Campus Citadella, Barcelona

26 y 27 de Noviembre 2015

Publicaciones Plataforma Edificación Passivhaus - PEP

Barcelona, España.

Noviembre 2015

ISBN: 978-84-608-3042-9

Maquetación: Oliver Style, Christiane Uibel, Bega Clavero, Lucía Beceiro

Revisión: Sabine Klepser, Angelika Rutzmoser, Xavier Rodríguez

V. 4

Desde la Plataforma de Edificación Passivhaus, agradecemos a todas las empresas que, con su apoyo, hacen posible que la celebración de la 7CEPH sea posible:

- **Patrocinadores ORO**: Schlüter Systems, Zehnder, Ventaclim, OnHaus, Griesser y Kömmerling.
- **Patrocinadores PLATA**: Knauf
- **Patrocinadores BRONCE**: Sto, Ursa, Siber, House Habitat, Soudal, Grupo Saint-Gobain, Deceuninck, Weru, Maco, Rothoblaas, Energiehaus, Roto Frank, Ais-Avuá, Blas Recio

Agradecer también la colaboración de los siguientes organismos, asociaciones e individuos:

- GBCe, ASA, Generalitat de Catalunya, ITeC, Barcelona+Sostenible, AuS, Ajuntament de Barcelona, Col.legi d'Arquitectes de Catalunya, SmartBuilding, TuReforma, Ecoconstrucción, Caloryfrío.com, Construradio y Associació de Promotors de Barcelona.
- UK Passivhaus Trust, Nick Grant, Mark Siddal, Elrond Burrel, La Maison Passive

El Comité Organizador de la 7ª Conferencia Española Passivhaus se ha formado por las siguientes personas:

- **Coordinación**: Sabine Klepser
- **Patrocinadores**: Xavier Rodríguez
- **Instituciones**: Micheel Wassouf, Iñaki Iturbide, Angelika Rutzmoser
- **Tesorería**: Papik Fisas
- **Evento**: Albert Escofet, Nuria Widmann
- **Comité de Comunicación**: Eva Jordan, John Kregel
- **Comité Técnico**: Oliver Style, Bega Clavero, Aurelio Monterde, Julián Molinero

INDICE

1 Introducción

1.1   Mensaje de bienvenida. Autora: Nuria Díaz

Bienvenido a la 7ª Conferencia Española Passivhaus

Todos los que estamos aquí, y que formamos parte de PEP en cualquiera de sus figuras, tenemos una clara vocación hacia el Edificio de Consumo Casi Nulo (sea lo que sea, y se llame como se llame) y hacia la sostenibilidad. Esta visión nos ha traído hoy a Barcelona, a esta conferencia que desde hace ya siete años viene organizando PEP en distintos puntos de la geografía española y que poco a poco se ha ido consolidando como uno de los foros más relevantes del sector, gracias a la calidad de sus ponencias y a la feria que se lleva a cabo en paralelo.

Barcelona fue la ciudad pionera que albergó la primera conferencia de PEP en sus inicios en el año 2009. Desde entonces hemos recorrido un largo camino y ahora esta conferencia de Barcelona 2015 marca un antes y un después en la historia del estándar Passivhaus en España. Proyectos construidos y datos de monitorizaciones que garantizan las soluciones técnicas para distintas tipologías en todos los climas de nuestro país, técnicos y empresas con la madurez suficiente para construir mejor y más eficiente y PEP consolidada como organización de referencia a nivel nacional, encargada de recoger todas estas experiencias en un mensaje que luego traslada a todos los niveles, contribuyendo así al desarrollo del mercado.

Hoy es un día para aprender, para ponernos al día de las novedades, pero sobre todo para disfrutar y saborear estos primeros éxitos en buena compañía. No olvidemos, sin embargo, que esto es sólo el principio del camino y que como veremos durante estos dos días, tenemos nuevos retos por delante para llegar aún más lejos en nuestro objetivo. No quiero despedirme sin darle las gracias a todas las personas que han hecho posible que hoy estemos todos aquí en Barcelona.

Esperando que la conferencia sea de tu interés, recibe un cordial saludo.

Nuria Díaz Antón, Presidenta PEP

1.2   Programa de la 7ª Conferencia Española Passivhaus

Jueves 26 de Noviembre

- 08.30h.- Recepción y entrega de documentación
- 09.00h.- Mensaje inaugural: Nuria Díaz, Presidenta PEP
- 09.10h.- Presentación 7CEPH: Oliver Style, PEP Delegación Catalunya; Mercè Rius, directora ICAEN

BLOQUE 1: VIVIENDA PLURIFAMILIAR

- 09.30h.- Germán Velázquez Arizmendi, arquitecto: "Passivhaus en altura - Torres Bolueta, 361 VPO"
- 10.00h.- Joaquim Pascual, Patronat Municipal d'Habitatge: "Edificio Cuatre Camins para Gente de Tercera Edad, Barcelona".
- 10.30h.- José Luís López, ACA: "La pobreza energética en España y la zona Mediterránea"
- 11.00h.- Mesa redonda: "Passivhaus plurifamiliar y oportunidades de mercado": Laura Valencia, promotora. Alberto Ortiz, Visesa. Isabel Sánchez, entidad financiera. Josep Castellà, Zehnder.
- 11.35h.- Fallo de Jurado III. Concurso Iberoamericano Passivhaus
- 11.40h.- Café- Visita de Stands- Networking

BLOQUE 2: EDIFICIOS TERCIARIOS

- 12.10h.- Èlia Vaqué, arquitecta: "La Casa de Castilla, Hotel eficiente"
- 12.40h.- Bruno Gutiérrez, Emilio Sánchez, arquitectos: "Primer edificio de oficinas PH en España"
- 13.05h.- Sebastián Moreno-Vacca, Aline Branders, arquitectos: "¿Qué hace Passivhaus para la arquitectura: Embajada de Kinshasa, DRC"
- 13.30h.- Nick Grant, Certified Passive House Consultant: "Building a Better Passivhaus School"
- 13.55h.- Mesa redonda: "Retos más allá de la vivienda unifamiliar": Joan Ramón Dacosta, Dep. d'Ensenyament. Esteban Pardo, arquitecto. Javier Bermejo, Kömmerling. Jesús Soto, ingeniero. Sebastián Moreno-Vacca, Aline Branders, arquitectos.
- 14.30h.- Comida- Visita de Stands- Networking
- 16.00h.- Presentación proyecto ganador III. Concurso Iberoamericano

BLOQUE 3: MATERIALES, COMPONENTES, CERTIFICACION

- 16.20h.- Peter Albrecht, Juana Otxoa-Errate, arquitectos: "Construcción maciza con muros de carga de arcilla relleno de lana de roca".
- 16.50h.- Leo Pedone, arquitecto: "Zero energy architecture built with hemp and lime"

- 17.15h.- Craig White, arquitecto: "Build with Carbon- Photosynthetic Materials & Passivhaus"
- 17.45h.- Javier Flórez, Passivhaus Institut: "Las nuevas categorías Passivhaus & PHPP 9"
- 18.05h.- Mesa redonda: "Innovación, tradición y facilidad de ejecución": Maria Molins Salas, CAATEEB. Jordi Roher, iTEC. Xavier Urbano, Schlüter Systems. Oscar Huidobro, Ventaclim.
- 18.40h.- Cierre dia 1

BLOQUE 4: REHABILITACION

- 09.15h.- "EuroPHit: Proyectos, avances y retos"
- 09.45h.- Alfredo Bengoa, Ayto. Vitoria-Gasteiz: "El recorrido de un Palacio de Congresos, de los 80 hasta el PH"
- 10.10h.- Iñaki Archanco, arquitecto: "Rehabilitación Passivhaus de una casa rural, Navarra"
- 10.35h.- Marta Mediavilla, arquitecta: "El pabellón Universidad de Burgos: rehabilitación Passivhaus"
- 11.00h.- Josep Bunyesc, arquitecto: "Rehabilitación y ampliación del centro cívico de Can Portabella de balance energético neto"
- 11.25h.- Mesa redonda: "La rehabilitación energética: paso a paso, ¿o vamos muy lentos?": Marcel Fontanillas, arquitecto. Alfredo Bengoa, Ayto. Vitoria-Gasteiz. Koldo Monreal, Onhaus. Arkaitz Aguirre, Griesser. Eulalia Figuerola, GBCe.
- 12.00h.- Café - Visita de Stands- Networking

BLOQUE 5: PASSIVHAUS EN EL MEDITERRANEO

- 12.45h.- Lluis Morer, Responsable Proyectos E.E y E.R., ICAEN: " Desde la certificación energética a edificios nZEB"
- 13.00h.- Francesco Nesi, Dr. Phys.: "Consciousness in energy efficiency: the Italian experience"
- 13.15h.- Firas Chaieb, ingeniero & Juan Manuel Castaño, arquitecto: "Design of passive Houses in the Mediterranean: how dynamic simulation can help?"

CLAUSURA

- 13.30h.- Luís Martínez Ph.D., PEP: "Plan Estratégico de PEP 2016-2018, Primeros avances"
- 13.45h.- Micheel Wassouf, Vicepresidente PEP: "Datos de monitorización de edificios Passivhaus en España, mapa de proyectos 2015"
- 14.30h.- Cierre de la conferencia
- 16.00h.- Visita guiada a casas pasivas en Barcelona y alrededores (hasta 19.00h)

1.3   La Plataforma PEP y el estándar Passivhaus. Autor: PEP

La Plataforma de Edificación Passivhaus es una asociación sin ánimo de lucro dedicada a promover el estándar en España. Los objetivos básicos de la plataforma son: adaptar el estándar Passivhaus a las particularidades climáticas de nuestro país con especial atención a la refrigeración, estudiar y analizar proyectos, desarrollar, adaptar y traducir el programa de cálculo PHPP, monitorizar obras realizadas, analizar resultados, crear y mantener una base de datos, certificar proyectos y obras realizados en estándar pasivo y promover los edificios pasivos mediante las conferencias anuales, charlas, jornadas y cursos, organizar viajes para ver ejemplos prácticos, participar en foros internacionales de edificación pasiva, formar a técnicos especialistas, etc.

La Plataforma está afiliada a iPHa, asociación internacional que reúne a las distintas asociaciones existentes en el mundo. Los edificios de consumo casi nulo están recogidos por la Unión Europea en la Directiva 2010/31 relativa a la eficiencia energética de los edificios que insta a todos los países de la Unión a comenzar a construirlos a partir del 2019. En nuestra legislación ya se ha comenzado a adaptar el CTE a estas obligaciones (revisión del DB HE 2013). La Plataforma PEP dispone de toda la información y capacidad para incorporar los principios constructivos de los edificios de consumo casi nulo / Passivhaus a los edificios nuevos o a rehabilitar.

El planeta es un sistema cerrado, como una gran MANZANA que vamos consumiendo poco a poco. Desde principios del siglo pasado este ritmo de consumo se ha venido incrementando de forma considerable alcanzando, 100 años después, una serie de amenazas que se hacen cada vez más presentes y que están provocando la reconsideración de algunos de los caminos emprendidos en el progreso de la humanidad.

Llegados a este punto sólo nos queda una opción: reducir drásticamente nuestro consumo de energía y materia para respetar los límites de regeneración de la biosfera y conseguir ganar tiempo para que la MANZANA nos dure más.

Estándar Passivhaus

El estándar Passivhaus, siempre y cuando se atiendan los principios de buena orientación y racionalidad en sus planteamientos, admite CUALQUIER TIPO DE ARQUITECTURA. Aunque inicialmente se aplicó a viviendas unifamiliares cada vez son más las tipologías a las que se adapta el estándar pasivo: escuelas, guarderías, polideportivos, centros cívicos, iglesias, estaciones de bomberos, edificios de oficinas, piscinas... y, por supuesto, bloques de vivienda colectiva donde la relación superficie / volumen es mucho más favorable que en las viviendas unifamiliares.

Durante los meses cálidos estos edificios hacen uso de sistemas pasivos de refrigeración como la disposición cuidadosa de protecciones solares en las fachadas más expuestas, la ventilación cruzada nocturna o la moderación de la temperatura de los edificios mediante intercambiadores tierra-aire.

PRINCIPIO PASIVO:
El termo conserva el calor gracias a sus propiedades de aislamiento térmico.

PRINCIPIO ACTIVO
La cafetera conserva el calor mediante resistencias eléctricas.

Confortables, Asequibles, Sostenibles

Elevado confort interior, consumo de energía muy bajo, alto grado de aislamiento, control riguroso de los puentes térmicos, carpinterías y vidrios de gran calidad, aprovechamiento óptimo del soleamiento...Passivhaus es el estándar de eficiencia energética más avanzado del mundo, y asegura una gran calidad del aire y del confort interior aumentando la durabilidad de los edificios debido a su cuidada ejecución.

CONFORTABLES

Su sistema de ventilación suministra de forma imperceptible el aire fresco necesario. Este aire es previamente filtrado en el recuperador de calor y, junto con el alto grado de aislamiento y la homogeneidad de las temperaturas de las superficies que envuelven las estancias (suelos / paredes / techos), evita la formación de humedades y la generación de mohos. Se consigue así un inmejorable confort acústico, térmico y de calidad del aire.

ASEQUIBLES

Teniendo en cuenta el ciclo de vida de los edificios, única forma de determinar sus costes reales, los edificios pasivos ahorran dinero. El ligero sobrecoste de su construcción (estimado entre un 5 y un 10% respecto de los edificios convencionales) se compensa en pocos años debido a la drástica reducción de su demanda de energía (hasta la décima parte).

SOSTENIBLES

Un edificio pasivo requiere hasta un 90% menos de energía que un edificio convencional con la consiguiente reducción de las emisiones de CO_2 a la atmósfera lo que lo convierte en una alternativa sostenible real frente al resto de construcciones convencionales.

Casa Arias - Roncal, Navarra (2011)

Casa Entreencinas - Villanueva de Pría, Asturias (2012)

Las cinco claves de un Edificio Pasivo

LOS AISLAMIENTOS

Aumentar el espesor de los aislamientos reduce las pérdidas de calor en invierno, las ganancias de calor en verano y la demanda de energía para climatizar los edificios.

LAS VENTANAS

Las zonas más débiles de la envolvente son las ventanas. Por ello, es fundamental contar con carpinterías y vidrios de muy alta calidad con el fin de limitar al máximo la fuga de energía a través de ellas.

LA HERMETICIDAD

En los edificios convencionales el aire que se requiere en las estancias proviene de las infiltraciones que se producen a través de los encuentros de los elementos constructivos, a través de las ventanas y puertas o a través del paso de las instalaciones. En las casas pasivas esta entrada de aire se produce de una forma controlada lo que permite acondicionarlo de tal forma que el aporte se realiza en perfectas condiciones higiénicas, de temperatura y humedad.

LA VENTILACIÓN

La ventilación mecánica controlada con recuperación de calor es un sistema formado por dos circuitos: uno de entrada de aire fresco exterior y otro de salida de aire viciado interior. Ambos comparten un elemento común, el recuperador, en el que se aprovecha en más de un 80% el calor que transporta el aire viciado antes de ser expulsado y se transfiere al aire fresco exterior que, previamente filtrado, se atempera y se revierte a las estancias.

LOS PUENTES TÉRMICOS

Un puente térmico se comporta en un edificio como un agujero en un cubo de agua: aumenta el flujo de calor entre el interior y el exterior del mismo modo en que el agua se derrama a través del agujero del cubo. En los edificios pasivos se controla de forma rigurosa la eliminación de los puentes térmicos

La rehabilitación con criterios pasivos: EnerPHit

La vida útil de un edificio es larga a escala humana. Esto hace que las intervenciones que realicemos para su mejora y buena vejez resulten rentables en el tiempo. Los avances en el conocimiento y en la tecnología posibilitan hoy en día llevar la eficiencia energética al extremo mediante la mejora de la envolvente de los edificios y el máximo aprovechamiento de las ganancias térmicas exteriores e interiores. No utilizar estos recursos que tenemos a nuestro alcance significa hipotecar los edificios a nuevas intervenciones de rehabilitación y desaprovechar la oportunidad de garantizar una larga vida a nuestros edificios en unas condiciones de habitabilidad, funcionalidad y estética óptimas.

Casa Farhaus AF1 - Castellterçol, Cataluña (2010)

Casa Jade - Jungitu, Álava, País Vasco (2012)

Está probado y demostrado que es posible una rehabilitación energética de edificios mediante componentes Passivhaus consiguiéndose todos los beneficios que su aplicación conlleva: mejora de la calidad del aire interior, mejora del confort térmico y acústico, reducción drástica del consumo energético y revalorización de los edificios.

Larixhaus - Collsuspina, Barcelona, Cataluña (2013)

Mijas, Málaga, Andalucía (2014)

El estándar Passivhaus establece unos requisitos muy exigentes en cuanto a la limitación de la demanda de energía y la hermeticidad del edificio. Dadas las dificultades que la rehabilitación de un edificio existente conlleva el estándar EnerPHit, centrado en la rehabilitación de edificios, permite una cierta flexibilidad en el rigor del Passivhaus, maanteniendo sus principios y requiriendo la aplicación de soluciones específicas adaptadas a las peculiaridades de los edificios a rehabilitar.

Los edificios pasivos pueden prescindir de los sistemas convencionales de calefacción y refrigeración: una única estrategia frente al frío del invierno y al calor del verano, el cuidado de la envolvente y la ventilación controlada, permiten su óptima climatización. Esto, unido al ahorro energético y a la disminución de las emisiones, hace de los edificios pasivos una gran inversión, asequible y sostenible.

Palau-Solità i Plegamans, Cataluña (2013)

Vivienda Assyce-Ecoholística - Moraleda de Zafayona, Granada, Andalucía (2009)

La Plataforma de Edificación Passivhaus

La PLATAFORMA DE EDIFICACIÓN PASSIVHAUS es una asociación sin ánimo de lucro dedicada a promover el estándar en España. Los objetivos básicos de la plataforma son: adaptar el estándar Passivhaus a las particularidades climáticas de nuestro país con especial atención a la refrigeración, estudiar y analizar proyectos, desarrollar, adaptar y traducir el programa de cálculo PHPP, monitorizar obras realizadas, analizar resultados, crear y mantener una base de datos, certificar proyectos y obras realizados en estándar pasivo y promover los edificios pasivos mediante las conferencias anuales, charlas, jornadas y cursos, organizar viajes para ver ejemplos prácticos, participar en foros internacionales de edificación pasiva, formar a técnicos especialistas, etc. La Plataforma está afiliada a iPHa, asociación internacional que reúne a las distintas asociaciones existentes en el mundo.

Los edificios de consumo casi nulo están recogidos por la Unión Europea en la Directiva 2010/31 relativa a la eficiencia energética de los edificios que insta a todos los países de la Unión a comenzar a construirlos a partir del 2019. En nuestra legislación ya se ha comenzado a adaptar el CTE a estas obligaciones (revisión del DB HE 2013). La Plataforma PEP dispone de toda la información y capacidad para incorporar los principios constructivos de los edificios de consumo casi nulo / Passivhaus a los edificios nuevos o a rehabilitar.

1.4 Reivindicando el Estándar Passivhaus. Autores: Nick Grant, Mark Siddal

Hoja de documentación técnica – 18 de Febrero 2015; actualización Marzo 2015

Este artículo ha sido traducido y adaptado con permiso de Passivhaus Trust, Reino Unido, del documento original "Claiming the Passivhaus Standard: The UK context. Technical briefing document. Actualización Marzo 2015", escrito por Mark Siddall y Nick Grant junto con "Passivhaus Trust Technical Panel" y "Passivhaus Claims Technical Working Group". La Plataforma Española Passivhaus agradece a los autores y a Passivhaus Trust del Reino Unido por su disposición y colaboración.

Introducción

Podría decirse que el Estándar Passivhaus es el estándar con la garantía de calidad más rigurosa del mundo para edificios energéticamente eficientes. Los edificios Passivhaus tienen una reputación no sólo por su eficiencia energética, sino también por el confort y la calidad. Esto ha comportado un crecimiento considerable en la elección del Estándar y un interés global en los edificios Passivhaus.

El Instituto Passivhaus, PHI, en Darmstadt, Alemania, ha desarrollado el Estándar Passivhaus basándose en rigurosas investigaciones y pruebas científicas. El término *Passivhaus* o *Casa Pasiva* se utiliza para denominar un edificio que ha sido diseñado para este reconocido estándar internacional. Para garantizar la calidad ofrecida por el estándar, el Instituto Passivhaus, PHI[1], ha definido unos requisitos para edificios, productos, diseñadores y consultores Passivhaus[2]. Este documento básicamente trata materias relacionadas con edificios Passivhaus.

En ocasiones en España, se reivindica que los edificios cumplen o sobrepasan los requisitos del estándar Passivhaus simplemente porque alcanzan uno o más requisitos del estándar Passivhaus. En otros casos las reclamaciones vienen debido a que los edificios están diseñados usando "principios Passivhaus". Por ejemplo, cuando éstos cumplen el objetivo de estanqueidad al aire, incorporan un aislamiento a unos niveles similares a los valores U recomendados, o han demostrado que tienen una demanda energética de calefacción inferior a 15 kWh/(m$^2\cdot$a) usando otras herramientas de cálculo energético tales como Calener.

Es incorrecto afirmar que semejantes edificios satisfacen el Estándar Passivhaus o que se asemejan a los principios que sostienen el estándar de garantía de calidad. Un edificio no debe ser denominado Passivhaus a menos que haya sido diseñado con el Paquete de Planificación Passivhaus (PHPP) y reúna todos los requisitos del estándar Passivhaus. El PHI

---

[1] http://www.passiv.de/
[2] http://eu.passivehousedesigner.de/

establece un proceso para que los edificios se correspondan con el Estándar Passivhaus, y con las publicaciones de los criterios de garantía de calidad.[3]

Obtener el estándar Passivhaus

Para conseguir el estándar Passivhaus, el proyecto tiene que demostrar claramente que se cumplen los requisitos de dicho estándar. Esto incluye los requisitos de la lista incluida a continuación, así como cualquier otro requisito o directriz marcados por el Instituto Passivhaus. La Plataforma Española Passivhaus recomienda que el mejor modo de demostrar que los requisitos de garantía de calidad se cumplen es mediante la certificación, a través de un Certificador Passivhaus autorizado[4].

Es razonable reivindicar que un edificio cumple con el estándar Passivhaus, aunque no tenga la certificación oficial, siempre y cuando cumpla con todos requisitos de certificación para la garantía de calidad establecidos por el Estándar. Si los protocolos de garantía de calidad del estándar Passivhaus no han sido respetados durante el diseño y la construcción de un edificio, afirmar que dicho edificio es cumple con los Estándares Passivhaus es, en el mejor de los casos, un hecho infundado y en el peor, engañador y fraudulento según la Ley de protección al consumidor. Además, estas afirmaciones pueden desacreditar el estándar Passivhaus.

Diseñadores y Consultores Certificados Passivhaus

Cuando se diseña una Passivhaus, personas con la calificación de Diseñador y Consultor Certificado Passivhaus tienen la obligación de garantizar que su trabajo cumple y respeta los principios de garantía de calidad establecidos por el Estándar Passivhaus. Es razonable esperar que tanto el Diseñador y el Consultor Certificado Passivhaus lleven consigo una gran responsabilidad debido a su preparación, calificación y prestigio dentro de la industria de la construcción.

Requisitos de Garantía de Calidad

Para afirmar que un edificio es Passivhaus o cumple el Estándar Passivhaus se requiere el cumplimiento de cada uno de los siguientes requisitos[5]:

- El uso del Paquete de Planificación Passivhaus (PHPP en sus siglas en inglés) - el software y el manual - y la correcta introducción de datos.[6]

---

[3] PHI establece los requisitos de garantía de calidad para edificios, productos, diseñadores y consultores Passivhaus, pero este documento solo se contempla los requisitos de garantía de calidad para edificios Passivhaus.
[4] http://www.passiv.de/en/index.php
[5] Criterios de Certificación: http://www.passiv.de/07_eng/phpp/Criteria_Residential-Use.pdfhttp://www.passiv.de/07_eng/phpp/Certification_Non-Residential.pdf Esta lista es necesaria pero puede no ser suficiente. PHI se mantiene el derecho de añadir requisitos de garantía de calidad para la certificación.
[6] PHPP ha sido especialmente desarrollado para edificios de alto rendimiento y es compatible con normas internacionales (como la ISO 13790). Además se ha contrastado con herramientas de simulación dinámicas y se han corroborado los datos obtenidos. El paquete de planificación consta de una amplia variedad de herramientas desarrolladas específicamente para diseñar edificios de alto rendimiento.

- Que todas las suposiciones relevantes al diseño y sus condiciones de contorno concuerden con las establecidas en el PHPP.

- Que las conductividades de todos los materiales, productos, componentes y construcciones (incluyendo puentes térmicos) cumplan con los estándares correspondientes EN.

- Que la temperatura de la superficie interna de las ventanas no se encuentre por debajo de los 17°C en el período de los tres días más fríos del año.[7]

- Que los ensayos de estanqueidad se han realizado conforme la normativa EN 13829 (con la variante de que tanto la presurización como la despresurización debe ser realizada, y su resultado promedio será la que se use a efectos de la certificación).[8]

- Que los sistemas de ventilación mecánica con recuperación de calor cumplan los estrictos requisitos mínimos de eficiencia para estos sistemas.

- Que la puesta en marcha de los sistemas de ventilación mecánica se realicen de acuerdo con los requisitos del estándar Passivhaus.

- Que el constructor escriba una declaración confirmando que el edificio ha sido construido de acuerdo a la documentación del contrato.

- Archivos fotográficos del proceso del proyecto.

- Incluir una amplia documentación del proyecto tanto gráfica como técnico-descriptiva.

- Que las herramientas y documentación anteriores se utilicen para demostrar satisfactoriamente los requisitos de rendimiento energético establecidos por el Instituto Passivhaus.

Para el clima de España, los estándares actuales de rendimiento energético son:

Requisitos de Rendimiento Energético del estándar Passivhaus, Clima España

Demanda Específica de Calefacción	≤ 15 kWh/m²·a
Demanda Específica de Refrigeración *para edificios no residenciales*	≤ 15 kWh/m²·a
Carga Térmica de Calor	≤ 10 W/m²
Consumo total de Energía Primaria	≤ 120 kWh/m²·a *
Estanqueidad al paso de aire	n50 ≤ 0,6 ren/h @ 50 Pa

* En mayo de 2015, saldrá un nuevo parámetro en consumo de energía primaria y dejará de estar en vigor el valor de 120 kWh/m²·a. El Instituto Passivhaus actualiza continuamente sus parámetros de certificación, los cuales pueden ser descargados desde su página web.

---

[7] Determinada por la información climatológica aprobada por el PHI.
[8] Para un edificio Passivhaus el volumen de referencia que se suele usar para establecer las n50 filtraciones del aire está estrictamente definido por EN 13829, esta metodología difiere de los estándares ATTMA que pueden proporcionar un volumen significativamente más elevado.

La Certificación de un edificio mediante un certificador autorizado es un mecanismo de garantía de calidad que asegura que todos los requisitos anteriores se han cumplido, respaldado y recomendado por el Instituto Passivhaus y la Plataforma PEP.[9]

Los beneficios de los edificios Passivhaus

El valor real de las afirmaciones sobre el rendimiento vinculadas al estándar Passivhaus, y la asociación de otras cualidades o acciones de marketing por parte de terceros[10], depende de la garantía en que estas afirmaciones sean creíbles para los consumidores y que reflejen un auténtico beneficio para el consumidor y para el medio ambiente. Estos beneficios incluyen:

- Consumo de energía casi nulo.[11]
- Evitar defectos o patologías en los edificios que propician la formación de mohos.
- Niveles de confort térmico excelentes (Cumpliendo la normativa ASHRAE55 y EN7730).[12]
- Una reducción muy significativa en las facturas de consumo energético.
- Una altísima calidad del aire interior.[13]
- Optimización de los costes de ciclo de vida.[14]
- Niveles elevados de satisfacción por parte del usuario/propietario.[15]
- Minimización de la hipoteca energética.
- Minimización de los daños ambientales derivados del derroche de energía.

La monitorización exhaustiva de los edificios Passivhaus por el Instituto Passivhaus a lo largo de los últimos 20 años ha demostrado y validado claramente la garantía de calidad del estándar.[16]

---

[9] Un edificio puede conseguir el Estándar Passivhaus (y al mismo tiempo ser un Edificio Certificado Passivhaus) utilizando productos que no están certificados por el Instituto Passivhaus, siempre y cuando éstos cumplan los requisitos de rendimiento necesarios. Cabe destacar que el uso de productos y materiales con Certificación Passivhaus o apropiados para edificios Passivhaus no son una prueba de idoneidad en todos los casos. Sin embargo, el uso de componentes certificados simplifica el proceso de auditoría para conseguir el estándar Passivhaus.

[10] Incluyendo a los diseñadores, fabricantes, vendedores, etc.

[11] http://www.passiv.de/07_eng/PHI/Flyer_quality_assurance.pdf

[12] Resultados del CEPHEUS: las dimensiones y la satisfacción de los ocupantes son hechos para probar que las Casas Pasivas son una opción para un edificio sostenible. Schnieders J., Hermelink A., http://www.sciencedirect.com/science/article/B6V2W-4DGD9TX- 1/2/0af4c8fb6e974de712202b192ff4395b

[13] Medidas del rendimiento energético y la calidad ambiental interior en 10 Casas Pasivas Danesas – un caso de estudio de Larsen T., Jensen R. L., Proceedings of Healthy Buildings 2009.

[14] http://www.passiv.de/04_pub/Literatur/GDI/WiSt-Daemm.pdf

[15] Referencia a Schnieders, Hermelink (2006) CEPHEUS results: measurements and occupants' satisfaction provide evidence for Passivhaus being an option for sustainable building, Vol 34, pp 151-171, Energy Policy PEP Project Information No. 1, Climate Neutral Passivhaus Estate in Hannover-Kronsberg:Construction and

[16] Por ejemplo se refiere al "Feist et al (2005) PEP Project Information No. 1, Climate Neutral Passivhaus Estate in Hannover-Kronsberg:Construction and Measurement Results http://www.passivhaustagung.de/zehnte/englisch/texte/PEP-Info1_Passive_Houses_Kronsberg.pdf

Protección del consumidor y del Estándar Passivhaus

El término Passivhaus no es una marca registrada o una marca comercial; no obstante, está definida claramente con sus propios términos y referencias.[17] En Alemania cuando se afirma que un edificio es Passivhaus hay un valor jurídico (Horn 2008[18]).

La Ley 26/1984, Ley General para la Defensa de Consumidores y Usuarios, actualizada y publicada en el real decreto legislativo 1/2007, del 16 de noviembre, ofrece la protección legal necesaria en España. Causa especial interés para este informe la información recogida en el Capítulo II, Artículo 5, Actos de Engaño al Consumidor, de dicha Ley, en el que se prohíbe la difusión de indicaciones incorrectas o falsas, o la omisión de verdaderas, respecto a los productos o servicios ofrecidos, que puedan inducir a error a las personas a las que se dirigen, y en general, sobre las ventajas ofrecidas.

Dicho artículo recoge:

Se considera desleal por engañosa cualquier conducta que contenga información falsa o información que, aun siendo veraz, por su contenido o presentación induzca o pueda inducir a error a los destinatarios, siendo susceptible de alterar su comportamiento económico, siempre que incida sobre alguno de los siguientes aspectos:

La existencia o la naturaleza del bien o servicio.

Las características principales del bien o servicio, tales como su disponibilidad, sus beneficios, sus riesgos, su ejecución, su composición, sus accesorios, el procedimiento y la fecha de su fabricación o suministro, su entrega, su carácter apropiado, su utilización, su cantidad, sus especificaciones, su origen geográfico o comercial o los resultados que pueden esperarse de su utilización, o los resultados y características esenciales de las pruebas o controles efectuados al bien o servicio.

La asistencia posventa al cliente y el tratamiento de las reclamaciones.

El alcance de los compromisos del empresario o profesional, los motivos de la conducta comercial y la naturaleza de la operación comercial o el contrato, así como cualquier afirmación o símbolo que indique que el empresario o profesional o el bien o servicio son objeto de un patrocinio o una aprobación directa o indirecta.

El precio o su modo de fijación, o la existencia de una ventaja específica con respecto al precio.

---

[17] El título Passivhaus (también Casa Pasiva) no es una marca registrada o una marca comercial; no obstante, frases incluyendo Passivhaus y Casa Pasiva lo son.
[18] Horn, G. Aspectos legales de la planificación y la construcción de Casas Pasivas, Conferencia Internacional de Casas Pasivas, Nuremberg 2008.

La necesidad de un servicio o de una pieza, sustitución o reparación. La naturaleza, las características y los derechos del empresario o profesional o su agente, tales como su identidad y su solvencia, sus calificaciones, su situación, su aprobación, su afiliación o sus conexiones y sus derechos de propiedad industrial, comercial o intelectual, o los premios y distinciones que haya recibido.

Los derechos legales o convencionales del consumidor o los riesgos que éste pueda correr.

Cuando el empresario o profesional indique en una práctica comercial que está vinculado a un código de conducta, el incumplimiento de los compromisos asumidos en dicho código, se considera desleal, siempre que el compromiso sea firme y pueda ser verificado, y, en su contexto fáctico, esta conducta sea susceptible de distorsionar de manera significativa el comportamiento económico de sus destinatarios.

Un edificio que cumpla con el Estándar Passivhaus es un producto distintivo y consolidado, al que se le debe hacer publicidad, marketing, y venderlo a los consumidores. Edificios que cumplan el Estándar Passivhaus tienen numerosos beneficios para el consumidor.[19]

Un edificio que no cumpla el Estándar Passivhaus no obtendrá beneficios publicitarios. El comprador será víctima del engaño debido a las falsas alegaciones y tergiversaciones en relación al cumplimiento del edificio con el Estándar Passivhaus.

El marco legal actual Español, trabaja para aportar la protección necesaria hacia el consumidor ante falsas afirmaciones y tergiversaciones en relación al cumplimiento del Estándar Passivhaus. Las personas que hagan falsas afirmaciones o tergiversaciones acerca de que un edificio cumpla con el Estándar Passivhaus, o satisfagan los principios de garantía de calidad de los principios Passivhaus podría de hecho ser sometido a reclamaciones legales, sanciones, y daños ocasionados por la violación de la Ley General para la Defensa de Consumidores y Usuarios.

Los consumidores afectados por estas falsas afirmaciones deben demandar a estas personas. El Ministerio de Agricultura, Alimentación y Medio Ambiente debe instruir acciones legales en contra de estos falsos reclamantes o enjuiciarse en contra de ellos. La Plataforma Española Passivhaus debe al mismo tiempo unirse o iniciar acciones de responsabilidad en contra de las partes que realizan falsas afirmaciones referidas al cumplimiento del Estándar Passivhaus, con motivo de la protección de sus miembros.[20] Dentro de este contexto, las alegaciones relativas a la utilización de los denominados "Principios Passivhaus" podría de hecho ser considerada engañosa y, por tanto, ilegal.

---

[19] Se refiere a los beneficios de edificios Passivhaus.
[20] El valor real de las afirmaciones representativas del Estándar Passivhaus quedan bajo la garantía de que las afirmaciones son creíbles por parte de los consumidores. Falsas afirmaciones no sólo afectan a los consumidores sino también a los profesionales y técnicos que diseñan edificios que cumplen con el Estándar Passivhaus.

PLATAFORMA
EDIFICACIÓN
PASSIVHAUS

Reconocimientos

Este documento ha sido traducido y adaptado con permiso de Passivhaus Trust, Reino Unido, del documento original "Claiming the Passivhaus Standard: The UK context. Technical briefing document. Updated March 2015", escrito por Mark Siddall y Nick Grant junto con "Passivhaus Trust Technical Panel" y "Passivhaus Claims technical working group".

Se incluyen los miembros del grupo de trabajo: Jon Broome, Alan Clarke, Paul Smyth and Melissa Taylor. Additional input was also provided by Mark Allen, Justin Bere, Jon Bootland, Bill Butcher, Andrew Goodman, Chris Herring, Jonathan Hines, Sofie Pelsmakers, Paul Tuohy and Peter Warm.

Traducción realizada por Iñaki Iturbide, revisada por Oliver Style. La Plataforma Española Passivhaus agradece a los autores y al Passivhaus Trust del Reino Unido por su disposición y colaboración.

1.5 Preguntas y respuestas sobre la Casa Pasiva. Autor: La Maison Passive France

Escrito por Etienne Vekemans, Presidente de la Asociación Maison Passive France en dic 2012. Traducido y revisado por: Eva Jordan, Arquitecta y Passivhaus Designer

La Maison Passive France

Un réseau pour l'information, la qualité et la formation

Conozca todo sobre la Casa Pasiva!

Imagínese una casa perfectamente aislada, como si estuviera recubierta con un escudo que la protege tanto en invierno como en verano. Te encuentras bien en su interior, estás viviendo y además emites calor. Si además el tiempo es soleado, todavía mejor, pues no será necesario calentar dicha vivienda. En verano, sin embargo se evitará la entrada de sol en su interior porque éste no será necesario.

¿Por qué "pasiva"? ¿No hace nada?

El concepto de Casa Pasiva se basa en que el calor del interior de la casa (el procedente de las personas y electrodomésticos) y el calor procedente del exterior (radiación solar) son suficientes para calentar una vivienda. Un edificio ocupado que no pierde su calor interno no requiere de calefacción para vivir de forma confortable. La calefacción de la vivienda nos servirá únicamente para compensar las pérdidas de calor.

¿Cuáles son los problemas de la calefacción?

Contaminación. Para calentar necesitamos energía y el uso de esa energía genera contaminación. Más o menos según el tipo de energía utilizada (las energías renovables son menos contaminante que el resto), pero la única manera de reducir adecuadamente la contaminación es consumir la menor cantidad de energía posible. De todas las emisiones, la contaminación atmosférica es quizás la más importante pero no la única: contaminación acústica, visual y olfativa se encuentran en todos los sistemas de calefacción tradicionales.

Espacio Interior. ¿Te gustan los radiadores? Los hay que hacen ruido, que huelen a polvo quemado, o aquellos que ocupan un espacio desproporcionado. Existen afortunadamente, sistemas de calefacción integrados en los edificios, pero estos conllevan otro tipo de problemas de gestión, mantenimiento, etc.

Zonas calientes y frías. Efectivamente. Si se calienta un espacio se crean puntos calientes y siguiendo la misma lógica, también se crean puntos fríos. Cuánto más se calienta, mayor será la diferencia entre las zonas calientes y frías. Hasta el punto de que las zonas de confort en la vivienda disminuyen gradualmente a medida que se aumenta la calefacción. ¡Qué desperdicio!

Costes. La calefacción se tiene que pagar. El coste de la energía irá subiendo de forma inevitable, incluso si en la actualidad es (muy) bajo es un aspecto importante a tener en cuenta. El sistema de calefacción, también, representa una inversión significativa. Se pueden hacer cosas mejores con ese dinero ¡

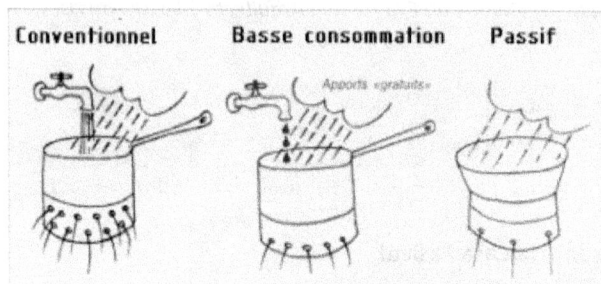

¿Cómo se mantiene el calor?

Con aislamiento. Es evidente que para mantener el calor en una vivienda (o bien dejarlo fuera en un clima cálido), se tiene que aislar la envolvente. Las mayores pérdidas de calor se producen a través de la envolvente: primero por el techo (el aire caliente sube), luego por las paredes y finalmente por el suelo. Las puertas y ventanas son considerados como parte particular de la envolvente (transparentes y/o practicables).

Además de un aislamiento eficaz de la envolvente, es necesaria una atención especial en la eliminación puntos con flujo de calor, los denominados "puentes térmicos" porque son pasajes (puentes) que promueven pérdidas de calor. En la práctica, se debe dar preferencia al aislamiento externo, ya que elimina estos puentes. Las puertas y las ventanas, menos aislantes que las partes opacas fijas, deben también llegar a un mayor nivel de aislamiento. El uso de triple acristalamiento de calidad es conveniente o necesario para lograr un rendimiento suficiente de aislamiento en una casa pasiva.

Ventilación y estanqueidad. Para evitar las fugas térmicas, las viviendas pasivas deben evitar cualquier tipo de infiltraciones de aire. ¿Conoces esas corrientes de aire frío tan desagradable cuando las casas están mal acabadas? Antes de la aparición de la ventilación controlada, los puentes térmicos permitían la renovación de aire interior, esencial para el bienestar de los ocupantes. Sin embargo ahora, son puntos a eliminar por completo puesto que amenazan el rendimiento térmico necesario para una casa pasiva. En una casa pasiva la ventilación debe ser el único paso obligado del aire y no por "fugas" térmicas. La estanqueidad así como el aislamiento, son criterios esenciales en una casa pasiva.

Recuperación del calor saliente. Una casa pasiva, como cualquier hogar moderno y confortable, está bien ventilado. La ventilación aspira aire exterior y luego lo expulsa nuevamente después de haber pasado por la zona caliente, de hecho, no tiene sentido calentar el aire entrante para volverlo a expulsar nuevamente al exterior. Cuándo el aislamiento es satisfactorio, la ventilación se convierte en una vía importante de pérdida de calor. La idea es sencilla: se recupera el calor del aire saliente (no el aire en sí, sólo su calor) para precalentar el aire entrante. En período frío, no vamos a dejar entrar el aire congelado del exterior!

Por esta razón, la mayoría de casas pasivas vienen equipadas con una ventilación llamada de "doble flujo" (flujo entrante y flujo saliente pasan por el sistema de ventilación) con intercambiador de calor. Dentro del contexto de casa pasiva, este ventilador debe recuperar al menos el 75% del calor del aire saliente para transferirlo al aire entrante (rendimiento calculado sobre el aire de extracción).

Para economizar todavía más, también es posible recuperar el calor de las aguas grises salientes (lavaplatos, lavadora, ducha, lavabos) para precalentar el agua entrante procedente de la red pública (o el aire entrante).

¿Son diferentes las casas pasivas?

No. Nada se parece más a una casa pasiva que una casa que no lo es. Se requiere un determinado rendimiento energético, no una forma o un aspecto específico. Desde el diseño clásico al diseño extravagante, los arquitectos pueden diseñar casas pasivas igual que las tradicionales. Los patrones climáticos regionales son las principales influencias en la arquitectura de las casas pasivas. Sin embargo, suelen tener muros gruesos, como consecuencia de la cantidad de aislamiento requerido. Es frecuente encontrar grandes ventanales orientados al sur para aprovechar las ganancias solares y pocas ventanas al norte para evitar pérdidas.

Del mismo modo, es aconsejable diseñar casas compactas para disminuir la superficie de la envolvente a aislar. Una vez más, el clima y las limitaciones económicas influyen en la arquitectura. A menudo existe también confusión con la arquitectura bioclimática. Un diseño bioclimático no es ni necesario ni suficiente para construir una casa pasiva. No es necesario porque se puede construir una casa pasiva incluso si la orientación viene impuesta. El ambiente urbano es incompatible con el diseño bioclimático, mientras que sí se presta a ser pasivo. No es suficiente, puesto que, una casa de diseño bioclimático no necesariamente respeta los criterios de la casa pasiva. Existe sin embargo una conexión: un diseño bioclimático a menudo puede reducir los costes de construcción de una casa pasiva. Aprovechar la energía solar gratuita y protegerse de los vientos fríos reduce la inversión en aislamiento.

¿Una casa pasiva es ecológica?

Sí, en relación con una casa respetuosa con las normativas térmicas actuales, ya que la casa pasiva ahorra una gran cantidad de energía. El gasto de energía para la calefacción debe ser cuatro veces menos que el de una casa que cumpla el Reglamento Térmico 2005 (y diez veces menos que un edificio existente). Como hemos visto anteriormente, este ahorro de energía reduce significativamente el impacto de la vivienda en el medio ambiente.

No, si se estima que una casa es ecológica sólo si ha sido construida con materiales naturales. Una casa pasiva puede construirse con muchos materiales, desde el más natural al más artificial. Los estudios son claros: el mayor impacto de una casa está en su consumo de energía durante su vida útil y no en el impacto de su construcción. Para aquellos que no estén convencidos, les bastará con alargar el periodo de cálculo...Es sorprendente.

Dicho esto, es posible combinar ambos aspectos: diseño/construcción ecológica y eficiencia de una casa pasiva. La mayoría de las viviendas actuales no tienen ninguna de las dos cualidades mencionadas anteriormente. Pero si tenemos que elegir (por razones de coste o arquitectónicas), es más respetuoso para el medio ambiente construir una casa pasiva con materiales contaminantes que un colador térmico construido con materiales naturales...

¿Una casa pasiva es cara?

Sí, si se tiene en cuenta la inversión inicial. El estudio térmico, la construcción cuidadosa, la cantidad y la calidad del aislamiento y otros materiales, el uso de una carpintería específica aumentan sustancialmente el coste de la construcción. Se estima entre un 15-25% para una vivienda unifamiliar, entre un 5-10% para vivienda colectiva y un poco menos para las oficinas. Este coste adicional es también uno de los obstáculos para generalizar este tipo de edificios, mientras que sabemos que es un puro pretexto.

No, si se tienen en cuenta los costes de funcionamiento. A través del ahorro de energía que permite la construcción pasiva, los costes de funcionamiento de una casa pasiva serán menores que los de un edificio "normativo" durante décadas. El sobrecoste de construcción será amortizado mucho antes de que el final de su vida útil. ¿No es ésta la característica de una buena inversión?

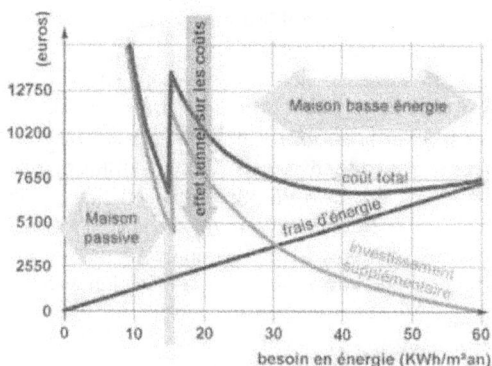

El equilibrio entre la inversión inicial y la economía de funcionamiento ha servido para calcular los valores óptimos que deben ser respetados. Los criterios cuantitativos para diseñar una casa pasiva derivan de un cálculo económico que optimiza la inversión, y no de una estimación. Si estás interesado en una casa pasiva probablemente es porque tu horizonte no se limita al año próximo... Una de las ventajas de las casas pasivas es estar por delante de las normativas térmicas actuales. Construyendo (o rehabilitando) según los criterios de la casa pasiva, la reventa de tu propiedad será mucho más fácil que la gran la mayoría de las viviendas. El valor patrimonial de una casa pasiva es sin duda superior al de una casa normativa equivalente, con una revalorización que aumentará regularmente en paralelo al aumento del coste de la energía.

¿El sistema constructivo viene impuesto?

No. La construcción de una casa pasiva es libre: desde la construcción metálica hasta construcción con paja, pasando por las más habituales realizadas en hormigón y madera, no existe recomendación alguna sobre un sistema constructivo. La construcción puede ser artesanal o industrial, pero debe ser una construcción cuidadosa y de alta calidad, que no es la práctica general en Francia. Existen sin embargo, rasgos comunes en todas las casas pasivas: importantes aislamientos, ventilación mecánica controlada doble flujo (VMC 2F), y opcionalmente, en las regiones más cálidas, un pozo canadiense (también denominado pozo Provenzal). Las nuevas normativas térmicas son, por otra parte, la base de las innovaciones en los edificios. El uso de aislantes al vacío, vidrios especiales, nuevos sistemas de recuperación de calor, materiales de cambio de fase y las nuevas técnicas de prefabricación están surgiendo para satisfacer las nuevas necesidades constructivas de las casas pasivas.

¿"Casa pasiva" es una etiqueta?

Passivhaus Institut

En el sentido francés, esto sería una etiqueta porque la etiqueta no es objeto de una normativa nacional. Pero la eficiencia energética de la vivienda pasiva es superior a la del edificio de Bajo Consumo (BBC) correspondiente a la normativa francesa más exigente actualmente (Effinergie). Una verdadera casa pasiva debe estar certificada y debe cumplir con unos criterios específicos, especificados por el Instituto Passivhaus [http://www.passiv.de]:

- Demanda de calefacción debe ser inferior a 15 kWh / m² / año. Esta demanda es el resultado de su optimización económica (sin sistema de calefacción independiente). Para una casa de 100 m², representa un máximo de 1500 kWh para todo un año.
- La estanqueidad n50 <0,6 / h: este criterio es difícil de entender para un neófito, únicamente conocer que esta hermeticidad se comprueba mediante un test denominado "Blower Door Test" (ver glosario [http://www.lamaisonpassive.fr/spip/spip.php?article11]) y que verifica la ausencia de fugas e infiltraciones de aire no deseadas.
- El consumo de energía primaria por debajo de 120 kWh / m² / año. El objetivo es reducir el consumo energético, así que no sería coherente derrochar energía en otros dispositivos de calefacción (aire y agua), iluminación, electrodomésticos y otros aparatos. Según la fuente de energía utilizada, la conversión de energía primaria en energía final puede penalizar más o menos. A nivel eléctrico representa unos 44 kWh/ m²/ año en el contador, cifra considerablemente baja. Las energías renovables tienen una conversión más favorable.

La certificación requiere una validación del diseño y del cálculo del consumo energético, así cómo superar la prueba de estanqueidad ("Blower Door Test "), y finalmente conseguir una serie de consumos. En resumen, una simple declaración no es suficiente! Desconfía de la publicidad engañosa, ahora ya conoces lo suficiente para descartar la mayoría de engaños.

¿No es mejor una casa positiva?

Las viviendas de energía positiva se ven a menudo como la panacea del hábitat sostenible, ya que producen más energía de la que consumen. El problema viene dado en muchas ocasiones porque se produce energía cuando no es útil y luego se consume tanta energía como las demás cuando no se produce energía. El resultado final no es obvio, sobre todo por las importantes inversiones en equipo pesado y por el impacto en el medio ambiente que no es necesariamente positivo. La disminución del consumo energético no debe ser sustituido por la costosa generación de energía ¡Una casa pasiva, debido a su bajo consumo de energía, es la base ideal para una casa de energía positiva. De hecho, es mucho más fácil y más económico compensar el bajo consumo de energía de una casa pasiva que aquella consumida por una vivienda estándar.

¡Quiero visitar una Casa Pasiva!

Hay alrededor de 1.000 casas pasivas en Francia (de los cuales casi 100 están certificadas "Maison Passive / Passivhaus"), y varios miles más en Alemania, Suecia, Suiza, Bélgica, Italia y Dinamarca: La Casa Pasiva y los pueblos de Europa [http://www.lamaisonpassive.fr/spip/spip.php?Artículo 16]

Una vez al año, en noviembre, los edificios pasivos abren sus puertas en toda Europa, son las Jornadas de Puertas Abiertas [http://www.lamaisonpassive.fr/spip/spip.php?article133].

¿Cuándo será?

Existen ya muchas casas pasivas, y muchas otras se están construyendo ya. Existen también rehabilitaciones pasivas! En un futuro cercano, todos los edificios deben acercarse a la eficiencia "pasiva". En Francia, el "Grenelle" del medio ambiente ha elaborado una hoja de ruta [http://www.lamaisonpassive.fr/spip/IMG/pdf/Grenelle_G1_Synthese_Rapport2.pdf] para la adecuación de las prestaciones térmicas. El objetivo es llegar a edificios de Bajo consumo energético (BBC) en 2012 y luego la construcción pasiva en 2020 (denominado BEPAS). En el ámbito inmobiliario y su legendaria inercia, este futuro está muy cerca.

¡Quiero saber más!

¿Quieres saber más, y conocer más detalles? ¿Estás interesado en nuestras acciones y quieres apoyarnos! Únete a la casa pasiva Francia para saber todo sobre Passive House, técnica avances, destacados y novedades! [http://www.lamaisonpassive.fr/spip/spip.php?article65]

1.6   ¡5 excusas para no hacer Passivhaus! Autor: Elrond Burrell

Y por qué no se sostienen

Título original "5 Excuses for Not doing Passivhaus! & why they aren't airtight"
publicado el 14 Sep 2015 por Elrond Burrell en su blog http://elrondburrell.com/blog/5-excuses-
for-not-doing-Passivhaus

Passivhaus parece estar en las noticias del sector cada semana. Más y más proyectos aparecen alrededor del mundo. A menudo se afirma que el Estándar Internacional Passivhaus, es el estándar energético que, dentro de la alta eficiencia energética, ha experimentado el mayor crecimiento a nivel mundial. El primer edificio Passivhaus entró en servicio en 1991 y solo 25 años más tarde, se estima que existen más de 50.000 edificaciones bajo este estándar. ¡Sin duda se trata de un crecimiento exponencial!

Y sin embargo, el estándar Passivhaus todavía puede ser un tema que genere división en el sector. Se nos presentan una y otra vez las mismas excusas por parte de arquitectos, diseñadores, constructores e incluso clientes para no construir Passivhaus. Es cierto; en algunas y contadas circunstancias se dan las condiciones para no aplicar el standard. Sin embargo, en la mayoría de los casos las razones se basan en malentendidos, mitos e ideas preconcebidas. Este artículo centra su atención en 5 de estas excusas desmitificándolas, evidenciando sus lagunas o mejor dicho ¡evidenciando sus infiltraciones!

5 Excusas para no hacer Passivhaus

1. ¡Passivhaus no funciona en mi clima!

La idea que Passivhaus no funciona en un clima concreto es una excusa extensamente utilizada. En gran parte, por asumir que el Estándar Internacional Passivhaus es un estándar Alemán. (Que no lo es.) Es cierto que el Estándar Passivhaus es originario de Alemania y fue implementado en sus inicios en climas fríos tanto de Alemania como del Norte de Europa. ¡Pero es como decir que un vehículo Mercedes-Benz no funcionará perfectamente en otros climas del mundo!

El estándar Passivhaus es un estándar de alta eficiencia. Un edificio Passivhaus, debe ser diseñado utilizando los datos climáticos específicos del lugar. Los retos de diseño cambian según el clima. Existen diferentes desafíos de diseño para los diferentes climas, pero hay muy pocos –si alguno- donde no funcione.

¿Qué ocurre con un clima extremadamente frío? Ningún problema, existe una estación de investigación Passivhaus en la Antártida, ¡no encontraremos climas más extremos que ese! ¿Y con un clima cálido? Tampoco hay problema, existen edificaciones Passivhaus en Indonesia, Australia, China, España, Nuevo Méjico y pronto en la República Democrática del Congo. Sea cual sea el clima se presentarán desafíos propios de cada uno, pero Passivhaus funcionará.

2. ¡Diseñar bajo el estándar Passivhaus es demasiado difícil!

Diseñar un edificio Passivhaus por primera vez, de hecho, puede ser desalentador. Pero no hay nada insuperable en un diseño Passivhaus para un arquitecto o diseñador competente, aunque en realidad, se trata de afrontarlo con la mentalidad correcta – siendo capaces de reaprender y repensar la "habitual-normal" forma de diseñar o construir. Y una vez has escogido la píldora roja, no hay vuelta atrás, a pesar de asegurarte algún que otro quebradero de cabeza.

El Passivhaus hace cuestionar algunos de los enfoques típicos del diseño. Por ejemplo: conseguir una forma y envolvente térmica optimizada, son dos consideraciones de diseño importantes para Passivhaus. Podría decirse que estos aspectos deberían ser importantes para el diseño arquitectónico general. Desafortunadamente, suelen pasarse por alto. Como en el caso de la forma del edificio por ejemplo, donde a menudo es explorada y conducida intencionadamente hacia la estética, obviando el efecto que representa la forma en el comportamiento final del edificio.

Passivhaus requiere un diseño riguroso y la aceptación de restricciones adicionales. La aplicación de nuevas restricciones al proceso de diseño puede suponer un reto al principio. Con el paso del tiempo, las restricciones que te condicionaban, te conducen a un incremento de la creatividad. Y entonces el proceso de diseño se vuelve mucho más fácil. El Passive House Planning Package (PHPP) es una herramienta de diseño clave. ¡Cuando estás diseñando un edificio Passivhaus el PHPP es tu mejor amigo! Puedes comprobar tus ideas a medida que avanza el proyecto y comparar diferentes opciones –con un feedback instantáneo sobre el comportamiento del edificio y la comprobación de si es probable o no que cumpla con el estándar Passivhaus.

La clave está en empezar por el lugar correcto – con el estándar Passivhaus como una clara meta y con la mente abierta sobre cómo lograrlo. No necesariamente, deben olvidarse o verse comprometidas otras aspiraciones de diseño, simplemente pueden requerir más creatividad y esfuerzo para incorporarlas al proyecto. Por otro lado, forzar hasta el extremo o "hacer entrar con calzador" el Passivhaus dentro de un diseño existente (o en un proceso de diseño existente) es ciertamente difícil. Esto puede suponer un reto tan importante como el de rehabilitar bajo el estándar Passivhaus en fase de proyecto.

El diseño Passivhaus no es demasiado difícil – arquitectos y diseñadores alrededor del mundo están asumiendo y superando los retos que se les presentan, viendo además un incremento de valor de su proyecto arquitectónico.

3. ¡Construir bajo el estándar Passivhaus es demasiado difícil!

¿Son los edificios Passivhaus difíciles de construir? Esto realmente depende de cómo se hayan diseñado. Si se han diseñado teniendo en cuenta el estándar Passivhaus, su construcción no supondrá una dificultad añadida. Un edificio Passivhaus bien diseñado puede incluso llegar a ser más fácil de construir que un edificio convencional, debido a la claridad y al rigor requeridos tanto en el diseño como en la documentación asociada al proyecto.

Al igual que diseñar Passivhaus, construirlo requiere un cambio de mentalidad. Se trata de un diseño integrado y esto tiene importantes implicaciones en la construcción del propio edificio, particularmente en la construcción de la envolvente, donde "ya no vale" la simple superposición de capas de características "sostenibles". Esto implica que los pequeños detalles cuentan y que es necesario que todos los intervinientes en el proceso edificatorio asuman e interioricen que "están trabajando para lo mismo" y que su parte, sea cual sea, tiene incidencia sobre el conjunto.

Algunos conceptos, aspectos y detalles de Passivhaus son nuevos para los constructores. Como por ejemplo: la hermeticidad, la construcción libre de puentes térmicos y los sistemas de ventilación mecánica con recuperación de calor. Por lo que -al principio- puede presentarse una empinada curva de aprendizaje. La comunidad Passivhaus es un gran apoyo, a la vez que un increíble recurso a aprovechar.

Otra de las sorpresas a las que se debe prestar atención, es el control de calidad. El proceso de Certificación Passivhaus asegura que lo que se ha construido, coincida con lo que se ha diseñado y prescrito. Los constructores habituados a "atajos" del estilo "lo hacemos como siempre", pueden ser desalentadores y generar inconvenientes en el resultado final así como en el proceso de certificación. **Passivhaus es un deporte de equipo**, donde todos los intervinientes deben estar comprometidos con el proyecto para asegurar el éxito del mismo. Los nuevos y emergentes equipos llevan al extremo y con orgullo, las premisas anteriores en sus trabajos, porque saben que cada detalle importa y que todo será revisado.

Una edificación Passivhaus es esencialmente una construcción de alta calidad. Puede ser que implique mayor dedicación y esfuerzo, y/o requerir una actitud diferente a la construcción estándar, todo dependerá del punto de partida de cada uno. De hecho, es muy fácil que estudiantes prácticamente sin experiencia en construcción, estén construyendo edificios Passivhaus. Esto se vuelve habitual y clave en el concurso bianual -Solar Decathlon-. Las generaciones más jóvenes se dan cuenta que estamos viviendo en el Antropoceno y que la arquitectura debe cambiar. Éste es un buen ejemplo: La SU+RE HOUSE del Stevens Institute of Technology.

Nos esforzamos para construir en un mundo afectado por el cambio climático, trabajando para educar a las nuevas generaciones de innovadores, así como hacer nuestra parte para ayudar a la costa de Nueva Jersey recuperarse de los efectos del Huracán Sandy. Construir Passivhaus no es difícil, ¡incluso los estudiantes lo pueden hacer!

4. ¿Passivhaus? ¡Prefiero "Net-Zero"!

"Net-Zero" y sus diferentes variaciones en el nombre, es la moda de estos días en los círculos de construcción sostenible. Esencialmente, significa, ajustar el consumo anual de energía del edificio, con la generación de energía "on-site" (microgeneración) a partir de fuentes renovables. En un principio puede sonar como positivo, pero en la actualidad es problemático. En la publicación anterior "¿Edificios de balance cero? Es el objetivo equivocado." He discutido una extensa lista de razones por las que entiendo que no es el mejor enfoque. Y otras personas sumaron sus voces en los comentarios. (A pesar de que "Zero-

31

Carbon" y "Net-Zero" no son exactamente lo mismo, los inconvenientes son prácticamente los mismos.).

A partir de aquí, si "Net-Zero" es el objetivo, entonces aplicar Passivhaus primero es la mejor apuesta. Reduciendo radicalmente el consumo de energía mediante Passivhaus, es relativamente fácil y barato, ajustar el consumo de energía a la generación de energía a partir de fuentes renovables en el lugar. Y un edificio Passivhaus con su demanda de energía reducida hasta un 90% respecto a una edificación convencional, hará posible el balance neto "net-zero", en muchos lugares que con otro enfoque no sería posible. Por ejemplo, emplazamientos con una escasa incidencia solar, ya sea por condicionantes propios del clima o sombras arrojadas o la parcela.

Sea o no la definición de "net-Zero" el objetivo, es crucial que el "Passivhaus sea el primer enfoque a tomar. Los edificios energéticamente eficientes, inmediata y radicalmente reducirán nuestra dependencia del petróleo. Y posibilitarán que la producción de energía renovable sea suficiente y la porción más importante de la demanda de energía, esto es lo que necesitamos. ¡Y esto es lo que el mundo necesita hablando del cambio climático!

De distinta formas, Passivhaus posibilita el uso de energías renovables para cubrir el suministro al edificio. Passivhaus, reduce la necesidad de acumulación de energía para cubrir la diferencia entre la generación de energía renovable por el día y el consumo de energía nocturno.La Red Norteamericana Passive House, ha publicado un libro con este título: "Net Zero Energy Buildings : Passive House + renewables" / "Edificios de consumo casi nulo: Passivhaus + renovables". Citando al Dr. Wolfgang Feist, Director del Passivhaus Institut.

En Norte América, la combinación de la eficiencia energética y la generación de energía renovable en el mismo lugar se está volviendo cada vez más común, así como las ciudades y regiones más vanguardistas que ya establecen estos conceptos en sus normativas de edificación definiendo el edificio como rentable y sostenible.

El cambio es inevitable, ya que más de un tercio del consumo total de energía en los países industrializados, corresponde al conjunto del uso y mantenimiento de los edificios, hasta un 90% de esta energía se puede ahorrar con Passivhaus. [Fuente] "Net Zero Energy Buildings: Passive House + Renewables" was written and edited by Mary James, of Low Carbon Productions. Si los edificios de balance nulo es tu objetivo, empieza con Passivhaus.

5. ¡Passivhaus es demasiado costoso!

Esto es a menudo una excusa para evitar Passivhaus. Y a veces se plantea esta cuestión: ¿Cuesta más construir bajo el estándar Passivhaus? Desafortunadamente la respuesta no es tan sencilla como decir sí o no. De hecho la respuesta es otra pregunta: ¿Debe compararse el coste de una edificación de alta calidad y alta eficiencia energética con una edificación que apenas cumple con los mínimos normativos?

Si lo que se pretende es construir cumpliendo el mínimo legal normativo y construir el máximo edificable que permite el urbanismo de la localización, entonces la respuesta, es evidentemente sí, por comparación, Passivhaus será más caro de construir. Excepto, claro está, cuando el estándar normativo esté cerca o sea el mismo que Passivhaus. Este, es ya el escenario en muchas partes de Europa. En Bruselas, donde construir bajo el estándar será obligatorio a partir de 2016, se ha observado un descenso del coste de construir Passivhaus durante los 5 años previos al efecto de la norma. Los costes se ajustaron y se especializó el mercado hasta el punto que, a veces, era más barato construir Passivhaus que no hacerlo.

Si eres nuevo en Passivhaus y no tienes a nadie con experiencia en tu equipo, entonces sí, con toda probabilidad, Passivhaus va a costar más. Como con cualquier cosa nueva, hay una curva de aprendizaje. Sin embargo, hay una forma sencilla de evitar esto: ¡Incluye en el equipo un experto Passivhaus con experiencia!

Si Passivhaus es un concepto nuevo en el mercado en el que estás construyendo, entonces, la oferta y disponibilidad de componentes, como ventanas de altas prestaciones y sistemas de ventilación mecánica con recuperación de calor, serán probablemente caros. En este caso, Passivhaus probablemente costará más de inicio. Conforme el mercado crezca y madure, los costes se verán reducidos. Por ejemplo, cuando en 1997 aparecieron los primeros frigoríficos con consideraciones de eficiencia energética eran más costosos, pero ya en 2003, no había correlación entre eficiencia y coste. Del mismo modo, en Viena, una vez el mercado maduró, se observó que no existía correlación entre Passivhaus y el coste de construcción.

El coste, también depende del tamaño y el tipo de edificio. Evidentemente un edificio proyectado como un gran centro comercial tendrá muchas oportunidades de diseño y construcción eficientes que una pequeña vivienda unifamiliar. Pero esto se aplica a la construcción en general; no es específico a Passivhaus. A pesar de la gran variedad de factores posibles que afecten al coste de un Passivhaus, la realidad es que se están entregando edificaciones Passivhaus alrededor del mundo sin coste adicional. En el Reino Unido, Architype ha entregado una serie de escuelas Passivhaus todas ellas cumpliendo el presupuesto estándar y reduciendo el gasto de la escuela.

Sebastian Moreno-Vacca de A2M Architects, presentó en la conferencia anual de 2014 de Reino Unido una actualización de una de sus ponencias, donde bromeó acera de no disponer de presupuesto adicional por construir Passivhaus, y sobre no vincular sus honorarios a la gestión del coste de construcción, donde afirma ¡que hubiesen sido mayores! Este es el caso de Bruselas donde esta reducción de costes ocurría incluso antes de que el estándar fuese obligatorio.

En Estados unidos, existen diferentes arquitectos y constructores capaces de ejecutar Passivhaus con un presupuesto estándar. Como referencia, podemos tomar el artículo del New York Times, donde reportan que la arquitecta Chris Benedict está ya entregando edificios plurifamiliares Passivhaus sin coste adicional: "Personalmente no me supuso un gran salto construir bajo el estándar Passivhaus" dijo Benedict "porque ya había estado buscando solución a los problemas de eficiencia energética en la edificación y cómo hacerlo para que no supusiera un sobrecoste. Así que hemos sido capaces de ofrecer estos edificios sin sobrecoste, un gran objetivo conseguido. [Fuente] Artículo publicado en 2012 de Mike Eliason en Green Building Advisor remarcando varios proyectos de viviendas unifamiliares, construidas en Estados Unidos bajo el estándar Passivhaus, con un coste ajustado.

Estos son ejemplos que se refieren solamente al coste monetario de construcción. Si los costes de funcionamiento se tuviesen también en cuenta, Passivhaus se vuelve aún más eficiente en coste. Un proyecto puede enfrentarse a retos específicos, pero Passivhaus puede ser diseñado y construido de forma rentable.

¡Passivhaus, realmente no hay excusa!

Sea cual sea el clima, Passivhaus es posible. Contra más extremo sea el clima, más rentable y más beneficioso será un edificio Passivhaus. Si el clima es más benévolo, será más fácil alcanzar los objetivos y el estándar Passivhaus. Passivhaus no tiene por qué ser difícil de diseñar si se parte del enfoque correcto. Incorporad buenos profesionales al equipo de trabajo y estudiad juntos como ser creativos optimizando la forma del edificio.

Passivhaus no es complejo de construir. Estamos hablando de un diseño integrado enfocado a la alta calidad. **Passivhaus es un deporte de equipo**, donde todos los intervinientes deben estar comprometidos para asegurar el éxito del mismo. Passivhaus es un perfecto punto de partida para los edificios "net-Zero". Con una demanda energética que se reduce hasta un 90%, incorporar sistemas de micro-generación a partir de energías renovables es factible y rentable. Passivhaus puede ser diseñado y construido de forma rentable con pequeñas o ninguna variación de coste. Existen abundantes ejemplos alrededor del mundo. Si el Estándar Passivhaus es nuevo en la zona o país, podría llevar algún tiempo alcanzar este ajuste así que ¡no esperes!

Realmente no hay excusa; los edificios nuevos podrían ser Passivhaus. Estamos viviendo en el Antropoceno con el cambio climático al acecho. La arquitectura debe cambiar. El mundo necesita arquitectura Passivhaus, así que ¡Empieza hoy mismo!

Reconocimiento al autor Mr. Elrond Burrell
© Elrond Burrell 2015

Traducción por Xavier Rodríguez - 7CEPH

Se reconoce la autoría a Mr. Elrond Burrell y se agradece al autor la colaboración y cercanía mostradas en la solicitud de traducción y publicación de su artículo. Ha sido traducido por Xavier Rodríguez como socio de la Plataforma de Edificación Passivhaus España (PEP) y miembro del comité organizador de la 7ª Conferencia Passivhaus.

2 Vivienda Plurifamiliar

2.1 Passivhaus en altura: Bolueta. Autor: Germán Velázquez

RESUMEN

Se trata de un proyecto para 361 viviendas de protección oficial, sociales y tasadas en dos bloques. Uno con 28 y el otro con 21 alturas sobre rasante. El proyecto se localiza en Bilbao, se cuenta con licencia de obras y se han licitado ya las mismas, por lo que el inicio se prevé antes del 13 de Junio de 2015. El proyecto cumple con los estándares Passivhaus, y el objetivo es poder certificarlo. Recientemente ha sido premiado con la calificación "Best" en el Concurso Internacional de Buenas prácticas de Naciones Unidas, en Abu Dabi.

INTRODUCCIÓN

En el año 2012 VArquitectos gana la licitación para la redacción del proyecto de ejecución y dirección de obras para 361 viviendas, de las cuales 108 son VPO, 63 VS y 190 VT. Se trata de un proyecto eficiente pero no aplica principios pasivos. La generación de ACS se lleva a cabo mediante un sistema de District Heating, y su calificación energética es A. El problema se genera en el momento en el que se constata que el District Heating es inviable, y la propiedad quiere seguir manteniendo una calificación energética A. En ese momento, VArquitectos en colaboración con Micheel Wassouf estudia la posibilidad de adaptar el proyecto al estándar Passivhaus, y de esta manera mantener o mejorar la eficiencia previa. En 2013 se presenta a Visesa un avance de las implicaciones para cumplir el estándar, y se cuenta con su aprobación, por lo que se redacta nuevamente el proyecto, pero esta vez con el objetivo de obtener un edificio certificable por el Passivhaus Institute.

PROYECTO

Se trata de un proyecto residencial en bloque, en altura. Esto implica que ciertas soluciones han venido impuestas por las propias características del edificio, o del propio fin al que va destinado. Los materiales de construcción empleados habían de ser los habituales en este tipo de edificación, e incluidos entre los admitidos por Visesa en base a su experiencia en construcción de viviendas de protección oficial. Esto ha acotado el abanico de soluciones disponibles para solucionar los condicionantes existentes.

INVESTIGACIÓN

Para poder alcanzar el estándar, se ha trabajado principalmente sobre los cinco principios siguientes:

1. Aislamiento térmico
2. Eliminación de Puentes térmicos
3. Carpinterías de Altas prestaciones
4. Ventilación mecánica de doble flujo con recuperación de calor
5. Alta hermeticidad al aire

En primer lugar se ha estudiado el estado actual del proyecto, con el PHPP, para poder valorar el punto de partida. Los puentes térmicos se han calculado con Flixo Energy 7.0. Gracias al gran factor forma del mismo, y al benigno clima de Bilbao, el edificio presenta unas cifras bastante positivas, aunque bien es cierto que las calidades previas eran muy elevadas.

1. Aislamiento térmico:

Se valoran distintos espesores de aislamiento para los paramentos verticales y horizontales de la envolvente, encontrándose un equilibrio adecuado con 8cm de lana de roca la exterior, más 5cm al interior. Esto permite una continuidad de la línea de aislamiento. El ahorro energético de esta medida es de 2kWh/m^{2}a, reduciéndose la demanda hasta los 36kWh/m^{2}a. No supone un gran ahorro, puesto que el punto de partida ya era bastante adecuado. El PHI recomienda unas transmitancias en torno a 0,15W/m^{2}k, en este proyecto gracias a sus dimensiones y al clima de Bilbao, con transmitancias en el entorno de 0,25W/m^{2}k resulta suficiente.

2. Puentes térmicos:

Se calculan los principales puentes térmicos del proyecto, y se mejoran los que así lo requieren. Al tratarse de un edificio con un aislamiento continuo exterior, y no presentar vuelos ni quiebros significativos, no cuenta con grandes puentes térmicos. Se trabajan especialmente los encuentros del aislamiento con las carpinterías, dejando al exterior hoja oculta, de tal manera que queda protegida por el aislamiento exterior, eliminando de este modo el Puente térmico: La mejora total realizada con los diferentes puentes térmicos se cuantifica en 5kWh/m^{2}a, pasando de los anteriores 36 a 31kWh/m^{2}a

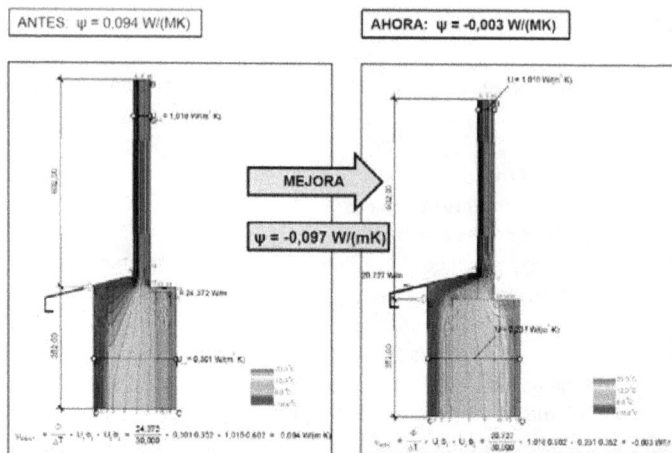

3. Carpinterías de altas prestaciones:

Debido a la altura de la torre, y a las elevadas exigencias acústicas, se contaban ya con unas carpinterías de alta gama. Su transmitancia era de Uw=1,6W/m²k, por lo que se plantea un conjunto con triple vidrio y una U<0,85W/m²k. El balance energético anual cambia radicalmente con este cambio, a la izquierda el balance con las carpinterías previas, y a la derecha con las propuestas. Esto implica que de un balance negativo de -35.241kWh/a, se pasa a uno positivo de +44.182kWh/a, es decir un ahorro de 79.423kWh/a. Estas cifras son en base a la torre 1, que cuenta con 108+63 viviendas.

41,2	
Pérdidas por transmisión	Ganancias térmicas por radiación solar
kWh/a	kWh/a
23964	16658
6276	7665
33663	79001
7417	12179
0	0
71321	115503

41,2	
Pérdidas por transmisión	Ganancias térmicas por radiación solar
kWh/a	kWh/a
49047	15965
12846	7340
68899	75762
15181	11664
0	0
145972	110731

4. Ventilación doble flujo con recuperación de calor:

La ventilación de doble flujo con recuperación de calor es importante para conseguir la máxima eficiencia, y en este proyecto es un concepto que dada la altura de las torres encaja a la perfección. No parece lo más adecuado tener que abrir ventanas para ventilar en una planta 27, o disponer de aberturas o bocas higro-regulables en las carpinterías... El doble flujo, permite reducir la demanda de los 24kWh/m²a en los que se había quedado gracias a las carpinterías, hasta los 15kWh/m²a.

5. Hermeticidad al aire:

La medida anterior, si no se garantiza una alta estanqueidad menor a 0,6 renovaciones/hora, no tendrá el mismo impacto. Se plantea una hermeticidad al aire por unidad de vivienda, y se ha proyectado un piso piloto para probar el Blower Door a los cinco meses de comenzar la estructura. En él se aplicarán las medidas dispuestas en el proyecto. La hermeticidad se trabaja en los paños enyesando el trasdós de los cierres al interior del perímetro de cada vivienda. Se utilizan cintas de estanqueidad en todas las esquinas, así como en las transiciones entre diferentes materiales. Cualquier perforación de la línea de hermeticidad se tratará con collarines específicos cuando sea posible, o con cintas. Se evitará en cualquier caso rozar la fábrica y su enyesado, por lo que se dispone de un trasdosado adicional separado de la línea de hermeticidad a base de pladur. En caso de no alcanzar las 0,6r/h, se trabajará para encontrar los puntos débiles y solucionarlos, y el Blower Door se repetirá al final de la obra en todas las viviendas para justificar la hermeticidad. El impacto de esta medida es de 4kWh/m²a, quedándose la demanda de calefacción en 11kWh/m²a.

DISCUSIÓN Y CONCLUSIONES

Implementar estas medidas ha tenido un coste económico en el presupuesto de la obra, que se cuantifica en poco más de un 3% del PEM. Por otro lado, además de las lógicas mejoras relativas al confort, calidad del aire interior, ausencia de ruidos, revalorización a futuro, etc. Es importante destacar el ahorro económico para los usuarios, más teniendo en cuenta que se trata de VPO, y en el bloque de las 63, son viviendas de alquiler social.

	RE1A	RE1B
Hermeticidad	68.145,00	71.718,00
Carpinterías y vidrios	101.868,00	115.207,00
Recuperación de calor	165.600,00	170.680,00
Mejora Puente térmico	18.594,00	19.803,00
Total mejoras	354.207,00	377.408,00
PEM Proyecto Ejecución	10.814.194,54	12.234.461,17
PEM+mejoras	11.168.401,54	12.611.869,17
%incremento	3,2%	3,0%

	kWh/m2a	€
-AHORRO AISLAMIENTO:	2 kWh/m2a →	2.621€/a
-AHORRO PUENTES TÉRMICOS	5 kWh/m2a →	6.550€/a
-AHORRO CARPINTERÍAS	7 kWh/m2a →	9.170€/a
-AHORRO RECUPERACIÓN CALOR	9 kWh/m2a →	11.790€/a
-AHORRO HERMETICIDAD AIRE	4 kWh/m2a →	5.240€/a

Este ahorro se ha calculado en base a la reducción en la demanda de calefacción de las diferentes medidas aplicadas, y suponiendo un precio de 0,10€/kWh. El montante total para el Bloque 1 que cuenta con 171 viviendas es de 35.375€, en tanto que para el total de la promoción con sus 361 viviendas es de 74.672€ anuales.

Destacar que aun siendo unos ahorros importantes, el punto de partida del edificio era muy bueno, por lo que la diferencia respecto de otros casos será menor. Este proyecto permite mostrar que es viable proyectar un edificio residencial en bloque bajo el estándar Passivhaus, y además siendo de protección oficial.

El tipo de construcción es la tradicional de la zona, algo vital para la viabilidad del proyecto, puesto que el aplicar técnicas de construcción diferentes implicaría unos sobrecostos que no permitirían su desarrollo.

Por último, destacar que esta experiencia permitirá dar a conocer el estándar con mucha rapidez por su volumen, y su repercusión mediática será elevada por ser un proyecto emblemático en Bilbao.

2.2 Los criterios Passivhaus en la vivienda pública de la ciudad de Barcelona. La experiencia del Patronat Municipal de L'Habitatge. Autor: Joaquim Pascual

El reto de la vivienda pública, especialmente en las grandes ciudades, es de una permanente y cambiante actualidad que nunca tiene recetas simples, fáciles y únicas. Podríamos añadir que tampoco son duraderas y estables en el tiempo pues, de modo quizá algo restrictivo, se puede afirmar que lo que es cierto hoy, no lo era ayer, ni tiene porque serlo mañana. Con esta reflexión solo se pone de manifiesto la gran diversidad de inputs que inciden en la vivienda pública, social y urbana en las grandes y complejas ciudades de nuestro entorno próximo. Sin embargo sí que hay algunos conceptos abstractos que deberían permanecer en el tiempo: la ética de responder a la necesidad de alojo dirigida a segmentos sociales poco favorecidos, una arquitectura digna y responsable, la racionalización de la construcción y su mantenimiento en el tiempo y, desde ya hace bastantes años, una actitud ambiental eficiente energéticamente y sostenible socialmente. Es en este último concepto donde situaremos nuestro punto de partida en el marco de la vivienda pública.

Cuando nos preguntamos: ¿Cuál es la mejor vivienda que podemos, pensar, proyectar, construir, mantener y ser usada en el tiempo por nuestros usuarios? Nuestra respuesta debería considerarse a partir del adjetivo *mejor*. Por qué: ¿qué es mejor? Es más eficiente, más económica, más práctica, más digna, más bonita, más social, más fácil...

El *Patronat Municipal de l'Habitatge* tiene cerca de 90 años de experiencia en la construcción y gestión de la vivienda pública en la ciudad de Barcelona. Las respuestas a la pregunta iniciática, si bien tienen una base cierta común, es evidente que se han ido modulando a lo largo de los años. Conocimos la experiencia *Passivhaus* por *Micheel Wassouf* en el año 2008 o 2009 y nos pareció muy interesante. En aquella época estábamos proyectando y construyendo promociones con un paradigma ambiental basado en la centralización de la calefacción y la ACS y, muy especialmente, con la capacidad de introducir en los edificios la generación y manipulación de la energía – placas solares térmicas y fotovoltaicas, sistemas de cogeneración o incluso trigeneración con producción de frio o conexión a redes urbanas de *districtheating*-. Habíamos superado la simple colocación de paneles solares térmicos para ACS –al menos sobre proyecto y obra, mantenimiento y gestión era otro cantar- y nos impulsaba el deseo de generar un mayor confort, a un precio más económico para nuestros usuarios en base a la eficiencia de la producción y distribución de la energía en una contenedor correctamente aislado. No nos equivocamos, la apuesta era correcta, sin embargo el poco de terminar algunas de estas promociones y que empezaran a estar ocupadas nos dimos cuenta de algunas obviedades. La eficiencia energética también había de ser económica, sociocultural y de entorno. Tuvimos muchos problemas con la gestión de la postventa, el mantenimiento y la adecuación de las instalaciones, nuestros usuarios se ponían un jersey antes de poner la calefacción –tienen menos recursos- y, finalmente, en Barcelona no hace frio. Tenemos cuatro meses de frio al año – y no *full time*- y dos de calor con la misma consideración. En definitiva entre siete y ocho meses al año el mejor regulador de confort en la vivienda es: subir y bajar persianas, abrir y cerrar ventanas y nuestra cómoda manera de vestir. Todo era evidente, arquitectura pasiva, pero no lo habíamos tenido, suficientemente, en cuenta.

Un viaje a Frankfurt en julio de 2010 para ver *in situ* la experiencia *Passivhaus* no planteo más de una duda sobre como teníamos que buscar nuevas respuestas a la pregunta iniciática antes formulada. En definitiva como deberíamos pensar, proyectar, construir y mantener la vivienda pública de la ciudad con criterios de eficiencia energética pero también económica y social incorporando el factor tiempo en la reflexión, es decir, la vida útil del edificio, ¿100 años?.

La experiencia nos sirvió para empezar a plantear respuestas de presente y futuro a la pregunta. No era necesario colocar 30 cm de aislamiento térmico en la envolvente exterior del edificio pero si aislar completamente buscando una línea continua de hermeticidad al aire – primer criterio *Passivhaus*-. Las temperaturas estacionales de Frankfurt poco tenían que ver con las de Barcelona pero si las reflexiones sobre el control de confort ambiental a través de la envolvente del edificio y la eliminación de puentes térmicos. Sin embargo nos asaltó una duda: ¿Podríamos conseguir un nivel de confort aceptable durante los meses de calor con el estándar *Passivhaus*? Como comentaba antes el clima de Barcelona – y por extensión esta latitud de la costa mediterránea- es suave. Deberíamos repensar los criterios pasivos para los meses estivales.

Este viaje iniciático a Frankfurt fue repetido al cabo de un año por dos técnicos más del *Patronat* y, a su vuelta, decidimos colegialmente cambiar el paradigma ambiental de nuestro trabajo global: concursos de arquitectura, redacciones de proyectos, ejecuciones de obras, postventa, mantenimiento y rehabilitación. Sin renunciar a la experiencia acumulada impulsaríamos edificios más sostenibles a través de la arquitectura pasiva intentando reducir y acotar la repercusión de las instalaciones en general y las de ACS y clima en concreto. Intuíamos que si, en base a nuestra experiencia, reconducíamos nuestro paradigma no solo podríamos proyectar y construir edificios más eficientes sino que, como valor añadido, estos deberían ser más fáciles, económicos y eficientes de usar –vivir- i mantener por nosotros y sus futuros residentes-. No hemos de olvidar que nos dirigimos a segmentos sociales poco favorecidos y, por tanto, los usos y mantenimientos posteriores son y serán siempre, para nosotros, muy sensibles económicamente.

A partir de ese momento proseguimos nuestro viaje iniciado en Frankfurt en Barcelona con un doble objetivo. Hacer un ejercicio completo de *Passivhaus* mediterráneo – que acabaría siendo la promoción de *QUATRE CAMINS*- y, por otro lado, impulsar actitudes ambientales más pasivas que activas en el conjunto de las actividades de servicios técnicos. Esto era, y es, más arquitectura pasiva y menos *gadgets* e instalaciones muy eficientes pero complejas y caras de mantener. Cada vez a mayor velocidad la tecnología es perentoria y queda obsoleta en poco tiempo. Lo que hemos asumido con los teléfonos móviles también pasa con las calderas de calefacción. Cada temporada aparece en el mercado una caldera más eficiente, más económica y de menor volumen que a su vez quedará optimizada al año siguiente o deberemos asumir un coste anual de actualización. Son las reglas del mercado al que estamos sometidos y a las que la arquitectura pasiva es más permeable.

El año 2012 se cedió un solar al *Patronat* en la ladera de Collserola - que es la cordillera que limita el norte de la ciudad- para promover viviendas para mayores. Estas viviendas, de unos 40 m2, se ponen a disposición de este colectivo con un programa interior de: un espacio principal de cocina-comedor-estar, una habitación doble y un baño completo siempre con ducha. El conjunto de viviendas se completa con espacios comunes para los residentes –salas de actividades, lavandería o despachos para la atención personalizada- y todo ello con un acompañamiento y tutela municipal. El solar permitía una edificación aislada y bien orientada, con espacios libres y un número razonable de viviendas, que al final han sido 44. Redactamos unas bases para el concurso de arquitectura explicando que nos proponíamos, contratamos una vez adjudicado el concurso una asesoría en materia de arquitectura pasiva, acompañamos el proceso de redacción buscando complicidades y licitamos la obra con el mismo objetivo. Durante este mes de julio iniciamos la construcción implicando desde el primer momento al contratista para que incorporase el objetivo *Passivhaus* durante los trabajos de construcción y facilite la colaboración de la asesoría que ya había seguido el proyecto. Los resultados de proyecto han sido esperanzadores y hemos conseguido:

- Demanda de calor 13 kW/ m2 año
- No se consideró la demanda de frio ya que la frecuencia de sobrecalentamiento es inferior al 10%
- Renovaciones per infiltración 1,5
- Demanda de energía primaria 73 Kwh/ m2 año

Con estos datos no conseguimos llegar, aunque nos falte poco, al estándar *Passivhaus* pero la experiencia conseguida supera, en mucho, las expectativas que nos habíamos planteado inicialmente y que ya la hemos empezado a extrapolar al conjunto de nuestra actividad. Ahora los tendremos que confirmar en los ensayos y certificaciones durante y al finalizar la construcción y entreguemos las viviendas.

Este era el objetivo inicial en parte, como prueba piloto, pero a su vez, como cambio de paradigma ya iniciado simultáneamente en toda nuestra actividad técnica. Estamos rehabilitando un edificio de casi 13.000 m2 de fachada y 207 viviendas con SATE, hemos incorporado el concepto de línea de hermeticidad en todos los proyectos de obra nueva, hemos cambiado el acristalamiento de los huecos, planteamos como condición los sistemas de aislamiento continuo por la cara exterior con diversas formalizaciones constructivas, hemos introducido la actitud ambiental en el acondicionamiento de las viviendas en la rotación del alquiler y en el mantenimiento en general de las más de 6000 viviendas de nuestro patrimonio o hemos reducido la transcendencia de las instalaciones en las promociones de vivienda pública. Esto tan solo son ejemplos de nuestro cambio de paradigma de los cuales esperamos tener datos empíricos en 2 o 3 años ya que hemos empezado a monitorizar no solo la generación, distribución y consumo de energía sino también el uso y confort de las viviendas.

En definitiva hemos situando la eficiencia energética pero también la económica, la sociocultural, la técnica y la arquitectónica como punto central de nuestra vivienda pública en nuestro entorno amplio – urbano, climático y social-. Buscamos el equilibrio entre el menor coste de confort y mantenimiento para nuestros usuarios y la mayor capacidad pasiva de la arquitectura y construcción de nuestras promociones con una economía de inversión razonable pues, administramos dinero público. No negamos, ni podemos hacerlo, que necesitamos la aportación activa de generación de calor, frio y ACS pero intentamos que sean lo más adaptados posible a nuestro perfil de usuario y con una fácil y económica disponibilidad de adaptación en el tiempo –reducción y facilidad de mantenimiento y de substitución al final de su vida útil o de su obsolescencia-. Nuestro cambio de paradigma conlleva un cambio de actitud y el ejercicio concreto en la promoción de QUATRE CAMINS es tan solo una estación de paso en nuestro viaje.

2.3   Pobreza energética en España: Una antigua realidad. Autores: José Luis López, Sergio Tirado, Eduardo Perero

RESUMEN

La pobreza energética pone de manifiesto una antigua realidad: la incapacidad de un hogar para pagar una cantidad mínima de servicios de la energía para satisfacer sus necesidades básicas domésticas, una situación que provoca falta de confort térmico en la vivienda, malas condiciones de habitabilidad, etc.

El estudio realizado por ACA en 2014 reveló que en 2012, el 17% de los hogares tenían gastos de energía desproporcionados (más de 7 millones de personas) y que el 9% de los hogares españoles eran incapaces de mantener su vivienda a una temperatura adecuada en invierno (alrededor de 4 millones), afectando además, de forma muy diferente, a las diferentes regiones del país. ACA recomienda definir una **estrategia estatal para prevenir y mitigar la pobreza energética** que contemple un programa para la **rehabilitación energética del parque de viviendas.**

INTRODUCCIÓN

En el año 2012 ACA decide analizar en España, elaborando un informe pionero, la incidencia de la pobreza energética en nuestro país. El estudio se enmarca en un proyecto más amplio (Proyecto REPEX) que pretende promover la rehabilitación energética de edificios, conscientes de que de los factores que la provocan, la mejora de la eficiencia energética del edificio es la única estrategia que realmente proporciona una solución a largo plazo. La visibilidad de este concepto aportaba un argumento social a la promoción de la rehabilitación que se sumaba a los argumentos ambientales (reducción de demanda de energía y de emisiones) y económicos (generación de empleo), ampliamente abordados y justificados con anterioridad por múltiples entidades y colectivos.

El estudio de 2012 aceleró la puesta en conocimiento de la sociedad de su incidencia en los hogares españoles y provocó cambios que se sucedieron a gran velocidad. Así, proliferaron multitud de iniciativas, propuestas y acciones de todo tipo, tanto en los ámbitos de decisión política del más alto nivel (el Congreso de los Diputados) como en escalas regionales y locales y aumentó sustancialmente la percepción que organizaciones sociales, empresas, medios de comunicación y la sociedad en su conjunto tenían sobre la pobreza energética. La necesidad de observar la evolución del fenómeno motivó la realización de un segundo estudio en 2014.

FACTORES QUE CONDICIONAN LA VULNERABILIDAD ENERGÉTICA DE UN HOGAR

Aunque los precios de la energía, los ingresos de los hogares y la eficiencia energética de las viviendas son los factores que condicionan la pobreza energética y que explican su evolución en estos últimos años, este esquema conceptual está siendo reformulado por el concepto de vulnerabilidad energética que propone considerar nuevas dimensiones (prácticas sociales, necesidades del hogar y el reconocimiento de hogares en pobreza energética como tales) para entender la naturaleza compleja y cambiante del fenómeno (Bouzarovski et al., 2014). De acuerdo con esta concepción ampliada del problema, un hogar puede estar en pobreza energética porque su demanda de energía aumenta como consecuencia, por ejemplo, del nacimiento de un hijo o la presencia de un enfermo crónico, o porque tras un cambio en la legislación (como la del bono social) deja de ser reconocido como consumidor vulnerable.

Al margen de esta consideración conceptual más amplia que considera nuevas dimensiones, ninguno de los tres factores mencionados ha dado muestras de mejoría desde la realización del primer estudio, en 2012. En primer lugar, la eficiencia energética del parque de viviendas apenas ha sufrido variaciones más allá de los efectos marginales que nuevas medidas y legislación puedan haber tenido sobre el stock residencial de España. En segundo lugar, el proceso de ajuste y devaluación interna de la economía española se ha seguido traduciendo en un aumento continuado de la tasa de paro y en una relativa congelación de salarios y pensiones, lo que ha resultado en un descenso progresivo en términos nominales de los ingresos del hogar promedio español, que cayeron un 10% (de 25.556 a 23.123 euros al año) entre 2008 y 2012 de acuerdo con resultados de la Encuesta de Condiciones de Vida del INE (INE, 2013).

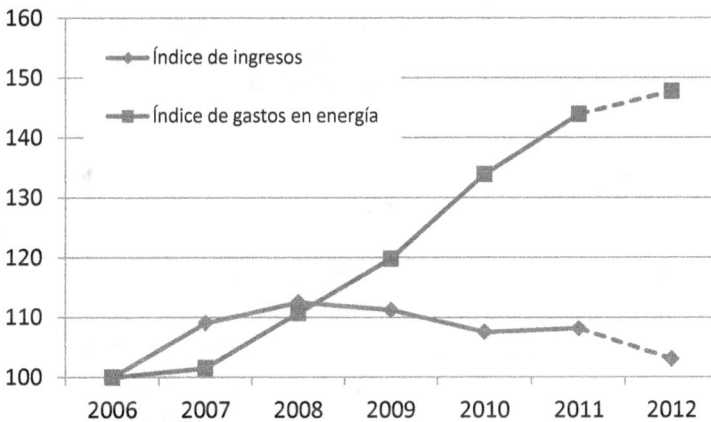

Índice de ingresos y gastos en energía del hogar promedio para 2006-2012

Además, como muestran datos de (Eurostat, 2014) España es, después de Grecia, el Estado Miembro de la UE con el mayor incremento registrado en el porcentaje de población en riesgo de pobreza y exclusión social entre 2007 y 2012 (del 23,3 al 28,2%).

La tercera causa o factor de la pobreza energética – los **precios de la energía doméstica** – tampoco han dado un respiro a los hogares en situación de mayor precariedad. España seguía teniendo en 2012 uno de los precios de la electricidad doméstica más caros de toda la UE y sus precios del gas natural estaban por encima de la media de la UE.

METODOLOGÍA DE ESTUDIO

Para medir el fenómeno de la pobreza energética se han utilizado, principalmente, **dos fuentes de información disponibles,** facilitadas por el Instituto Nacional de Estadística; **La Encuesta de Condiciones de Vida (ECV) y la Encuesta de Presupuestos Familiares (EPF).** Estas dos encuestas proporcionan los **dos indicadores principales**; por un lado, los hogares con gastos desproporcionados en energía doméstica (obtenido a partir de la EPF), y por otro los hogares que se declaran incapaces de mantener su vivienda a una temperatura adecuada en la estación fría (obtenido a partir de la ECV). Para valorar la incidencia de la pobreza energética en España, deben tenerse en consideración los resultados y porcentajes de hogares afectados obtenidos por ambos enfoques ya que capturan en realidad grupos de hogares con características y problemáticas diferentes.

RESULTADOS

Los datos disponibles al realizar el estudio de 2014 revelaron un aumento considerable en los dos indicadores mencionados. Así, en 2012, el porcentaje de hogares con gastos de energía desproporcionados alcanzó el 17% (más de 7 millones de personas) y el porcentaje de hogares españoles que se declaraban incapaces de mantener su vivienda a una temperatura adecuada en invierno se incrementó hasta el 9% (alrededor de 4 millones de personas). **En tan sólo dos años, ambos indicadores se incrementaron un 34 y un 19% respectivamente.**

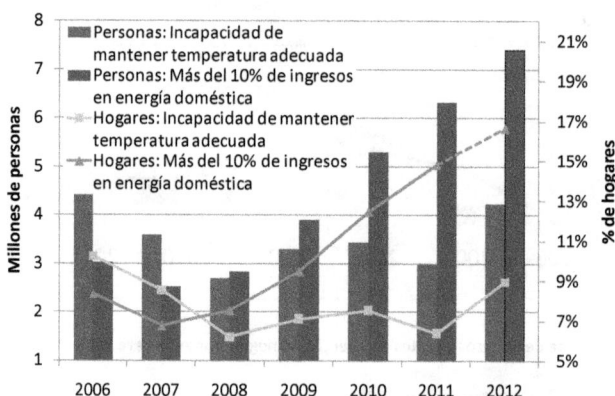

Número de personas y porcentaje de hogares incapaces de mantener una temperatura adecuada y con gastos en energía doméstica superiores al 10% de los ingresos. España, período 2006-2011.

Los dos enfoques empleados para medir el fenómeno de la pobreza energética han permitido observar la existencia de **dos tipos de pobreza energética en España,** que provienen, precisamente, de los dos enfoques metodológicos e indicadores mencionados. Así, por un lado, podría hablarse de una tipología de pobreza energética más convencional, que estarían sufriendo los hogares de las zonas más frías de España (centro y norte peninsular) y que se manifiesta en forma de un mayor peso de los gastos de la energía en el presupuesto del hogar. Por otro lado, **una variante específica de pobreza energética** en hogares que habitan en viviendas mal aisladas y sin sistema de calefacción adecuado, típicas de las regiones templadas (mediterráneas) del país, que estarían siendo incapaces de asegurar su confort térmico en las semanas frías el año, si bien el peso de los gastos en energía sobre su presupuesto anual es reducido.

Los resultados obtenidos para los indicadores principales desagregados por Comunidades Autónomas en 2007 y en 2012 indican que esta hipótesis permite explicar algunas diferencias territoriales en la incidencia de ambos indicadores. Así, existen algunas Comunidades Autónomas del norte e interior peninsular como La Rioja, Aragón, Navarra y Castilla y León que cuentan con un elevado porcentaje de hogares que gastan más del doble de la media en energía doméstica, es decir, un elevado número de hogares que tienen gastos desproporcionados. Por otra parte, al menos en 2007, se detectan una serie de regiones del levante, sur y archipiélagos (**Murcia**, Andalucía, **Comunidad Valenciana, Islas Baleares** y Canarias) en las que los porcentajes de hogares incapaces de mantener su vivienda a una temperatura adecuada en invierno eran relativamente elevados. Además, se ha detectado que existen, especialmente en 2012, una serie de Comunidades Autónomas que registran una incidencia de condiciones asociadas a la pobreza energética por encima de la media nacional bajo los dos enfoques y los dos tipos de indicadores, como son Murcia, Andalucía, Extremadura, **Cataluña**, Castilla–La Mancha (tanto en 2007 como en 2012) y Galicia (solo en 2007).

POBREZA ENERGÉTICA Y SALUD

Numerosos estudios ponen de manifiesto que la pobreza energética está relacionada con una mayor prevalencia de ciertas enfermedades (Morrison and Shortt, 2008; Roberts, 2008) que afecta más intensamente a poblaciones vulnerables como los ancianos y los niños (Howieson, 2005; Liddell and Morris, 2010; Pronczuk de Garbino, 2004).

En su versión más extrema y especialmente el sector de población más vulnerable, la pobreza energética incluso está provocando la muerte prematura de miles de personas. Teniendo en cuenta las tasas de mortalidad adicional de invierno (TMAI) que se producen en España, superiores a las 22.000 fallecimientos, la pobreza energética podría estar causando en España en promedio **7.200 muertes prematuras al año** (valor correspondiente al 30% de la TMAI absoluta), con un posible rango de incertidumbre de entre 2.400 (10% de la TMAI) y 9.600 (40% de la TMAI) fallecimientos anuales. En contra de lo que pudiera pensarse, esta TMAI es mayor en las regiones templadas del país.

CONCLUSIONES Y RECOMENDACIONES

La recomendación principal es definir una **estrategia estatal para prevenir y mitigar la pobreza energética** que coordine planes y programas sectoriales (sociales, energéticos, sobre vivienda, salud, medio ambiente, etc.) que tengan relación con la prevención o mitigación de la pobreza energética y logre una acción coordinada entre la administración central, autonómica y local. Para desarrollar esta estrategia se propone tener en cuenta tanto medidas a corto plazo, en su mayor parte paliativas, como medidas a largo plazo. Las claves de dicha estrategia serían, entre otras:

- Llevar a cabo una exploración en profundidad de diferentes enfoques e indicadores para medir la incidencia y evolución de la pobreza energética.
- Explorar ámbitos como la relación de la pobreza energética con la TMAI, la falta de confort térmico en espacios no domésticos, el gasto en movilidad, etc.
- Llevar a cabo una evaluación crítica de los factores que determinan la incidencia y la evolución de la pobreza energética.
- Constituir un Observatorio de la Pobreza Energética
- Poner en marcha un programa ambicioso para la rehabilitación energética del parque de viviendas que contenga criterios de aplicación referidos a la pobreza energética
- Diseñar mecanismos válidos de financiación de las actuaciones que permitan llevar a cabo intervenciones en los edificios donde habitan los grupos sociales más vulnerables.
- Redefinir el concepto de consumidor vulnerable
- Invertir en mantener actualizadas fuentes valiosas de información ya generadas como el Atlas de Vulnerabilidad Urbana
- Contar con la participación e interlocución de todos los actores implicados.

REFERENCIAS BIBLIOGRÁFICAS

- Tirado Herrero, S., López Fernández, J.L., Martín García, P., 2012. Pobreza energética en España, Potencial de generación de empleo directo de la pobreza derivado de la rehabilitación energética de viviendas. Asociación de Ciencias Ambientales, Madrid, España.
- Tirado Herrero, S., López Fernández, J.L., Perero Van Hove, E., 2014. Pobreza energética en España. Análisis de tendencias. Asociación de Ciencias Ambientales, Madrid, España.

PLATAFORMA
EDIFICACIÓN
PASSIVHAUS

3 Edificios Terciarios

3.1 Primer edificio de oficinas Passivhaus en España. Clima mediterráneo. Autores: Bruno Gutiérrez, Emilio Sánchez

RESUMEN

Cuando comenzamos a trabajar en el proyecto de las oficinas, llevábamos unos meses proyectando una vivienda unifamiliar Passivhaus en el Plantío, Madrid. Después de tantos años de formación y de conocer a fondo un estándar que ponía rigor a todas nuestras inquietudes de eficiencia energética no veíamos ya otra manera de construir. ¿Por qué teníamos que hacer un edificio que consumiera mucha energía si sabíamos hacerlo para que consumiera poca? Comenzaron, entonces, una serie de conversaciones con la propiedad para enfocar el proyecto bajo este estándar. No fue difícil convencer a nuestro cliente pero sí fueron necesarias muchas reuniones, tanto a lo largo del proyecto como de la obra, para explicar las características constructivas y el proceso que sería necesario para alcanzar el objetivo.

INTRODUCCIÓN

Nuestro cliente, una empresa dedicada al suministro de componentes para el automóvil, acababa de cerrar un contrato con Ford y esto pasaba por la creación de una planta de producción con oficinas para alojar al personal técnico, financiero, jurídico y administrativo, así como para alojar las dependencias auxiliares asociadas al personal de producción como vestuarios, comedor, cuarto médico, etc.

El 2 de Enero de 2014, firmaba la compraventa de una parcela en Sollana, Valencia, en la que estaba construida una nave que había que acondicionar y en la que además se debían construir unas nuevas oficinas. En abril la industria, y en noviembre las oficinas Passivhaus debían estar funcionando. ¿Se podrían hacer unas oficinas Passivhaus en un clima cálido?

El reto era inmejorable, dirección facultativa y empresa constructora de un edificio de oficinas de 1.500 m² en tres plantas, un presupuesto muy ajustado, cinco meses de plazo de construcción con una penalización de mil euros por día de retraso, una demolición previa de parte de la nave para, en su lugar, ubicar las oficinas, primer edificio administrativo en España bajo el estándar Passivhaus, con muchos temas desconocidos para el PHI debido al uso en un clima cálido como es Valencia, una propiedad exigente...

PROGRAMA

El edificio, ubicado frente a la Albufera y con vistas hacia ella, está dividido en planta baja y dos plantas sobre rasante. La planta baja tiene dos zonas diferenciadas, una para el acceso del personal de producción que trabaja en la nave, en la que el programa definía un área de vestuarios y baños, un cuarto médico y un comedor y otra zona para el personal de oficina. Esta zona del personal de oficina es la que contiene el núcleo de comunicación vertical y aseos que da servicio a todas las plantas. En planta primera y segunda se ubican las zonas comunes de trabajo y varias salas de reuniones y despachos. Hacia el exterior, la zona de comunicación vertical, se enfatiza con un volumen en planta baja, que forma el acceso principal, y un muro cortina en su prolongación vertical que potencia la iluminación natural y las vistas en los desembarcos de escaleras y ascensor.

Programa y volumetría

Los huecos de fachada en la zona de trabajo para el personal de oficina en planta primera y segunda se plantean como una franja horizontal interrumpidos sutilmente por la estructura vertical. Esta horizontalidad en los huecos, además de iluminar de forma óptima los puestos de trabajo, enmarca el paisaje natural de la albufera desde cualquier punto de la oficina.

Volumen de acceso y muro cortina. Al interior núcleo de comunicaciones.

El gran reto que planteó este proyecto para alcanzar la eficiencia que nos habíamos propuesto fue sin ninguna duda la refrigeración en un clima cálido como el de Valencia. El edificio estaba adosado a la nave industrial y no era posible utilizar las dos fachadas para conseguir una ventilación cruzada y refrigerar el edificio por las noches. Fue necesario proyectar dos patios de regulación térmica. Los requisitos de la propiedad en cuanto a las dimensiones de los vestuarios y baños impedían llevar uno de los patios hasta la planta baja, por lo que optamos por colocar 4 lucernarios que, junto con las ventanas de vestuarios, provocan la refrigeración nocturna. La inercia térmica del cerramiento de termoarcilla, facilitaba la regulación.

Valores característicos del edificio con relación a la superficie de referencia energética y año						Requerimientos	¿Cumplido?*
	Superficie de referencia energética		1145,1	m²			
Calefacción	Demanda de calefacción		12,91	kWh/(m²a)		15 kWh/(m²a)	sí
	Carga de calefacción		11,79	W/m²		10 W/m²	-
Refrigeración	Demanda total refrigeración		16,31	kWh/(m²a)		18 kWh/(m²a)	sí
	Carga de refrigeración		11,66	W/m²		-	-
	Frecuencia de sobrecalentamiento (> 25 °C)			%		-	-
Energía primaria	Calef. ref. deshum. ACS. elect. auxiliar. ilum. aparatos elect.		71	kWh/(m²a)		120 kWh/(m²a)	sí
	ACS. calefacción y electricidad auxiliar		23	kWh/(m²a)		-	-
	Ahorro de EP a través de electricidad solar			kWh/(m²a)		-	-
Hermeticidad	Resultado ensayo de presión n₆₀		0,33	1/h		0.6 1/h	sí

*Campo vacío: faltan datos, '-' sin requerimiento

Resumen del PHPP de las oficinas enviados al PHI para su certificación

CONDICIONANTES DE PARTIDA

- **Uso administrativo.** En España no había experiencia en edificios administrativos bajo el estándar Passivhaus, más aun cuando se tenía que trabajar con un clima cálido como el de Valencia. De hecho el PHPP, advertía que "los criterios de certificación para edificios Passivhaus no residenciales están actualmente disponibles únicamente para la zona climática de frío moderado". Los edificios certificados eran viviendas unifamiliares, por lo que tanto para el Instituto Passivhaus como para nosotros era una novedad.

- **Clima.** Valencia tiene un clima típico mediterráneo, caracterizado por inviernos suaves con temperaturas medias mínimas mensuales de 10ºC y veranos calurosos y secos con temperaturas medias mensuales de casi 26ºC en julio y agosto. Existía un error en el PHPP en el clima de Valencia ya que la estación meteorológica con la que estaban tomados los datos, figuraba a una altitud de 300,1 m sobre el nivel del mar. Esto, al corregir la altura a la que se ubicaba el edificio, 29m, nos elevaba las temperaturas en más de 2ºC y aunque las oficinas estaban orientadas a norte y prácticamente no tenían radiación directa, el sobrecalentamiento era muy alto. Sin embargo, parecía extraña la altitud de la estación meteorológica. Tras revisar los datos climáticos se concluyó que existía un error y el PHI nos facilitó unos nuevos que reducían las temperaturas medias exteriores en casi dos grados, suficientes para trabajar con más holgura en el edificio.

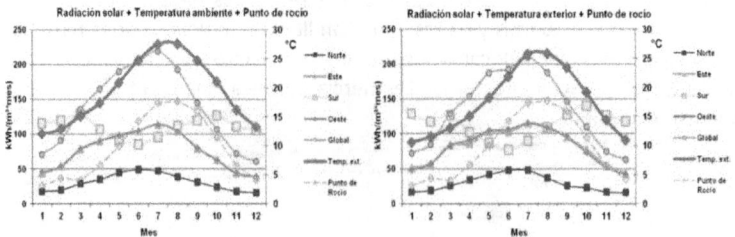

Datos clima con estación meteorológica a 300 m y la corregida a 62 m de altitud

- **Orientación norte.** Teníamos la creencia de que un edificio orientado a norte difícilmente podría alcanzar el estándar Passivhaus, ya que una de las premisas es cubrir parte de la demanda de calefacción con las ganancias solares, sin embargo modelizando el edificio en el PHPP nos dimos cuenta de que en un clima como el de Valencia la orientación sur no era tan relevante. Es cierto que la demanda de calefacción, incluso dentro del estándar, es alta para lo que podría haber sido si hubiese estado orientado al sur, pero el reto en este clima era cumplir con la demanda de frío. Los patios de regulación térmica también surgieron con la idea de obtener alguna ganancia térmica en los vidrios orientados al sur.

- **Nave existente.** Fue necesario demoler una porción de la nave industrial y colocar un nuevo cerramiento para en su lugar construir el edificio de oficinas. Esto se debía hacer con la nave cerrada para que la suciedad de la obra no interfiriera en el proceso industrial que ya había comenzado. El hecho de contar con una edificación existente al sur (medianera) supuso invertir el orden de la ejecución natural de cerramiento de fachada y aislamiento térmico

ESTRUCTURA Y CERRAMIENTO

En aquel momento prácticamente todas las edificaciones Passivhaus que existían y que se habían certificado en España, estaban construidas con estructura de entramado ligero de madera y aislamiento en su interior. No parecía esta la forma más idónea de construir unas oficinas de tres plantas, menos aún en un clima cálido donde la inercia térmica era importante, así que optamos por una estructura metálica con el fin de obtener las mínimas dimensiones de pilares para que quedasen embebidos en el cerramiento de termoarcilla; los forjados si hicieron de placa alveolar con el objetivo de reducir los plazos de ejecución y el cerramiento de termoarcilla con el fin de ganar inercia térmica. Se previeron 10 cm de separación entre la estructura de las oficinas con respecto a la fachada de la nave para posteriormente colocar el asilamiento térmico contínuo en toda la medianera.

Interior y exterior del edificio en construcción

ESTANQUEIDAD AL AIRE EN FACHADA

La estanqueidad al aire en la fachada se confió al yeso proyectado directamente sobre la termoarcilla. Se siguieron las recomendaciones de unos documentos del *Ministère de l'Écologie, du Développement durable, des Transports du Logement,* en el que daban instrucciones para mejorar la estanqueidad al aire de las fachadas. Hablaba de bloque de hormigón y, entre otras recomendaciones, sugería rellenar las juntas verticales de igual modo que se realizaba en las horizontales. Aplicado a la termoarcilla y con el fin de no romper el funcionamiento de la cámara de aire de estas fachadas optamos por romper uno de los salientes del machihembrado y allí aplicar el mortero en la junta vertical. La junta horizontal se realizó de la forma convencional. De este modo se realizó toda la envolvente exterior. Hacia el exterior, posteriormente, se proyectó mortero hidrófugo.

Relleno de junta vertical para mejorar la estanqueidad al aire en fachada

AISLAMIENTOS TÉRMICOS

Se prescribieron diferentes tipos de asilamientos térmicos de acuerdo a su posición en el edificio que se colocaron de forma rigurosa. Para el asilamiento de la solera se colocó poliestireno extruido resistente a la compresión. El encuentro con el foso del ascensor se resolvió aislando las paredes del foso y colocando un asilamiento en la base. La fachada ventilada y la medianera se resolvieron con 10cm de lana de roca. En el zaguán de acceso principal y el zócalo de la fachada se prescribió un sistema de asilamiento por el exterior también de lana de roca para revestir con mortero. Para solucionar el puente térmico del peto de cubierta se recurrió al vidrio celular.

CARPINTERÍA EXTERIOR

Toda la carpintería se fabricó antes de colocar la fachada para ganar tiempo. Esto supuso tener que trabajar con mucho rigor en los huecos de la termoarcilla. Se colocaron dos tipos de carpintería: aluminio con rotura de puente térmico en las puertas de planta baja y en el muro cortina y pvc en el resto de huecos. El acristalamiento es doble con cámara de argón. Toda la carpintería se encuentra colocada en la linea de la envolvente térmica para lo cual fue necesario sujetarla con angulares anclados al cerramiento.

Colocación de carpintería exterior

BLOWER DOOR

Una vez completada la estanqueidad al aire de la envolvente llegaba el momento de ponerla a prueba. El resultado fue de 0,24 renovaciones a la hora. El test final de blower door con el edificio terminado dio 0,34 ren/hora.

PROTECCIÓN SOLAR

La simulación que teníamos en el PHPP, en las fachadas sur este y oeste de los ventanales de los patios que habíamos proyectado para la refrigeración nocturna y para tener alguna ganancia solar, nos perjudicaba en verano. En un primer momento propusimos una protección por ventana pero, por motivos económicos, la propiedad optó por una única protección solar en la parte superior de estos patios que se pudiera cerrar en verano cuando la radiación solar incidía en los vidrios. En la fachada este, se colocó un vidrio con un factor solar bajo.

VENTILACIÓN NATURAL

Sabiamos que el principal reto en este edificio era estar por debajo de la demanda de refrigeración exigida por el instituto. El problema, al contrario de en lo que el PHI estaba acostumbrado a trabajar, estaba en el calor. En verano se nos acumulaban las ganancias térmicas: a través de la envolvente, por radiación solar, las internas, y además las de ventilación. Es aquí cuando toman importancia los dos patios proyectados para facilitar la ventilación cruzada y la refrigeración nocturna. De este modo las calorías que el edificio va cogiendo durante el día se pueden disipar por la noche con ventilación natural, cuando la temperatura exterior baja. Según la modelización en el PHPP la refrigeración nocturna no es eficaz en los meses de Julio y Agosto, ya que las temperatura medias mensuales suben de los 25ºC.

VENTILACIÓN MECÁNICA

Para justificar los criterios de salubridad en cuanto a la ventilación se optó, como no podía ser de otra manera, por una ventilación mecánica de doble flujo con recuperador de calor. El recuperador de calor colocado es uno de las pocas máquinas certificadas, de gran caudal, que se pueden encontrar hoy en día en nuestro país.

El planteamiento de esta ventilación fue el tema que más dificultades nos creó durante el proyecto. Teníamos que cumplir, a la vez, los criterios de certificación en cuanto a volumen de aire de ventilación y los del RITE que son superiores. En el edificio existían dos usos muy diferenciados, uno el de oficina y otro el de vestuarios. El promedio de ocupación anual estaba estimado según los datos que nos había facilitado la propiedad en 80 personas para la ocupación de todas las oficinas. Para los vestuarios el promedio era de otras 80 personas.

Utilizar 160 personas no era real, ya que en vestuarios se concentraban tantas personas tan sólo durante 15 o 20 min en los cambios de turno y nos incrementaba mucho las renovaciones por usuario. La idea que tuvo muy buena aceptación por el instituto fue que el aire de los vestuarios y comedor fuese aire de transferencia de las oficinas. Apoyándonos en el

RITE, en cuanto a las exigencias de la calidad mínima del aire según los diferentes tipos de recintos, podíamos considerar IDA 2 el aire de oficinas e IDA 3 el de vestuarios y comedor. De este modo el aire de impulsión a oficinas procede directamente del recuperador de calor y el aire de impulsión de vestuarios es aire de transferencia procedente del retorno de las oficinas que pasa por vestuarios antes de retornar desde vestuarios al recuperador de calor.

CLIMATIZACIÓN

Existen dos sistemas de climatización: Una batería de frío/calor, colocada en la impulsión del conducto de ventilación de aire primario poco después del recuperador, que aporta frio/calor según la demanda necesaria y que actúa la mayor parte del año para frío o calor moderado y un sistema de fancoils de bajas potencias, en zonas comunes y despachos, que entran en funcionamiento para temperaturas más extremas, tanto en invierno como en verano, cuando la demanda es superior a la que puede generar la batería.

Como el edificio está asociado a una producción industrial en la que, para su funcionamiento se requieren compresores y torres de refrigeración industriales que funcionan independientemente de las oficinas, se propuso aprovechar el calor que desechan los compresores y que es necesario disipar. De este modo la energía primaria para cubrir la demanda de calefacción y agua caliente sanitaria es el calor residual gratuito generado por los compresores destinados a la producción industrial.

FINAL DE LA OBRA

Los plazos iban tan ajustados que a finales de octubre estábamos poniendo suelo, mamparas y a la vez la propiedad montaba mobiliario. Además se realizaban las últimas conexiones en los equipos. Finalmente el 9 de noviembre de 2014, conforme a las necesidades de la propiedad, se entregaba el edificio terminado.

DISCUSIÓN Y CONCLUSIONES

A la luz de los hechos: es posible diseñar y construir un edificio Passivhaus de 1.500m^2 en 10 meses en un clima cálido como Valencia, incluso si no se había hecho antes?. Las cuestión es: Aun habiendo impartido varias charlas de formación a los usuarios del edificio, ¿están preparados hoy para usarlo conforme a las pautas que se les han impartido?, seguramente la mayoría pero, ¿todos?. ¿Quizás haya que esperar unos años para que la conciencia social vaya creciendo?. ¿Cuántos reciclábamos antes?, ¿cuántos lo hacemos ahora?, ¿cuántos faltan? ¿varios usuarios no comprometidos pueden provocar un sobrecalentamiento en verano por el hecho de abrir ventanas o no cerrar puertas?...

3.2 What does Passivhaus do for architecture? Authors: Aline Branders, Sebastian Moreno-Vacca

SUMMARY

How A2M architects, in the context of the explosion of Passivhaus projects in the Brussels Region, developed a new architectural design narrative. Contemporary tools as parametric design software enable the architect to reconsider the physical composition of the environment as an integral part of the project design process.

PASSIVEHOUSE BRUSSELS 2015 AND BEYOND...

The Brussels-Capital Region (Belgium) is witnessing an explosion in passive buildings, whether under renovation and/or new construction. This phenomenon is described in the PassReg project (see www.passreg.eu).

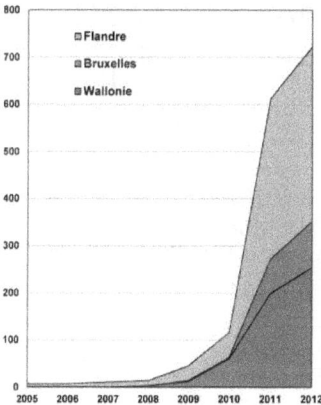

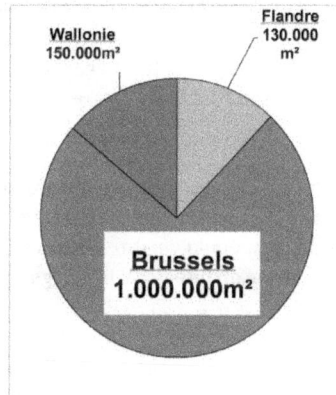

Increase of Passivhaus projects in Belgium

A law voted mid 2011 by the former government, as well as laws enacted in 2011 by previous regional governments, require that all building permits for new construction and heavy renovation reach the passive standard, as of 1st January 2015. This policy has resulted in 20% lower CO2 emissions within a few years

Tertiary sector Jobs	
1995 - 2010 : **+17%**	
Population	
1990 - 2011 : +16%	
1990 - 2004 : +4%	
2004 - 2011 : **+12%**	
Energy consumption	
1990 - 2011 : + 1 %	
1990 - 2004 : **+ 16%**	
2004 - 2011 : **- 15 %**	
Greenhouse Gas (GHG)	
1990 - 2011 : - 11 %	
1990 - 2004 : + 5 %	
2004 - 2011 : **- 16 %** **-20%...**	

Energy consumption and greenhouse gas evolution in Brussels Region (BE)

WHAT DOES PASSIVHAUS DO FOR ARCHITECTURE?

A2M is an architectural agency which only designs Passivhaus projects, including renovation. Over the past few years, we started integrating environmental analysis as part of our practice.

In this Brussels context, we are discovering new paths within the architectural narrative. The question of loss of meaning in architecture has been dogging the sector for nearly fifteen years. Could what the passive dimension entails today, be similar to the impact concrete had on the architectural language developed by the modernist movement?

Recent research by Philippe Rahm and Sean Lally shows a project design method based, amongst others, on the induced heat exchanges as support for the functions. They propose, instead of the classic use of architectural envelope as "mediation", to design our "active context" as architecture.

Similarly to the classic Greek order of composition (Doric, Ionic and Corinthian), we can use air flow, heat transfer, solar radiation, etc. as a new "order" of composition.

Glass allowed for transparency, and "generated" the R. Neutra houses, concrete allowed for malleability, and "generated" the E. Saarinen terminal in JFK airport. The question now is: how can we develop a new architecture which could have a positive impact on the environment, whilst also being shaped by environmental analysis (daylight analysis, thermal exposure studies, airflow, etc). These simulations provide new information thanks to digital aided design and become new tools for the development of space syntax.

A2M recently started using parametric design software. As such, the algorithmic games become a tangible design tool "refeeding" our architectural narrative.

In the project for the Belgian/Netherlands Embassy in Kinshasa (DRC), under construction and which achieved both Passivhaus and BREEAM excellent in a tropical context, we used the Grasshopper algorithms in the Rhino modeler crossed with Ecotect, so as to optimize the parametric composition of the envelope. We set some basic rules and "meta-rules", which then generated the solar radiation associated with approximately 200 different solar blind orientations. The most optimized ones where selected.

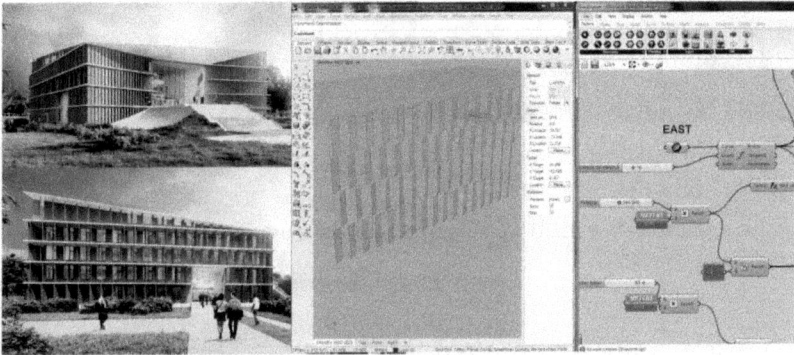

The Belgian/Netherlands Embassy in Kinshasa (DRC) and Grasshopper screen capture showing the sun blinds generated

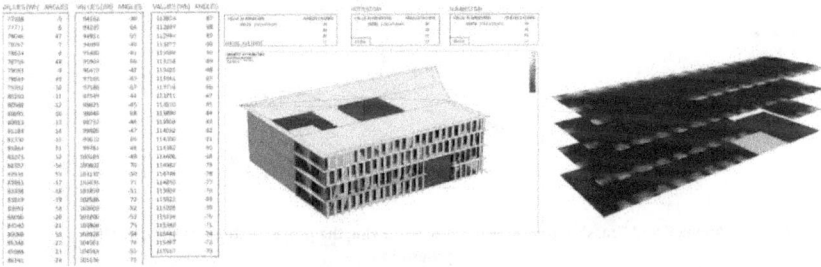

The 200 solar radiation results

In the project of "Solbosch", a multi-residential project, the skin thickness is generated by modifying the insulation thickness which sculpts the building as a whole.

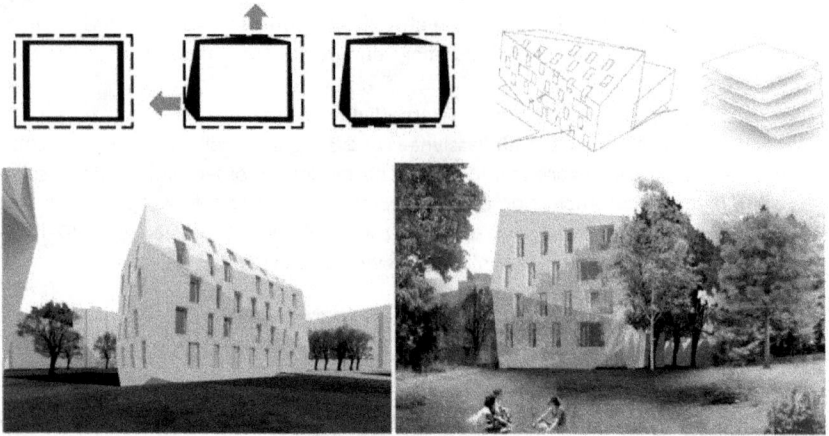

The Solbosch project

In order to define the U variable thickness, we must use the EN 6946 Annex C.

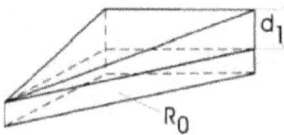

$$U = \frac{2}{R_1} * \left[1 - \frac{R_0}{R_1} \ln \left(1 + \frac{R_1}{R_0} \right) \right]$$

The EN 6946 Annex C and Grasshopper screen capture showing the project with variable insulation thickness generation

In the case of this project, there were too many volumes and we wanted to be able to "play" with the global shape and have the result in real time. This is only possible using the Grasshopper algorithms in the Rhino modeler

CONCLUSION: ARCHITECTURAL QUALITY?

Although the passive character of a structure is no guarantee in itself of its architectural quality, disregarding it is no easy matter nowadays. Architectural quality cannot ignore the treatment of the envelope and the environment it generates.

Contemporary tools enable the architect to reconsider the physical composition of the environment as an integral part of the project design process.

Whereas the projects presented here are still in the embryonic stage of experimentation with these new realities, there is reason to believe that many future projects will fully integrate the upheavals we have been plunged into. It will then become absurd to separate architecture from energy … The question therefore is no longer "what is the passive standard doing to architecture?" but becomes "how can the passive standard be used to give meaning to architecture?"

REFERENCES

- PassReg: www.passreg.eu
- Rahm Philippe, 2009, "Architecture météorologique", Crossborder, Archibook.
- Lally Sean, 2014 , "The Air from Other Planets, A Brief History of Architecture to Come", Lars Müller Publishers.
- Aananaz Abdennour, Branders Aline, De Meester Bram, Deprez Bernard, Desmet Stéphane, Devroey Daniel, Di Pietrantonio Marny, Leribaux Sabine, Loumaye Frédéric, Meersseman Benoit, Moreno-vacca Sebastian, Willem Julie, 2014 ,"Passive Architecture", A2M publisher, Brussels.

3.3 Building a Better Passivehaus School. Authors: Alan Clarke, Nick Grant

INTRODUCTION

Elemental Solutions worked with Architype to deliver three of the first Certified Passivhaus schools in the UK, Oak Meadow and Bushbury in Wolverhampton, and Swillington in Leeds. The Wolverhampton schools were monitored in detail over the first two years during a "soft-landings" handover period to tune the building services systems. Architype were commissioned to design another school in Wolverhampton, Wilkinson Primary School. The earlier schools were built without additional budget for Passivhaus [Hines 2012], but the square metre budget for Wilkinson School was about 10% lower than the previous schools. As with the earlier schools the construction is timber frame with taped 18 mm OSB for airtightness, blown cellulose insulation and rain-screen cladding. The flat structural slab floats on EPS insulation and the roof utilises I joist cassettes.

INTERNAL HEAT GAINS (IHG)

When using PHPP to inform the design of the first three schools, generous areas of south glazing and high-g glass helped meet the 15 kWh/(m2a) annual heating demand target. We soon realised that the first schools had higher internal gains than assumed by PHPP. There was no problem meeting the heating demand in practice, but controlling overheating was harder, especially in spring and autumn.

We assume that the PHPP IHG figure has worked as a basis for designing typical German Passivhaus schools but our comparison showed that the average occupant density of UK primary schools was 5.7 m²/child compared with 10.5 m²/child in the German schools we had visited. In addition, the UK school day is approximately 1 hour longer. Considering only the metabolic gains we calculated that this amounted to an additional 1.3 W/m² on average, and the new school was designed in PHPP to an internal heat gain figure of 4 W/m² rather than the default 2.8 W/m2.

The UK Schools Building Bulletin 103 recommends gross area for primary schools to equal 400 + 4.5 N as a maximum size and 350 + 4.1 N as a minimum size. (ie 5.1 - 5.8 m²/p for a school of 300 (N) pupils) - very close to our TFA figure.

FENESTRATION

The major implication for the design of using this higher IHG figure was the reduction in south facing glazed area. Glazing below the work surface height of about 800 mm provides no significant increase in useful daylight. However if this lower glazing is added to capture additional winter solar gain, and we use fixed shading, the shading must be extended to control summer overheating. This actually reduces the sky view and daylight penetration. Thus reducing the amount of floor to ceiling glazing actually improved daylight, and results in simpler and cheaper window installation.

Windows and night vent. Photo Juraj Mikurcik Architype.

VENTILATION

The new school only uses windows in classrooms that can be opened by hand. Some have fixed external shutters so they can be left open in rain and overnight. Tilt action windows were found to provide little free area. A more effective solution for night purge ventilation in classrooms is manually operated side-hung windows opening flat against an internal wall, see figure 1.

To ventilate the central "hub" spaces which have high level clerestory windows, side-hung vents open under the control of the Building Management System (BMS) with local manual override. The side-hung design means that actuators do not have to carry the weight of the window and the window can open further. External louvres mean that rain can be ignored.

It was expected that the mechanical ventilation would be switched off outside the heating season to save electricity and prolong filter life. However feedback from the first schools showed that it was difficult to decide when the system should be in summer mode and teachers didn't know if they needed to open windows or not. The result was better classroom air quality in winter than spring and autumn because only the MVHR provided consistent ventilation rates. In practice it has proved useful to run the MVHR whenever the school is occupied to ensure background ventilation. Architype's latest Passivhaus school is designed to have the MVHR run all year with windows opened manually whenever teachers want.

Schematic supply air strategy for the schools and CO2 for a classroom week 2-8th Nov 2014.

The simple cascade concept of supplying air to classrooms and extracting from the WCs and 'hub' area as implemented in the first three schools has proved very effective and was repeated for Wilkinson. The 'hub' is used for teaching and is ventilated by overflow air from classrooms via low pressure-loss acoustic vents that also serve for passive night purge air transfer. The fresh air is supplied to classrooms at a fixed rate whether occupied or not. If there are lots of children in the hub then there must be fewer in the classrooms and so the overflow air from them will still be fresh. A CO2 sensor in the hall activates a shunt fan to circulate air from the hub through the hall when enough children are in the hall rather than the classrooms. The graph in Figure 2 shows CO2 concentration (ppm) in a classroom at Wilkinson School. Such monitoring shows that achieved ventilation rates maintain satisfactory indoor air quality with peaks typically below 1200 ppm [KEEN 2015].

As with the previous schools, heat recovery is by thermal wheel, which provide some moisture recovery when the outside air is cold enough and allows simple control of supply air temperature. The whole school ventilation rate is set based on the total design number of occupants and a fresh air supply rate of 15 – 20 m3 per occupant, per hour whilst occupied, plus an hour purge before the day starts.

KITCHEN VENTILATION

The successful approach to kitchen ventilation is outlined in an earlier paper [Clarke 2012]. The run-around-coil heat recovery unit had proved capable of maintaining a minimum supply air temperature of 12° C, ideal for comfort in a commercial kitchen. An electric heating coil was included in the air-handling unit as a fall back measure but was not to be connected unless this was found to be necessary. The authors were not surprised to discover that the heater had in fact been wired in and was masking the failure of the run-around-coil pump, and also causing overheating of the kitchen.

HEATING AND HOT WATER

The long time constant and stable temperatures in the first schools convinced the client that a standby boiler would not be required. As with the other schools, the heating system has a single zone with thermostatic radiator valves (TRVs). A single radiator per room is preferred to simplify user control. Typically the radiator is behind the door to each room minimising distribution pipe length and saving more valuable wall space. The heating controls were reprogrammed to turn the boiler temperature down as the average room temperature approached the desired set point, and to turn the heating off when the building was above the set point.

The Authors have previously explored the importance of hot water system design in Passivhaus dwellings [Clarke 2010]. Monitoring of the first schools had shown that at least 60% of the hot water energy use was circulation loss – the pipes were well insulated, but the usage is low. Distribution losses were even higher than expected as our calculations (and the PHPP) ignored the daily cooling and reheating of the long secondary circulation loop.

For Wilkinson, to minimise these losses and unwanted heat gains, we used a gas instantaneous water heater for the kitchen, and local electric water heating for the rest of the school. Instantaneous electric water heating was rejected because of the high peak load, instead small local storage heaters were used. In order to minimise the number of units and associated standing losses, these were located to serve as many outlets as possible with un-insulated micro-bore pipe to minimise dead legs. The contractor was skeptical and so constructed a test rig, which successfully proved the concept. Figure 3 shows the test rig and a graph of maximum flow rate for lengths of 10 mm PEX pipe (6.5 mm bore) for a 1 Bar pressure drop. The final installation utilised 8 mm copper pipe (6.8 mm bore) and 7 electric water heaters to serve the whole building. Pipework volumes are below 1 litre so there are no concerns with Legionella in the distribution pipework. The total standing loss of the local storage is estimated at 2.7 kWh/(m2a) primary energy.

Hand basin taps were fitted with 1.7 litre/minute, flow-regulated multi-column-laminar-flow outlets, commonly referred to as 'spray taps' which implies aerosols, raising fear of legionella. This had led to the Council banning spray taps. A risk assessment was carried out before we could proceed with this key component of the hot water strategy.

For Bushbury we avoided hot water supply to individual classrooms but we failed to win that argument for Wilkinson. Also we chose to store water at the standard 60°C and use thermostatic mixing valves. A more elegant solution, that seems to be acceptable outside the UK, would be to store the hot water at the temperature required at the tap. This would save energy, reduce scale build up and eliminate troublesome mixing valves. However it would go against current UK practice in terms of legionella control – something to re-visit on a future project.

BUILDING MANAGEMENT SYSTEMS (BMS)

The control strategy for Wilkinson is simpler than for the other schools but a BMS is still employed and this is where most problems have been encountered. Bretzke [2014] seems to be recommending that the BMS is replaced by timers and basic boiler control. This would save capital cost but also reduce user frustration and wasted energy caused by inevitable errors in a complex system. The MVHR has proved effective in controlling supply air temperature in response to exhaust air temperature but communication with the BMS has been problematic. Similarly we have experienced considerable problems with sophisticated lighting controls and now, like Bretzke, favour simpler controls.

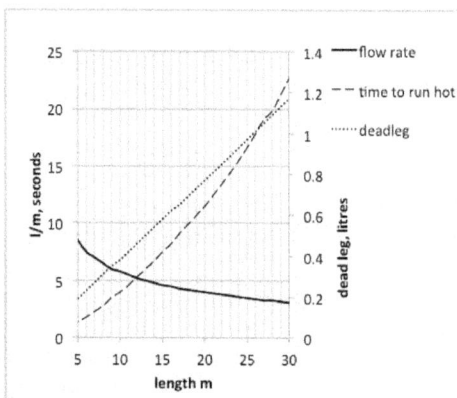

Test rig to prove the 8mm microbore pipe distribution concept and graph for 10mm PEX pipe.

COMFORT

Comfort and internal conditions are being monitored in an on-going KEEN (Knowledge Exchange & Enterprise Network) research project, funded by Architype and ERDF via University of Wolverhampton. This includes monitoring of hygrothermal conditions in classrooms of the three Passivhaus schools and three other new schools. Although average summer temperatures appear similar in the three Passivhaus schools, in Wilkinson the south facing classrooms experience less temperature variation and the survey showed that Wilkinson was rated more comfortable in summer than the previous Passivhaus schools, and is the highest rated of the six schools in the study.

CONCLUSIONS

The new school has been open for a year and initial monitoring shows that the energy performance is as expected. Also the summer conditions have been more stable than the previous schools – with less solar gain and simpler ventilation the temperature is easy to control. According to the head teacher Tina Gibbon: "The school feels very airy and it's very quiet. It's warm in winter, but it also performed very effectively in hot weather." It is clear that there is still potential for further simplifications which we expect will reduce costs, simplify operation and reduce energy wastage caused by unforeseen control errors.

REFERENCES

[Bretzke 2012] Greater Quality from Simplicity in Passive Houses; Axel Bretzke, 16th International Passive House Conference, Hannover 2012.

[Clarke 2010] The Importance of Hot Water System Design in the Passivhaus; Alan Clarke, Nick Grant, International Passive House Conference 2010.

[Clarke 2012] Passivhaus School Kitchens; Alan Clarke, Nick Grant, 16th International Passive House Conference, Hannover 2012.

[Hines 2012] Delivering the UK's first Passivhaus Schools at no extra cost, Jonathan Hines, 16th International Passive House Conference, Hannover 2012.

[KEEN 2015] Source Chryssa Thoua, Architype and Coventry University KEEN Project, to be published 2015.

3.4 La casa del Castell. Hotel eficiente en las "Terres de l'Ebre". Autora: Èlia Vaqué

SITUACIÓN

Móra d'Ebre, capital de la comarca Ribera d'Ebre. Población de 5.578 habitantes aproximadamente.

- ASNM: 54m
- Coordenadas: latitud = 41,09º / longitud = 0,64º
- Radiación global horizontal: 1.686 kWh/m²·a
- Temperatura media anual: 18,1ºC
- Superficie de referencia energética: 329,80m²
- Inclinación respecto norte: 4,53º
- Orientación: 3 fachadas (este-sur-oeste) + 1 medianera (norte)

CLIMATOLOGÍA

"Se ha generado un fichero climático horario para EnergyPlus, desde el programa Meteonorm 7. Se han usado los mismos datos meteorológicos para generar un fichero climático para PHPP. Mediante el traductor de archivos climáticos de EnergyPlus, se han determinado las condiciones climáticas de diseño para las cargas por calefacción y refrigeración, tomando el 99,6 percentil de cobertura en cada caso: es decir, habrá un 0,4% de probabilidades de condiciones climáticas más extremas en cada caso.(../..)" Cálculo de cargas térmicas y análisis térmico

ENTORNO

Casco viejo de Móra d'Ebre: tejido urbano en mal estado y deteriorado. Parte del casco fue derribado durante el bombardeo de la batalla del Ebro. Isla de tres edificios "entre medianeras" delante del castillo. Se trata de un solar en suelo urbano consolidado, con dos edificios declarados en ruina pendientes de derribo y geometría irregular: el tercer edificio, el vecino, se ubica en la fachada norte de la parcela objeto.

PARCELA

El solar esquinero tiene 134 m² y una forma irregular resultante de la unión de dos parcelas. El edificio se proyecta entre dos calles paralelas con un desnivel topográfico de 8.40m aproximadamente entre ellos; la fachada de la calle Raval de Jesús, considerada a misma cota que el castillo, está orientada a este; la fachada de la calle Calvari, de cota más elevada, está orientada a oeste. La fachada sur, linda a un antiguo pasaje público de escaleras que comunica ambas calles. La fachada medianera, está orientada a Norte.

OBJECTIVO: MODO PERSONAL + MODO LABORAL

- INVERSIÓN AMORTIZABLE HOTELET 4 HABITACIONES
- Costes construcción (direct/indir.)
- Impuestos
- Factura energética
- Equipo humano
- Costes de infraestructuras
- Costes hipotecarios

PROGRAMA FUNCIONAL

Se aprovecha la forma singular del solar y el desnivel topográfico entre las dos calles que conforman los límites de las fachadas principales de la parcela para proyectar dos accesos en el edificio. El acceso principal será desde la calle Raval de Jesús, justo delante del acceso del castillo (cota de referencia 0) y siempre a través de un patio umbráculo. El segundo acceso será des de la calle Calvari a través de la planta tercera.

En planta baja, a través de éste patio-umbráculo, encontraremos una zona de bar/vermutería cubierta pero exterior. Una vez dentro del edificio, encontraremos una sala diáfana donde se ubicará el vestíbulo, recepción y un estar-comedor. También encontraremos compartimentado un aseo, una pequeña sala de trabajo y la sala de máquinas-almacén. La planta primera y segunda se destina a las cuatro habitaciones del hotel: tres dobles y una suite/familiar de cuatro plazas.

La planta tercera (también planta baja si se toma como referencia la calle Calvari), se destina a la cocina-comedor, y a una sala polivalente donde se realizan eventos, catas de vinos, charlas, reuniones y cursillos. En esta zona encontramos una terraza exterior (que forma parte de la cubierta del umbráculo de la entrada). En la planta cuarta es donde encontramos las diferentes estancias privadas; y en la planta cubierta, se ubicarán los elementos necesarios para las instalaciones de telecomunicaciones, evacuaciones, aerotermia, así como los colectores solares, (éstos dos últimos tanto para la producción de agua caliente sanitaria como para la "futura" captación solar para la generación eléctrica). El acceso a cubierta se garantizará mediante la terraza de la planta cuarta.

ESTRATEGIA DE PROYECTO

Se estima derribar las 2 casas preexistentes debido a la pobre calidad y el mal estado de sus forjados y paredes estructurales de barro y "còdols de riu". Se subraya el estado ruinoso de la casa/corral esquinera que linda con el pasaje-escalera.

Se procede a excavar las tierras donde se cimentaban las dos antiguas casas hasta la rasante de la calle del castillo.

Al no existir ningún libro de estilo y ningún plan de ordenación urbanística municipal (POUM), más allá de la vía administrativa propia de los edificios que se encuentran en un entorno de edificios catalogados; se afronta el nuevo edificio con un enfoque conservador para así no provocar estridencias con el entorno más inmediato del castillo. Se afronta el edificio, no como mímesis directa de la construcción existente, sino como una reinterpretación volumétrica y según las necesidades de los tiempos actuales, queriendo dejar reminiscentes los dos edificios prexistentes. Se toma en especial consideración no perder la verticalidad que representaban las dos fachadas/entidades dentro de la unidad de la isla urbana (o hilera de tres casas medianeras).

A rasgos generales, la estrategia del edificio se basa en dos crujías estructurales separadas por un núcleo vertical central formado por un ascensor hidráulico de bajo consumo y unas escaleras lineales (plano horizontal). El plano vertical se divide en dos sistemas estructurales/constructivos diferentes: la parte semi-subterránea se resuelve con un sistema de bloques de hormigón celular y un añadido de 10cm de xps exteriores. La volumetría superior, se construye con un sistema prefabricado ligero de madera y aislante de fibra de madera.

EDIFICIO PASIVO

La parte del edificio construida con un sistema prefabricado de madera ligero, mantiene constante su sección constructiva y lo único que varía es su revestimiento en función de la posición del volumen con las dos antiguas parcelas: se realiza una alternancia con una fachada continua de mortero de silicato blanco, y con una fachada ventilada de madera làrix.

En cambio, con el sistema constructivo de hormigón celular encontramos distintas variantes (ya que es la parte semi-enterrada). Mientras que la sección tipo (interior-exterior) es de yeso, bloque de hormigón celular y aislamiento de xps, nos encontramos con la complejidad de la aparición del muro de contención y del terreno. Esta zona comporta secciones de muro muy gruesas para poder conseguir una baja transmitancia térmica y para poder resolver la problemática de las condensaciones consecuencia del hormigón armado: cuando éste aparece, la capa de XPS de 10cm se sitúa en su parte exterior para así poder evitar el punto de rocío en las capas intersticiales (éste es producido por las bajas temperaturas de diciembre y enero, que según fichero climático de Meteonorm alcanza puntualmente los -5º).

En la zona de bloques de hormigón celular, la capa de estanqueidad es el revestimiento de yeso, mientras que en la zona de entramado ligero de madera lo es el tablero de OSB. La unión de los dos sistemas se realiza con una barrera de vapor, introducida por detrás del tablero de OSB, quedando ésta embebida en el revestimiento de yeso del muro de bloque.

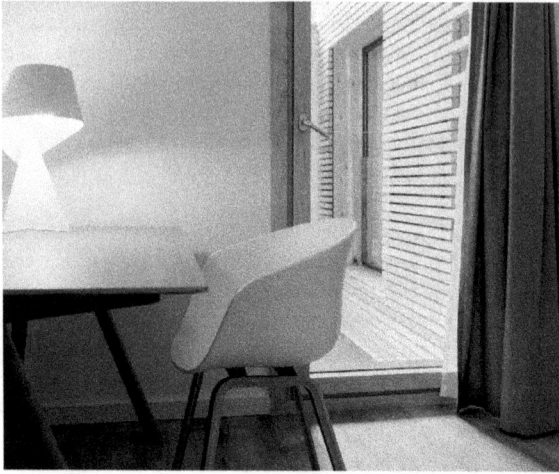

Protecciones solares:

- Fachada norte: terreno + medianera
- Fachada este: umbráculo, pino y castillo
- Fachada sur: edificio vecino + 5 ventanas con necesidad de protección solar
- Fachada oeste: terreno+ 5 ventanas con necesidad de protección solar

El cerramiento de vidrio utilizado es de madera de pino forrado de aluminio. Las transmitancias térmicas son de una Uw=1,164 W/m2.K [EN 673]

- Capas: doble 4-16a-6
- Gas: 10%aire - 90%argón
- Vidrio: baja-emisividad
- Transmitancia: Uw = 1,164 W/m2.K [EN 673]
- Transmitancia: Ug = 1,000 W/m2.K [EN 673]
- g = 0,494
- Ψ instalación = 0,04 W/m·K
- Ψ espaciador = 0,05 W/m·K

EDIFICIO ACTIVO:

- Generación ACS: aero-térmico

El agua caliente sanitaria se consigue de forma instantánea a través de un acumulador de 500 l, que se calienta mediante la bomba de calor.

- Sistema calefacción/refrigeración: paneles radiantes
- Renovación de aire: sistema de ventilación mecánica + deshumidificador
- Generación electricidad: red eléctrica + placas fotovoltaicas [modo off]

Se evitan conexiones de cableado por el exterior, tanto en el subministro de agua como en el eléctrico. Todo el cableado y tuberías de agua, se realiza siempre por la parte interior de la capa de estanqueidad, nunca en la parte exterior: en los paneles de madera, éstos también quedan embebidos en el interior del trasdosado de cartón-yeso (siempre colocados por delante de los tableros de OSB). Los tableros de OSB nunca se perforan.

En el sistema de bloques de hormigón, las tiradas de instalaciones se realizan por los tabiques técnicos interiores. En los pocos que quedan embebidos dentro de la capa de yeso, se usan bases de enchufes herméticos de fabricantes especializados.

Assembly No.	Building assembly description							Interior insulation?
7	MUR FORM. CEL. PEDRA							

Heat transfer resistance [m²K/W] interior Rsi : 0,13 exterior R_se : 0,04

Area section 1	l [W/(mK)]	Area section 2 (optional)	l [W/(mK)]	Area section 3 (optional)	l [W/(mK)]	Thickness [mm]
1. Pedra	3,500					200
2. Arrebossat exterior	0,800					20
3. Aïllament ext. XPS	0,039					80
4. Formig.arm.2300-2500	2,300					0
5. Ytong 400kg/m3	0,110					250
6. Guix YF 800kg/m3	0,400					15
7.						
8.		Percentage of Sec. 2		Percentage of Sec. 3		Total 56,5 cm

U-Value: 0,217 W/(m²K)

PLATAFORMA
EDIFICACIÓN
PASSIVHAUS

Assembly No.	Building assembly description					Interior insulation?
8	MUR FORM. CEL. CONTENCIÓ TERRENY					

Heat transfer resistance [m²K/W] interior Rsi : 0,13
exterior Rₛₑ : 0,00

Area section 1	λ [W/(mK)]	Area section 2 (optional)	λ [W/(mK)]	Area section 3 (optional)	λ [W/(mK)]	Thickness [mm]
1. Aïllament ext. XPS	0,039					90
2. Formig.arm.2300-2500	2,300					250
3. Ytong 400kg/m3	0,110					250
4. Guix YF 800kg/m3	0,400					15
5.						
6.						
7.						
8.						

Percentage of Sec. 2   Percentage of Sec. 3   Total
60,5 cm

U-Value: **0,206** W/(m²K)

Assembly No.	Building assembly description					Interior insulation?
13	MUR FUSTA- ENTRAMAT LLEUGER					

Heat transfer resistance [m²K/W] interior Rsi : 0,13
exterior Rₛₑ : 0,04

Area section 1	λ [W/(mK)]	Area section 2 (optional)	λ [W/(mK)]	Area section 3 (optional)	λ [W/(mK)]	Thickness [mm]
1. Aïll.Gutex Thermowall	0,043					40
2. Llana d'ovella	0,042	Fusta pi 500kg/m3	0,150			180
3. Osb(lliure formald.)	0,130					15
4.						
5.						
6.						
7.						
8.						

Percentage of Sec. 2   Percentage of Sec. 3   Total
10,5%   **23,5** cm

U-Value: **0,212** W/(m²K)

3.5 Calidad del aire interior y eficiencia energética en edificios energía casi nula. (Ejemplo de rehabilitación en edificio terciario). Autor: Santiago Pascual

RESUMEN

El objetivo de la siguiente comunicación es mostrar con un caso práctico de una rehabilitación integral de un edificio de oficinas, destacando el efecto positivo del sistema de ventilación, tanto desde el punto de vista de calidad del aire interior para las personas como la eficiencia energética, gracias a la monitorización del mismo.

INTRODUCCIÓN

Siendo el sistema de ventilación para garantizar la calidad del aire interior y confort uno de los pilares del correcto funcionamiento de los edificios de energía casi nula, desde Siber se desarrolló el proyecto no sólo pensando en su uso como oficinas sino también pensando en poder utilizar el propio edifico y sus instalaciones para poder investigar la repercusión de ciertas mejoras en la calidad del aire interior y su impacto en el confort y la eficiencia energética del edificio. Con este espíritu nación el Centro de Ensayos y Formación en sistemas de ventilación inteligente.

El proyecto parte de la Rehabilitación integral de una antigua fábrica textil ubicada a en Las Franquesas del Vallés a 30 kilómetros de Barcelona. Aunque la adecuación se realizó de todo el edificio, la comunicación se centra en la parte correspondiente a oficinas, donde aplicando criterios rehabilitación energética y partiendo como criterio básico la mejora energética de la envolvente, se hace necesario posteriormente el diseño, dimensionando e implantación de un sistema de ventilación para garantizar la calidad del aire interior y confort de los usuarios de las oficinas.

Edificio antes de la rehabilitación

El Centro de Ensayos y Formación en ventilación inteligente Siber (CEF) se ha convertido en un referente a nivel nacional, siendo visitado desde su inauguración por cientos de profesionales del sector de la edificación sostenible desde proyectistas (Arquitectos/Ingenieros) pasando por constructores y distribuidores hasta instaladores. En el CEF se pueden ver en funcionamiento y comprobar su efecto a través de la monitorización de las novedosas técnicas y tecnologías de ventilación que Siber Zone, S.L., proporciona al mercado nacional e internacional, incluso con algún elemento con patente propia.

Edificio después de la rehabilitación

DESCRIPCIÓN DEL SISTEMA DE VENTILACIÓN

El Sistema de Ventilación de confort está compuesto por un recuperador de calor constituido por unos motores EC de bajo consumo con un SFP de 0,45 W/m3/h. El recuperador es de alta eficiencia con un rendimiento de hasta el 90% del calor sensible del aire de expulsión, gracias a su diseño contracorriente. El by-pass para refrescamiento nocturno es del 100 %, incluye filtros para el filtrado del aire de impulsión tipo F8, y G4 para el aire de expulsión. El recuperador cuenta con un aislamiento de 25 mm de lana mineral (R= 0,73 m2K/W). La Central VMC DF Siber incorpora un control por autómata pre-programado permitiendo gestionar múltiples modo de funcionamiento incluso el pilotaje a distancia por GTC de protocolos tipo KNX.

La red interior de ventilación se ha ejecutado con distintos materiales para garantizar el correcto funcionamiento aerólico y acústico del sistema. Parte se ha ejecutado con conducto de chapa helicoidal Safe-click de la marca Siber con accesorios con doble junta de EDPM flejada permitiendo una estanqueidad tipo D según EN 12237, la más alta del mercado. También se ha combinado con material termoplástico de bajo perfil Stanco-fix de 55x220 para poder acceder a espacios de altura limitada con la sección adecuada.

La ventilación de confort Siber instalada consta además de un conjunto compuertas y detectores que permiten la regulación de caudal por demanda de cada zona en función del uso, que combinado con el control inteligente de la Central VMC DF Siber, el sistema trabaja autoajustando se en cada momento obteniendo así el menor consumo global.

Las estrategias de ventilación aplicadas para implantar en el edificio un adecuado sistema de ventilación de confort para garantizar la salubridad con eficiencia energética se han sido;

- Central VMC DF con recuperador de calor de alta eficiencia y bajo consumo
- Red estanca de ventilación
- Sistema de caudal variable por demanda

Central VMC DF con recuperación calor

Red de ventilación oficinas

Sistema de control por multizona

PRINCIPIO DE FUNCIONAMIENTO

El sistema de ventilación higiénico, es único y centralizado para todas las oficinas. Se ha dimensionado siguiendo los criterios especificados en la Normativa vigente RITE 2007, en concreto su instrucción técnica IT 1 .1.4.2 Exigencia de calidad del aire interior, aplicando algunas mejoras como la recuperación de calor de alta eficiencia energética (hasta el 90%) e implantando un sistema de control por caudal variable, donde gracias al distinto tipo de sondas instaladas se ha permitido un ajuste del caudal en cada momento en función de la ocupación de cada sala.

Para el diseño del sistema de ventilación se ha contado con el equipo de proyectos de Siber, donde gracias a su experiencia se ha diseñado una red perfectamente equilibrada, garantizando un barrido de todas las zonas sin corrientes molestas y con confort acústico.

El tratamiento de zonas se ha realizado por salas excepto la recepción y pasillo en la planta baja donde se ha generado impulsión desde la misma zona y extracción por barrido desde los baños.

La ventilación de confort instalada en el edificio, en concreto un sistema de ventilación de doble flujo con recuperador de alta eficiencia (hasta el 90%), presenta unas ventajas respecto a un sistema de ventilación convencional previsto para este edificio en función de su uso y ocupación;

- Recuperación de energía del aire de expulsión (Hasta el 90%)
- Integración de estrategias pasivas (Como el refrescamiento pasivo nocturno por by-pass)
- Bajo coste de operación (Gracias a los motores EC de bajo consumo)
- Ventilación en ausencia
- Filtrado de partículas y elementos en suspensión (Mejora de las condiciones para personas alérgicas)
- Ausencia de olores
- Ausencia de humedades y moho

ACTUACIÓN SOBRE EL EDIFICIO

En los edificios de energía casi nula, una de la parte más importante es el edificio en sí, en concreto la envolvente del mismo. Siendo conocedores de esta premisa no hubiese servido de nada invertir en el mejor sistema de ventilación de confort, si no se hubiesen planificado por parte de la Dirección Facultativa unas acciones para adecuar correctamente la envolvente.

Aún y no ser motivo de comunicación es importante destacar que se ha actuada mejorando la envolvente con los siguientes criterios;

- Aumento aislamiento térmico de la fachada
- Aumento aislamiento térmico de la cubierta
- Realización de capa estanca al aire del edificio
- Ventanas de altas prestaciones

MONITORIZACION CALIDAD AIRE INTERIOR Y CONFORT

Con el objetivo de poder valorar las distintas actuaciones y variaciones tanto en el control como en los propios elementos que conforman el sistema de ventilación, se ha procedido a monitorizar el edificio de oficinas, obteniendo de forma continua valores tanto higrotérmicos como son la temperatura y humedad como la concentración de CO_2.

Estos valores son registrados por unas sondas colocadas en el edificio y cuyas lecturas son enviadas a un receptor donde se almacenan, permitiéndose su visualización a través de un software especial que nos permite la interpretación de los resultados.

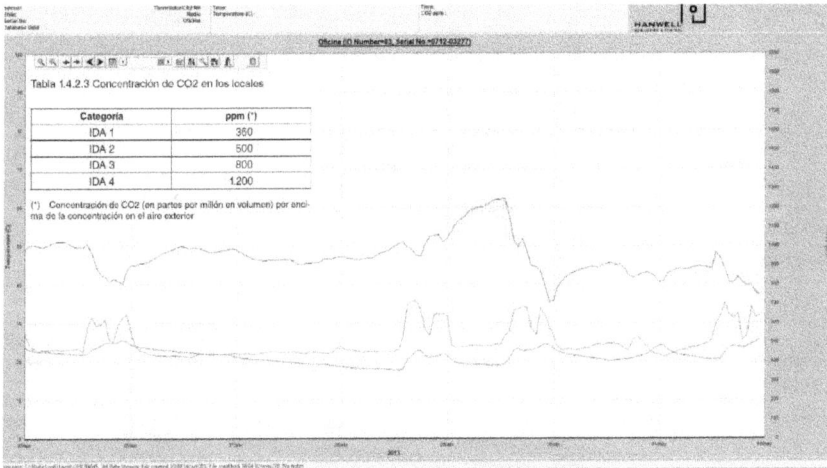

Monitorización calidad aire interior

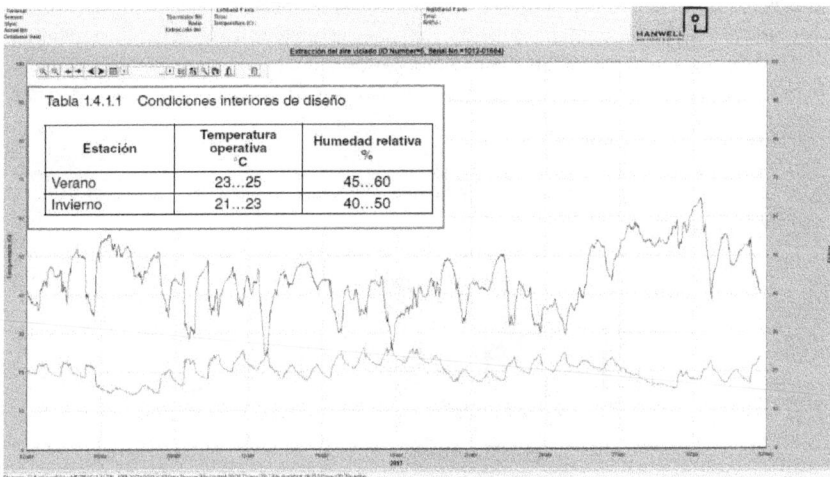

Monitorización condiciones higrotérmicas

Complementariamente a la mejora por control de las condiciones higrotérmicas así como de la concentración de CO2 en el interior del edificio, otra ventaja del Sistema Ventilación con recuperación de calor Siber instalado es la eliminación de gran parte de las partículas en suspensión presentes en el aire externo, gracias al filtrado del aire nuevo de admisión e introducido en las distintas estancias a través de la red de impulsión (Filtro utilizado F7).

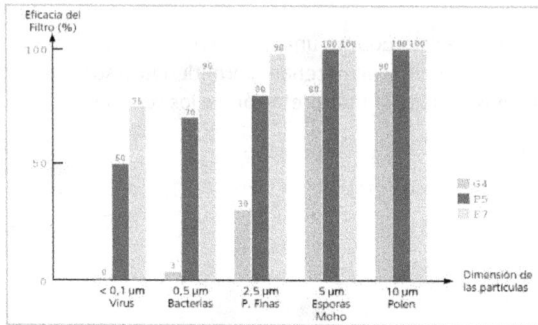

Clasificación de los filtros

EFICIENCIA ENERGÉTICA

En cualquier edificio el sistema de ventilación nos ha de permitir garantizar la salubridad en el mismo, pero en los edificios de consumo casi nulo toma especial relevancia que además de la recuperación de energía del aire de extracción del edificio para minimizar las perdidas por la ventilación higiénica, se compatibilicen con técnicas de climatización pasiva.

En este caso el refrescamiento nocturno (by-pass) incluido en la central VMC DF , permite en los periodos necesarios generar una disminución de carga del edificio, ya que al tratarse de oficinas estas se han cargado térmicamente por el uso de las mismas durante el día y de forma automática pero de manera controlada el sistema de ventilación inyecta aire más fresco del exterior del edificio y evacua el aire interior cargado térmicamente sin cruzarse en el recuperador, generando de esta manera una climatización pasiva por refrescamiento natural nocturno.

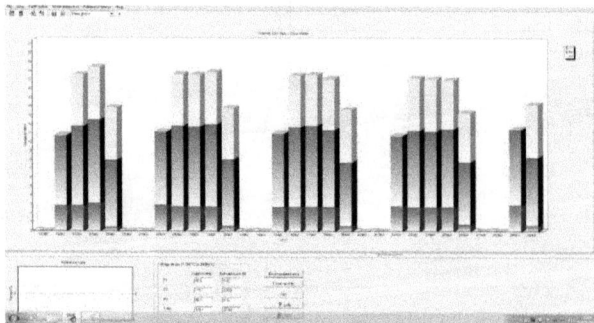

Monitorización consumo energético

Calefacción energía primaria [kWh]

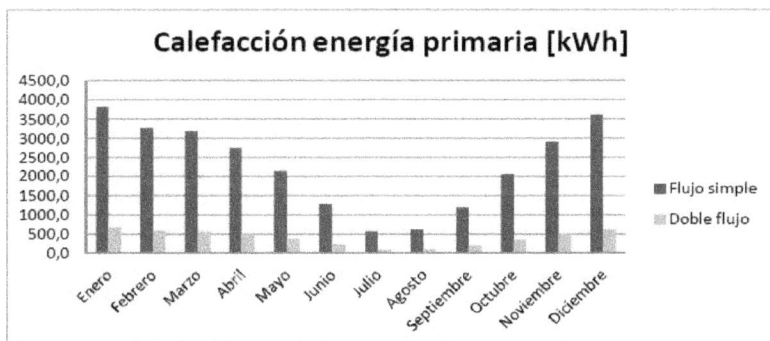

Cálculo ahorro. Demanda en periodo calefacción.

DISCUSIÓN Y CONCLUSIONES

Analizando los datos obtenidos de monitorización podemos decir que a través de la rehabilitación integral del edificio, actuando sobre la envolvente del edificio como parte pasiva y actuando sobre las instalaciones en este caso el del sistema de ventilación con recuperación de calor de alto rendimiento y control de caudal bajo demanda como una de las partes activas, hemos conseguido un edificio de muy altas prestaciones desde el punto de vista de demanda energética y gran calidad del aire interior gracias a la ventilación higiénica.

En los Edificios de consumo casi cero el control de la ventilación es un reto para el proyectista para que además de conseguir edificios de muy baja demanda energética, consiga también a través de la ventilación higiénica las condiciones de salubridad y confort necesarias para el desarrollo de las actividades allí previstas.

4 Materiales & componentes para edificaciones Passivhaus

4.1 Casa i14. Construcción maciza con muros de carga de arcilla relleno de lana de roca. Autores: Peter Albrecht y Juana Otxoa-Errarte

RESUMEN

Proyecto y obra de vivienda unifamiliar aislada bajo estándar PH, situada en Urdiain, Navarra. Emplazamiento en denso tejido urbano de pueblo, con numerosas sombras de edificaciones colindantes y topografía. Construcción maciza, con muros de carga a base de bloque de arcilla aligerada relleno de lana de roca, forjados de losa de hormigón, fachada sur muro cortina y cubierta consistente en elementos de madera tipo sándwich prefabricados en taller. Concepto energético de proyecto: bomba de calor aire / agua en combinación con generación de electricidad fotovoltaica y acumulación. Demanda de calefacción PHPP de proyecto: 14 kWh/m²a.

INTRODUCCIÓN

La casas la vivienda habitual de una familia de 4 personas. Sustituye otra cuya versión original fue construida probablemente en el siglo XVI pero profundamente reformada en 1963. La parcela forma un trapecio alargado entre estrechos callejones al este y oeste y el acceso a vía pública por el norte. El alzado sur linda con una parcela verde. La topografía: presenta una pendiente sur – norte del terreno (10%), A una distancia de aproximadamente 1.500 metros al sur discurre una cordillera que se eleva hasta unos 650 m por encima del nivel de la parcela.

Se combina una importante reducción de las ganancias solares invernales debido a las numerosas sombras con una geometría desfavorable. Entre las exigencias formales de los clientes destacan un retranqueo en la entrada, un balcón a la calle, y un aspecto exterior norte de marcada integración en el entorno. Las ideas constructivas contemplaban cerramientos macizos y, en la medida de lo posible, de composición homogénea, retomando la lógica constructiva de los tradicionales muros de mampostería que son habituales en esta zona. Por este motivo se descartó un SATE. En su ausencia es la hoja maciza que debe aportar el 100% de la capacidad de aislamiento térmico necesario para alcanzar los requisitos PH.

SOLUCIÓN DE PROYECTO

En adaptación a las condiciones del entorno, el edificio se cierra hacía los callejones (este y oeste) y se abre en la medida justa a la vía pública (norte). En cambio, en el alzado sur la apertura es la máxima posible. Esta fachada es el único captador solar pasivo de la vivienda. El consiguiente desequilibrio térmico entre las zonas interiores sur y norte es minimizado con la ayuda de la instalación de ventilación (mod. "DF Excellent 4 plus" / fabricante: Siber España)

Solución constructiva

La construcción consiste en muros de carga a base de bloque cerámico, forjados de losa de hormigón y cubierta tipo sándwich de elementos de madera prefabricados en taller en la misma localidad. La fachada sur está compuesta por un sistema de muro cortina a base de estructura de madera, acristalamiento fijo 3+3/16/4/16/4 y hojas de apertura.

La preferencia de una construcción maciza que cumpla los requisitos antes mencionados motivó el empleo de un material que no se fabrica ni se comercializaba en el momento en la península, por lo que hubo que importarlo por cuenta propia. Se trata de un bloque cerámico de arcilla aligerada, calibrado (lijado) en altura y con cámaras rellenas de perlita mineral. Se coloca sobre una capa de cemento cola de 1,2 mm, eliminando prácticamente el efecto de puente térmico de las llagas. Todos los cerramientos macizos se han ejecutado como muros de carga, sin pilares empotrados en fachadas.

El manejo seguro de este material exigió la formación previa de los operarios recurriendo a videos explicativos del fabricante. Por otra parte fue necesario el empleo de herramientas especiales como varillas mezcladoras o un carro deslizante para la aplicación del cemento cola. La experiencia previa con el material puesto en obra en otro proyecto reveló que el relleno de perlita presentó desperfectos, probablemente causados por los impactos del transporte. Por este motivo se decidió finalmente recurrir a la alternativa del relleno de lana mineral ("Poroton T7 MW", espesor 42,5 cm, λ=0,07 W/mK, fabricante: Wienerberger Alemania).

Puentes térmicos

La ausencia de un sistema de aislamiento exterior traslada la problemática de los PT al cerramiento macizo. Los correspondientes detalles constructivos, como el frente de la losa de forjado o el tope para la formación de huecos provienen de las indicaciones del fabricante del bloque. Para la desconexión térmica de la losa maciza del balcón norte (marcado con círculo rojo en la imagen 2) se empleó un elemento marca "Halfen", modelo HIT-HP, con un bloque de lana mineral de 80 mm de espesor.

Transmitancia cerramientos

Muros exteriores macizos:	
Enfoscado de yeso + Poroton + monocapa	$U = 0,17$ W/m^{2}K
Fachada sur: muro cortina	
Sistema H, 80 mm. Fabricante: Stabalux Alemania.	$U_{cw} = 0,79$ W/m^{2}K
Conjunto s/ certificado Passivhaus (PH A)	
Cubierta:	
Tablero OSB + fibra de madera 24cm + tablero OSB	$U = 0,17$ W/m^{2}K

DISCUSIÓN Y CONCLUSIONES

La gran ventaja de la construcción con el bloque rectificado consiste en la rapidez, precisión y limpieza de su ejecución junto a la minimización del agua contenida. Los beneficios de la construcción maciza son la elevada inercia térmica y la sencillez de la formación del plano de estanqueidad al aire.

Hemos tratado de combinar estas ventajas con las de la construcción ligera en cubierta y fachada sur, empleando de esta manera en cada lugar la solución constructiva que permite la optimización del resultado global.

A modo de resumen queremos destacar la experiencia positiva con los profesionales participantes en la preparación y ejecución del proyecto. Merece mención la implicación de los proveedores de sistemas y materiales por su asesoramiento tecnológico, y la de los operarios intervinientes en la construcción por el interés en la perfección de su trabajo y en la voluntad de aprender conceptos nuevos.

Entorno urbano

Sección longitudinal de sur a norte

Para dotar a la planta baja de un acceso al sol en el alzado sur se ha retranqueado el plano de la fachada formando un patio exterior. El alero de cubierta y una estructura metálica ligera que soporta plataformas de mantenimiento y limpieza en las plantas 1ª y bajo cubierta proporcionan la protección solar fija.

Alzado norte, montaje cubierta

Alzado sur, muro cortina

Desconexión térmica balcón

Muro de carga / perímetro losa

4.2 Casa DI LUCE: Zero energy architecture built with hemp and lime. Autores: Leo Pedone ,Massimo Pedone, Piero Pedone, Annamaria Perruccio

SUMMARY

The sustainable urban regeneration project in Bisceglie, seaside town in the Italian Southern region of Apulia involves the replacement of urban abandoned industrial sites, by considerable environmental problems, with a new highly sustainable and energy self-sufficient urban model. The design choices that qualify the settlement area, from the urban to the building scale, refer to the urban fabric morphology, the outdoor spaces design and to the system solutions capable of enhancing the well-being of the users. In particular, the key points of this urban renewal are:

- Urban planning: Reduce land use and re-use brownfield sites;
- Green environment: Green network like microclimatic improvement to reduce CO2 emission; Solar design (bioclimatic greenhouses) and bioclimatic strategies (natural cooling system); sustainable water and waste cycle management (rainwater harvesting and community composting and recycling);
- Green building system: Multi-levels housing project built by a natural envelope made by hemp and lime, natural raw materials and saving production with near-zero environmental impact;
- Green energy: Energy autarky achieved by renewable energy resources such as solar and wind energy;
- Green mobility: Electric vehicle charging station;
- Green living: Passivhaus that combines high-level comfort with very low energy consumption.

INTRODUCTION

CASE DI LUCE is a highly innovative sustainable urban regeneration project in Bisceglie, involves the redevelopment and re-use of an area, close to the railway, that, although partially build-up today, live in a state of considerable urban blight worsen both the presence of an old factory with asbestos cover, now abandoned, and a depressed area adjacent to it characterized as a neglected "urban void".

The regeneration plan proposed on private initiative, as provided in "L.R. n.21/2008 Norme per la rigenerazione urbana" (Standards for urban regeneration) , is to do both the buildings replacement of these abandoned industrial sites with two sustainable standard passive type new buildings, mixed residential and commercial, falling under bioclimatic and sustainable constructions and the redevelopment of public garden area designed to be implemented through the creation of an eco-park facilities, real "ecological infrastructure", which with its paths, services and green areas generates an hybrid -integrated system of public and private space. The final aim is the implementation of a new highly sustainable and energy self-sufficient urban model capable of regenerating the entire district with which the project faces giving, at the same time, concrete answers on Passivhaus subject.

The project designed as a result of a pregnant environmental clean-up operations with the simultaneous demolition and reconstruction of a crumbling and disposal buildings, has prevented both the consumption of new land and the construction of new infrastructure being inserted in an already urbanized landscape. In addition, careful evaluation of bio-climatic nature of the site, in order to maximize both passive solar contributions and the prevailing winds in the area, made it possible to achieve both high energy efficiency of buildings, that they can be label as "zero energy ", as well as a low environmental impact for the production and the release of carbon dioxide thus contributing materially to the containment and to the reduction of greenhouse gases into the atmosphere. Finally, the use of innovative construction techniques with hemp and lime, characterized precisely by the careful choice of components, will speed up the construction times, limiting the use of energy in the early stages of construction in addition to ensuring that the energy embodied in buildings is minimized in the event of future dismantling and recycling.

PROJECT

The sustainable urban regeneration project in Bisceglie consists of an **eco- park facilities** that, respecting the bio-climatic and morphological characteristics of the place, talks in a spatial and temporal unicum with the new urban fabric consists of **two multi-story residential and commercial near-zero-energy buildings characterized by 61 flats energy efficiency class A +** . The residential buildings, through the use of sustainable materials, renewable energy sources, the use of passive solar gains and natural ventilation, as well as the recovery and use of natural resources, **achieve the ambitious sustainability level equal to 4.1 of the Itaca Protocol Puglia 2011,** "Standards for Sustainable Building", it is an energy-environmental certification tool including quality of the building and building components.

The project was born from an integrated systemic and holistic approach, applied to the entire building process, linked to the themes of bio- architecture, eco- sustainability, environmental comfort and housing. Case di Luce is currently the first sustainable multi-levels housing project in Europe built by *a natural envelope made by hemp and lime*, natural raw materials and saving production with near-zero environmental impact.

NATURAL MATERIALS USE AND ENVELOPE PERFORMANCE

Case di Luce has been building by an innovative *natural* construction technology called **Muratura Vegetale®** in **NATURAL BETON®** (completely *natural* concrete), mixture obtained by combining the vegetable shavings of hemp with a hydrated lime-based binder and natural additives. Such a mixture, **LEED® Certificated** by Habitech that has acknowledged the value of this product, is the result of a low-energy consumption production process with a resulting **environmental impact which is close to zero.** Natural Beton® is distinguished from conventional insulating materials because it combines high thermal, acoustic and hygrothermal comfort (particularly suitable for arid climates) with eco-compatibility, recyclability, once it has been broken up and remixed with water and lime. It is also characterized by high biodegradability at the end of its useful life cycle, if disposed of it as waste, the material decomposes naturally, being completely free from any toxic substances. It has also very low levels of incorporated energy in the material and a negative balance of CO_2 emission: one cubic meter of Natural Beton® sequesters *60 Kg of CO_2* from the atmosphere. According to the type of application the mixture of hemp shavings with the lime based binder can be produce with a wide range of density. Each density gives different effect on the mechanical and thermal properties of Natural Beton®. This compound combines high insulation properties and thermal mass, has a thermal conductivity of 0.053 W/mK , it is completely recyclable and highly hygroscopic setting besides a negative balance of CO_2 emissions respecting so the principles of sustainability to 100%.

So, for the buildings envelope have been adopted innovative solutions aimed at improving the quality of life through the use of natural materials and eco-friendly as "tufa", local material and therefore KM zero, lime and hemp. The stratigraphy of the building masonry is made up of an internal wall of tufa, equal to 10 cm, in which the Natural Beton® 200 compound (ratio 1:1 hemp – lime) is sprayed for a thickness of 25 cm. On the external side is sprayed a finish layer made by Natural Beton® 500 compound (ratio 1:4 hemp – lime) equal to 5 cm. This allows realizing a monolithic external masonry that, with a single material, will perform at the same time the envelope and insulation building function.

PLANT STRATEGY IN ORDER TO GUARANTEE INDOOR COMFORT

The plant strategy relative to the buildings, decidedly innovative but still based on elements currently available on the market, provides a mechanical ventilation to provide the necessary change of air inside during the winter season while the summer comfort is guaranteed by a system of natural ventilation that exchanges fresh outside air, coming from floors or underground openings to the north and east, with the indoor air warm and rich in carbon dioxide.

The heat production is both passive through solar greenhouses either through a centralized system with hot water meters having the final adjustment of temperature provided by a radiant system for each apartment, fed by hot water (in winter) or cooler (in summer) produced by the centralized system that also guarantees the production of sanitary hot water, thus replacing completely the traditional combustion plant. For integration of energy production has been provided the installation of solar panels for sanitary hot water production, the installation of PV plant for electrical energy production, storage tanks of rainwater, pertinent green to avoid the heat island effect, residences services as areas for children, parking areas for bicycles and recycling of waste.

A careful balancing between bioclimatic planning, choosing the right energetic strategies and appliances and using building materials as traditional and performing as possible: these are the main features ensuring that these are zero energy residential buildings. Energy is consumed but also recuperated through both the passive heating generated by the sun and the heating and cooling systems with high performance and low impact.

INDOOR COMFORT

Our project is food for thought on the possibility for architecture to generate fruitful interactions between artificially designed and natural environments. The elaborate distribution of space was highly influenced by ecological design, aiming to make full use of the prevailing solar and wind energy of this area. This architectural approach is clearly visible in the shape of the buildings, in the position of the openings, in the search for excellent exposition to the light and the sun in all seasons and in the study of the mutual shading between the buildings structures and the surrounding nature.

In addition, the high thermal and acoustic quality insulation and the use of certified breathable, natural materials with no emission of volatile organic compounds (VOC's) such as mortars, lime, natural plasters and breathable and eco-friendly paints guarantee a high air quality to protect the health and the indoor living comfort.

CONCLUSIONS

Hemp and lime are traditional materials with today's technology that protect inhabitants without hermetic sealing: **the building breathes, like a "third skin"**. So, in this way, we build a zero-energy multi-levels housing respecting the balance between man and nature in the best possible way: according to nature.

The project CASE DI LUCE has participated to the exhibition "Architectural *Projects and Built Works*" inside the World Triennial of Architecture *INTERARCH 2012* in Sofia and , due to its high environmental values, has been selected as a finalist project, in the National Competition "Energia Sostenibile nelle città - 2012", promoted by INU (National Institute of Urban Planning), and the Ministry for the Environment and for Land and Sea Protection.

4.3 Build with Carbon – BioBased Photosynthetic Materials & PassivHaus. Author: Craig White

SUMMARY

The need to reduce carbon dioxide emissions from the operational energy use in buildings is becoming more and more pressing as we seek to mitigate the effects of climate change. As we do so, however, the ratio of emissions embodied in the materials we use to make our buildings, compared to operational emissions, is increasing. The ModCell System of construction secured PassivHaus Component Certification in February 2015 using straw as its primary material. The system uses a unique set of renewable materials that use the power of photosynthesis to bank carbon into their fabric. The amount of carbon dioxide banked into the ModCell System is more than is emitted through its manufacture and transportation, resulting in a carbon negative footprint.

INTRODUCTION

Passivhaus is recognised as the most rigorous energy performance standard in the world. It seeks to deliver lower energy use in buildings by a number of integrated means. They are:

1. Reducing the heat transfer through the fabric of the building envelope by means of U-Value equal to or better than 0.15 W/(m2K).
2. A thermal bridge free design for key connection detail equal to or better than 0.15 W/(m2K).
3. All internal surface temperatures are maintained at no less than 17ºC when external temperatures are -10ºC and the internal ambient temperature is 20ºC.

Because the demands of PassivHaus are so stringent the desire to maximise u-Value performance has led to a preference for the use of foam and expanded polystyrene based insulation products. While these types of materials are individually very high performance materials, there are emerging concerns about their dependence on non-renewable and fossil fuel based materials, their vapour diffusion properties and possible off-gassing of VOCs that may unduly affect indoor air quality. ModCell is a company that specialises in the use of renewable, bio-based materials such as straw and timber that are vapour diffuse. There are number of benefits in using straw, It is a bi-product of growing cereals, predominantly wheat, it is a renewable resource, is vapour diffuse, has a very low embodied energy and consequently is low in embodied carbon. Timber and straw also have unique benefits over other materials, they not only have a low carbon intensity, they also have the additional benefit of actually banking carbon in to their fabric. This banking of carbon is achieved through the photosynthetic action of Carbon Dioxide absorption at a molecular level of plants. The subject of this paper is to explain how the ModCell System of construction achieved Passivhaus Component Certification using the bio-based renewable materials timber and straw.

Background

The PassivHaus Component Certification came about as a result of a major European Eco Innovation funded research project called EuroCell. The Eco-Innovation EuroCell project has sought to provide a solution towards decarbonisation through the development of wider sector uptake of straw bale construction using ModCell: an innovative prefabricated low carbon cellulose-based panel building system designed for use in a wide variety of construction sectors, including housing, schools and retail projects.

The EuroCell Project addressed current EU wide market barriers to the mainstream uptake of innovative systems of constructions such as ModCell. Barriers include the lack of product certification, warranty approval, scaling the manufacturing approach and limited market presence. The EuroCell project allowed for two significant certifications to be secured:

1. QMark Certification, that has allowed for what are called 'High Street' mortgages to be provided for the purchase of homes built using the ModCell System
2. PassivHaus Component Certification.

The ModCell system is the first pre-fabricated straw-bale timber construction system to achieve Passivhaus Component Certification in the world, bringing together low-embodied energy and carbon-positive materials, with high levels of energy efficiency and thermal comfort.

ModCell Core Passiv – Components

The typical build-up of the ModCell System is shown in the illustration below. The system is certified using the brand name ModCell Core Passiv.

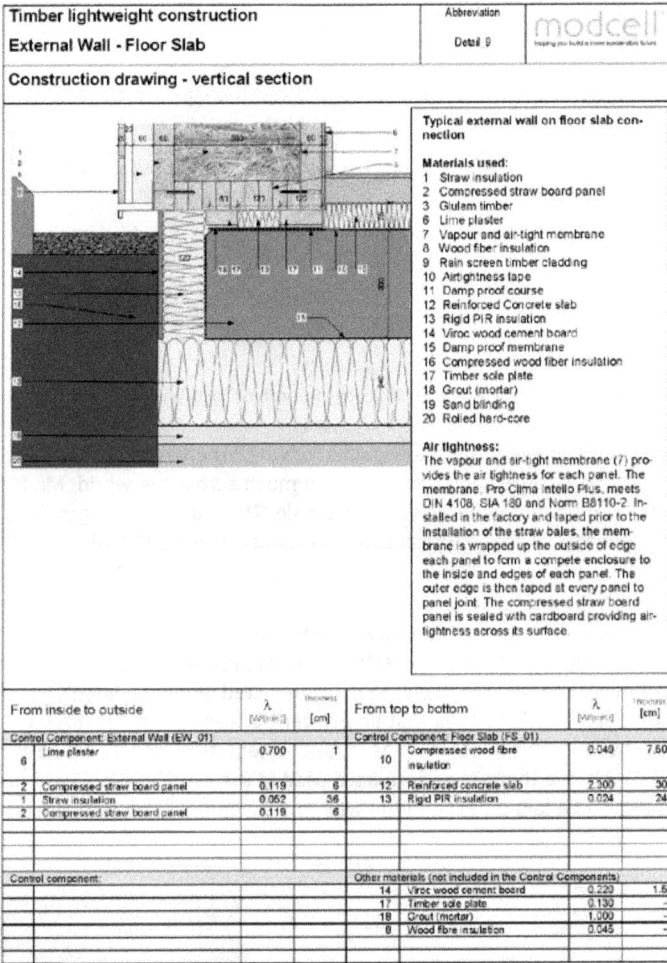

Timber lightweight construction	Abbreviation	modcell
External Wall - Floor Slab	Detail 9	helping you build a more sustainable future

Construction drawing - vertical section		

Typical external wall on floor slab connection

Materials used:
1 Straw insulation
2 Compressed straw board panel
3 Giulam timber
6 Lime plaster
7 Vapour and air-tight membrane
8 Wood fiber insulation
9 Rain screen timber cladding
10 Airtightness tape
11 Damp proof course
12 Reinforced Concrete slab
13 Rigid PIR insulation
14 Viroc wood cement board
15 Damp proof membrane
16 Compressed wood fiber insulation
17 Timber sole plate
18 Grout (mortar)
19 Sand blinding
20 Rolled hard-core

Air tightness:
The vapour and air-tight membrane (7) provides the air tightness for each panel. The membrane, Pro Clima Intello Plus, meets DIN 4108, SIA 180 and Norm B8110-2. Installed in the factory and taped prior to the installation of the straw bales, the membrane is wrapped up the outside of edge each panel to form a compete enclosure to the inside and edges of each panel. The outer edge is then taped at every panel to panel joint. The compressed straw board panel is sealed with cardboard providing air-tightness across its surface.

From inside to outside		λ [W/(mK)]	Thickness [cm]	From top to bottom		λ [W/(mK)]	Thickness [cm]
Control Component: External Wall (EW_01)				Control Component: Floor Slab (FS_01)			
6	Lime plaster	0.700	1	10	Compressed wood fibre insulation	0.049	7.60
2	Compressed straw board panel	0.119	6	12	Reinforced concrete slab	2.300	30
1	Straw insulation	0.052	36	13	Rigid PIR insulation	0.024	24
2	Compressed straw board panel	0.119	6				
Control component:				Other materials (not included in the Control Components)			
				14	Viroc wood cement board	0.220	1.5
				17	Timber sole plate	0.130	-
				18	Grout (mortar)	1.000	-
				8	Wood fibre insulation	0.045	-

Figure 1 is an extract from the standardised pro forma used by the PassivHaus Institute for component certification.

The principle unique materials used as part of ModCell Core Passiv are:

- Straw Bale
- Compressed Straw Board

Straw is an excellent insulator through the nature of its dry cellulose stalks, whose form traps air between the stalks within the bale as well as within their internal cellular structure. Straw will conduct heat along its length, but the combination of trapped air and low conductivity provide for an accepted lambda of 0.052 W/(m2K).

x – 1000 mm
y – 450 mm
z – 350 mm

Figure 2 a typical small bale. showing the convention of describing the bale using x,y and z coordinates.

Straw bales come in all shapes and sizes for which there is no absolute internationally adhered to standard. Because conventions vary so much across the world, ModCell adopted the universal 3d coordinate system to describe a bale. This translates length, height depth in to x, y and z coordinates, where a typical bale is described as x = 1000 mm, y = 450 mm and z = 360 mm.

There has been some debate about how a straw bale conducts heat and, for the purposes of the PassivHaus Component Certification, the Passivhaus Institute relied upon the research produced by FASBA. Essentially, heat is conducted along the length of stalk of straw more readily than from stalk to stalk that lie adjacent to each other. FASBA contends that a bale produced by a baling machine has strand orientation which would influence its conductivity. As such, the thermal performance used in the ModCell Core Passiv certification allows straw bales to be laid on edge in the wall construction so that the y axis is orientated vertically.

Figure 4 The bale on the left is as it emerges from a baler. The bale on the right as installed in the wall so its y coordinate is vertical.

The other unique material used in the ModCell Core Passiv certification is Compressed Straw Board (CSB) product name is LigniCell and is supplied by the company Coobio Circular Materials. In ModCell Core Passiv CSB forms both the internal and external sheathing boards of the wall and roof systems. CSB is manufactured by the application of heat and pressure to straw. The heat causes naturally present moisture to be turned to steam. The steam liquifies lignin in the cell walls. Lignin is a long chain molecule. Long chain molecules act as bonding agents. The pressure forces materials together into a self bonded whole. The resultant CSB can be used in load-bearing situations. Lignin is an integral part of the cell walls of plants. 25% of a plant's cell wall is made of lignin After cellulose, lignin is the second most abundant renewable carbon source.

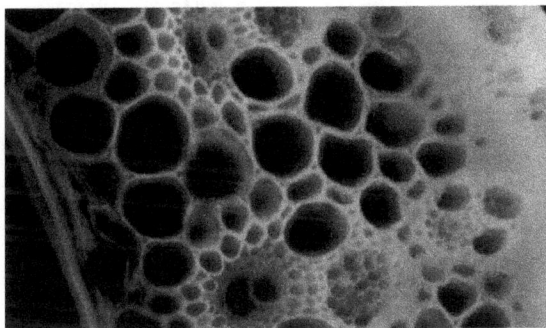

Figure 5 Lignin, stained blue/purple in the cell wall of straw

Over and above its unique strength, CSB provides much better thermal breaking performance than conventional sheathing materials. It also reduces the number of vertical joists in a wall construction to a minimum, reducing the frequency of potential thermal bridges to the edges of the ModCell prefabricated panel. CSB has Lambda value of 0.119 W/(m2K). The net result is a prefabricated building unit made predominantly from bio-based, carbon banking renewable materials, over 95% of the volume of which is made of straw.

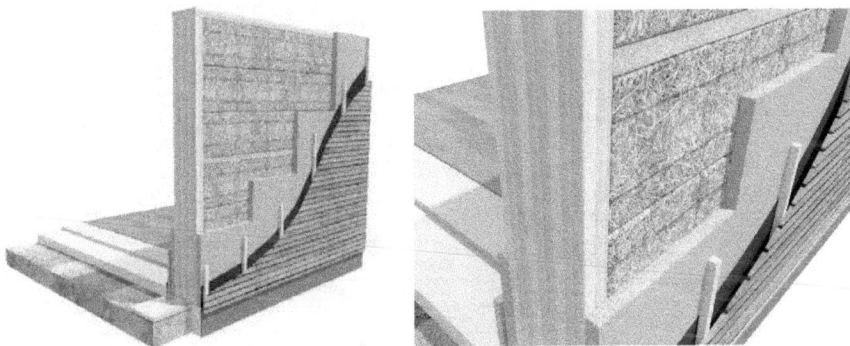

Figure 8 ModCell Core Passiv wall panel as certified as a PassivHaus Component. CSB is used to sheath the construction inside and out, providing a thermal break over the more thermally conductive glulam structure.

Airtightness

Airtightness is provided for by 3 means.

1. The CSB is airtight across its face.
2. The Vapour Control barrier built into every panel that sits behind the internal CSB sheets, providing a factory fitted continuous and protected barrier.
3. Localised airtightness tapes at panel to panel joints.

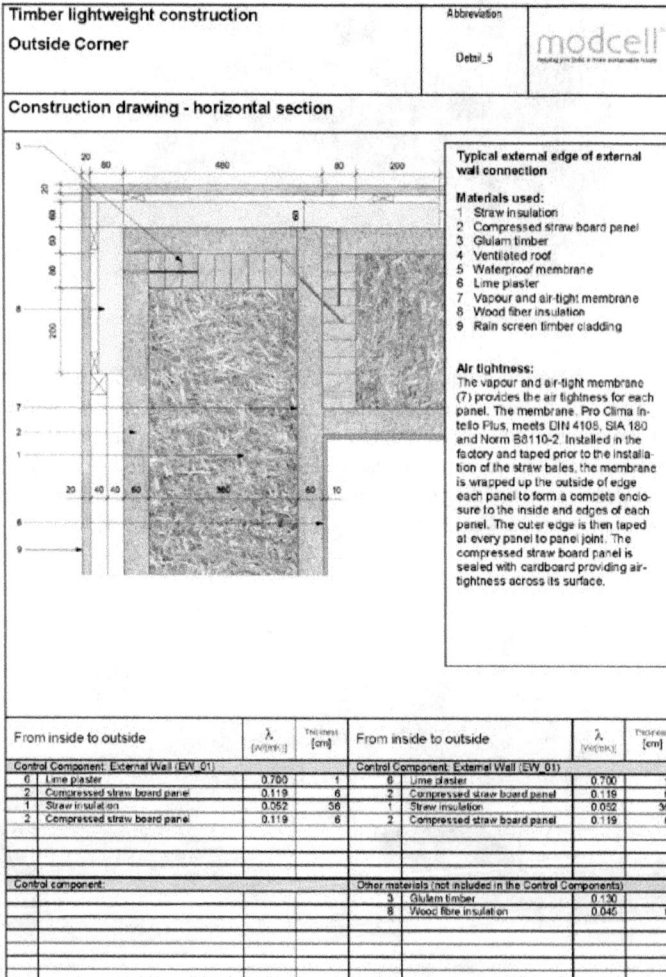

Timber lightweight construction	Abbreviation	
Outside Corner	Detail_5	modcell

Construction drawing - horizontal section

Typical external edge of external wall connection

Materials used:
1. Straw insulation
2. Compressed straw board panel
3. Glulam timber
4. Ventilated roof
5. Waterproof membrane
6. Lime plaster
7. Vapour and air-tight membrane
8. Wood fiber insulation
9. Rain screen timber cladding

Air tightness:
The vapour and air-tight membrane (7) provides the air tightness for each panel. The membrane, Pro Clima Intello Plus, meets DIN 4108, SIA 180 and Norm B8110-2. Installed in the factory and taped prior to the installation of the straw bales, the membrane is wrapped up the outside of edge each panel to form a compete enclosure to the inside and edges of each panel. The outer edge is then taped at every panel to panel joint. The compressed straw board panel is sealed with cardboard providing airtightness across its surface.

From inside to outside	λ [W/mK]	Thickness [cm]	From inside to outside	λ [W/mK]	Thickness [cm]
Control Component: External Wall (EW_01)			Control Component: External Wall (EW_01)		
6 Lime plaster	0.700	1	6 Lime plaster	0.700	1
2 Compressed straw board panel	0.119	6	2 Compressed straw board panel	0.119	6
1 Straw insulation	0.052	36	1 Straw insulation	0.052	36
2 Compressed straw board panel	0.119	6	2 Compressed straw board panel	0.119	6
Control component:			Other materials (not included in the Control Components)		
			3 Glulam timber	0.130	.
			8 Wood fibre insulation	0.046	6

Figure10 Airtightness VCL shown in red

Thermal bridging

The thermal bridging strategy for ModCell Core Passiv is to encapsulate all highly thermally conductive structural elements in CSB. This decouples the route for thermal bridging across most of the face of the panel. However, once modelling started it became clear that panel edges, where the glulam structure is present, were bridging. A number of strategies were looked at including introducing a thermal break in the glulam itself, however the final strategy was to leave the panel in its simplest form and apply external 'zips' of additional and localised insulation. Initially, the PassivHaus Institute suggested the use of foam or expanded polystyrene based materials to deal with this localised effect. This ran counter to the vision of only using bio-based insulation materials. In the end, we were able to use wood fibre insulation with a Lambda value of 0.045. This moved the modelling forward to the point where the internal surface temperatures were universally at or higher than 17° C apart from a very small zone at the internal corners of rooms. It was assumed that the wood fibre board would have to be changed to EPS or foam insulation, however this did not solve the problem.

Instead, what was needed was a counter intuitive solution. The internal surface of the finished rooms needed to conduct heat across their face, to even out the temperature to 17° C. Having spent a long time minimising conduction through using materials that decoupled the movement of heat across the depth of the wall, a highly conductive material was now required on the finished internal face. Initially the Passivhaus institute suggested a metal angle at each corner. This did not fit the vision for low carbon materials and so the ModCell Core Passiv wall is certified using a clay, lime or gypsum plaster as its final finish. These highly conductive materials distribute the heat laterally across the surface of the wall to achieve the desired 17° temperature. Plasters have a lambda value of 0.7 W/(m2K).

Timber lightweight construction	Abbreviation	modcell
Upper Floor - External Wall	Detail B	
Construction drawing - vertical section		

Typical ceiling supported by external wall connection

Materials used:
1 Straw insulation
2 Wood fibre insulation
3 Glulam timber
4 EPS insulation
6 Lime plaster
7 Vapour and air-tight membrane
9 Rain screen timber cladding
11 Airtightness tape
12 OSB panel (10 mm)
14 OSB panel (18 mm)
15 Solid timber floor joist
    (240 x 40mm at 600mm centres)
16 Glulam edging to floor cassette
17 Aluminium flashing

Air tightness:
The vapour and air-tight membrane (7) provides the air tightness for each panel. The membrane, Pro Clima Intello Plus, meets DIN 4108, SIA 180 and Norm B8110-2. Installed in the factory and taped prior to the installation of the straw bales, the membrane is wrapped up the outside of edge each panel to form a complete enclosure to the inside and edges of each panel. The outer edge is then taped at every panel to panel joint. The compressed straw board panel is sealed with cardboard providing airtightness across its surface.

From inside to outside	λ [W/mK]	Thickness [cm]	From bottom to top	λ [W/mK]	Thickness [cm]
Control Component: External Wall (EW_01)			Control component: internal floor (IF_01)		
6 Lime plaster	0.700	1	15 Timber floor joist	0.130	-
2 Compressed straw board panel	0.119	6	14 OSB panel 18 mm	0.130	-
1 Straw insulation	0.052	36			
2 Compressed straw board panel	0.119	6			
Control component:			Other materials (not included in the Control Components)		
			3 Glulam timber	0.130	4
			4 EPS insulation insulation	0.037	-
			12 OSB panel 10 mm	0.130	-

Figure 14 Upper floor connection

DISCUSSION & CONCLUSIONS

ModCell Core Passiv is an optimised whole building system, that delivers excellent performance in use, to reduce energy consumptions and CO_2 emissions to a minimum while maintaining a comfortable internal environment year round. ModCell Core Passiv not only has a low carbon footprint, it also successfully deploys the carbon banking capability of materials derived from a photosynthetically powered bio-based materials set to store carbon in its fabric. This carbon banking means that a PassivHaus project built using ModCell Core Passiv would bank 200kg of CO_2 per m2 of external wall and roof elevations. This is more than is emitted through the finding, processing making and transporting of all of the materials used to make the panels.

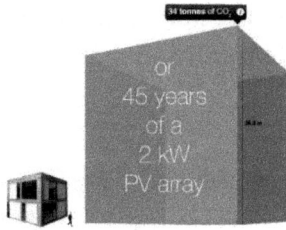

Figure 16 34 tonnes of atmospheric CO_2 as a volume of gas banked in the prototype BaleHaus @ Bath

The illustration above, shows the amount of atmospheric CO_2 that was banked into the prototype Balehaus @ Bath. It includes timber at 742 kg m3 and straw at 211 kg per m3. If compressed straw board is included the figure rises to almost 50 tonnes of CO_2 per typical 88m2 house.

Next steps. The product development will not stop with the currently certified ModCell components. Under the Horizon 2020 research project IsoBio, the ambition is to improve the performance of straw based insulation. This will be achieved by blowing straw. The first tests of this are underway. This will allow for the u-Value to be improved by reducing the density of the straw used from 135 kg m3 as a bale to an anticipated 100 kg m3 when blown. This will simplify the process of manufacture, improve the u-Value, requiring less straw so that thinner wall build-ups can be developed.

The opportunity now exists to deliver high performance buildings that reduce CO_2 emissions in use, that have a lower carbon footprint as well as being predominantly made of banked carbon. The system is scaleable to volume production and ModCell now has a secured pipeline of work that will rise to 200 homes per year by 2017. We hope that a significant proportion of these will be PassivHaus Certified projects.

A vision for the creation of the Sixth Carbon Sink

Currently there are 5 recognised carbon sinks: Atmosphere; Oceans; Geology; Biosphere; Soils.

Nature has balanced these 5 sinks using photosynthesis as the means of capturing and releasing carbon. Mankind, through the burning of fossil fuels, is releasing carbon in the form of carbon dioxide in to the atmosphere at rate higher than nature has done since long past geological times. Carbon dioxide is what is known as a green house gas, which means it has the ability to retain heat. This increase of CO_2 is changing the performance of our atmosphere leading to it warming over time. It is proving increasingly difficult to regulate these emissions and so the opportunity to imagine a man made sixth carbon sink is intriguing. If we were to increase the volume of bio-based materials in construction in all there forms, then we could legitimately claim that our built environment could become a sixth carbon sink. For example if only 10% of the houses built each year in the UK were to switch to a ModCell like form of construction, the UK would bank 500 giga tonnes of atmospheric CO_2 per annum.

4.4 Passivhaus & construcción convencional española. Autores: Antonio Sánchez, Joaquín Sánchez

RESUMEN

Se trata de una vivienda unifamiliar pendiente de la obtención el Certificado Passivhaus que se espera para los próximos días. Se emplaza en Grañén, localidad ubicada en la parte sur de la provincia de Huesca, en la que se tiene un clima continental, con un gran salto térmico entre las temperaturas de verano y las de invierno. También, especialmente en primavera, hay unas oscilaciones térmicas diarias muy acusadas.

Los materiales utilizados (teja, ladrillo cara vista...) y sistemas constructivos en fachadas, estructura, cubierta... son los de una vivienda convencional, y exportables a tipologías de vivienda colectiva.

Exterior de la vivienda Passivhaus en Grañén

INTRODUCCIÓN

Conocidos varios ejemplos españoles de edificios Passivhaus, queríamos construir una vivienda de este tipo pero con los materiales y sistemas constructivos que son propios a la arquitectura popular actual en la zona. Los motivos son varios:

1.- Porque son los sistemas que mejor conocemos y con los que nos sentimos más cómodos trabajando.

2.- Porque estos sistemas se adaptan perfectamente a la forma de trabajo de la mayor parte de las empresas constructoras de la zona.

3.- Porque la imagen y las terminaciones de la vivienda que se consiguen son del agrado de los propietarios (al fin se trata de su casa). Además, se trata de sistemas constructivos y materiales que permiten la integración del edificio en cualquier ámbito urbanizado

4.- Porque el salto del edificio unifamiliar al colectivo es solamente un salto cuantitativo y no cualitativo, es decir, los mismos sistemas constructivos con pequeñas variantes nos sirven para una unifamiliar y para un pequeño bloque de viviendas.

SISTEMA ESTRUCTURAL

Sin entrar a enumerar las ventajas e inconvenientes de cada uno de los sistemas estructurales que se pueden utilizar para cualquier construcción, se trata aquí de explicar, que problemas específicos ha habido que resolver y que ventajas nos ha aportado el sistema elegido con respecto a las particularidades específicas de construir una casa Passivhaus:

Definición del sistema: "estructura de pórticos de hormigón armado y forjados unidireccionales con vigueta "in situ" y bovedillas de hormigón".

Ventajas del sistema:
- Sistema muy conocido y utilizado por cualquier empresa constructora lo que permite indirectamente conseguir unos precios competitivos (más aún en la situación actual del sector).
- Los forjados de hormigón (y la colocación de una solera en planta baja) nos garantizan la estanqueidad al paso del aire de suelos y techos de la casa. Hay que tener en cuenta que existe un zunchado perimetral y una capa de compresión en el forjado de cubierta que garantiza esta estanqueidad

Problemas que ha habido que solucionar:
Ha habido que trabajar específicamente detalles constructivos para evitar puentes térmicos o, al menos, minimizar su influencia. En concreto:

- Los pilares atraviesan la envolvente térmica hasta la cimentación. Se explicaría cómo minimizar el puente térmico. Se mostraría el detalle constructivo y fotografías. Análisis de otras alternativas.
- Los aleros (fuera de la envolvente térmica) deben sujetarse a los zunchos perimetrales del último forjado (dentro de la envolvente térmica). Se explicaría la solución adoptada y como minimizar el puente térmico. Detalle constructivo y fotografías. Análisis de otras alternativas.

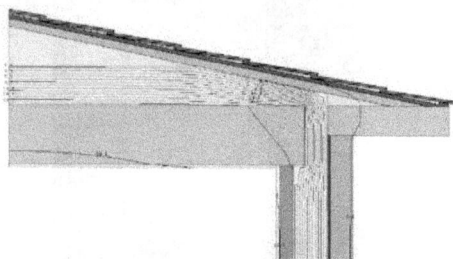

Análisis con Therm del detalle constructivo de encuentro de fachada con cubierta

- Elementos estructurales que atraviesan la envolvente térmica. Explicación de la solución adoptada y minimización del puente térmico. Detalle constructivo y fotografías. Alternativas.
- El sistema de cimentación por zapatas aisladas, combinado con solera de planta baja (y no forjado sanitario), podría producir asientos diferenciales de la solera con respecto a los elementos estructurales. En este caso los asientos podrían resultar especialmente dañinos para este tipo de edificación porque, aunque fueran leves desde el punto de vista estructural, podría dañarse fácilmente el enlucido de yeso (material sensible) y quedaría comprometida la estanqueidad de la vivienda. Explicación de la solución adoptada. Alternativas: solución si se hubiera optado por un forjado sanitario.

CUBIERTA

Descripción del sistema empleado para la envolvente térmica: "cubierta inclinada ventilada con terminación de teja apoyada sobre tablero cerámico que a su vez apoya sobre tabiquillos conejeros".

Ventajas del sistema:
- Como en el caso anterior, sistema muy conocido y utilizado por cualquier empresa constructora lo que permite indirectamente conseguir unos precios competitivos (más aún en la situación actual del sector).

Problema que ha habido que solucionar:
- El problema que ha sido necesario resolver es solucionar los múltiples puentes térmicos de los apoyos de los tabiquillos en el forjado de cubierta. Detalles. Fotografías. Alternativas

CERRAMIENTOS DE FACHADA

Para las fachadas de la envolvente térmica se ha optado un "cerramiento convencional de dos hojas cerámicas (la exterior de ladrillo cara vista y la interior ladrillo hueco doble) con cámara intermedia para el aislamiento térmico". El revestimiento interior es un enlucido de yeso.

Ventajas del sistema:
- Estanqueidad garantizada con el revestimiento interior de yeso. Solo habría que solucionar elementos puntuales: encuentro con carpinterías, encuentro con tabiquerías que acometen a los cerramientos, paso de instalaciones...
- Permite soluciones de terminaciones exteriores múltiples: se ha optado por cara vista pero serviría cualquier otra solución convencional como enfoscado o aplacado o cualquier otra. Como en los casos anteriores, sistema muy conocido y utilizado por cualquier empresa constructora. No supone ningún "reto tecnológico", y además no suele causar problemas en el tiempo.

Problema que puede ser necesario solucionar:
- En este caso no ha habido ningún problema específico por ser una casa de planta baja. El problema con esta solución puede darse cuando hay que sujetar la hoja exterior en edificios de más de una planta. **Estudio del problema y análisis de posibles soluciones para estos casos.**

INSTALACIONES DE CLIMATIZACIÓN

Se han intentado minimizar las instalaciones de climatización. Para ello se ha buscado el objetivo de climatizar (calefacción y refrigeración) mediante el sistema de ventilación. Para ello se ha colocado una batería de post-tratamiento del aire asociado a un sistema de aerotermia, que también produce el ACS.

Ventajas del sistema:
- Economía y simplicidad del sistema.

Problema que puede ser necesario solucionar:

- El principal problema es la potencia máxima del sistema de climatización que es muy reducida cuando solo climatizamos por aire. Para el caso de calefacción se ha optado por colocar unos radiadores toalleros en los baños (nos dan un potencia extra de seguridad más que suficiente). Aunque emiten el calor en los baños y de manera focalizada, este calor entra enseguida al sistema de ventilación con lo que se recupera este calor y se distribuye por toda la casa. Para la refrigeración la solución para aumentar la potencia consistiría en aumentar el caudal de ventilación del sistema en momentos puntuales. No obstante los números del PHPP harían innecesarios estos sistemas de seguridad. **Explicación para cada caso (calefacción y refrigeración) de las potencias de cálculo, las potencias instaladas y las potencias extras de seguridad.**

CONCLUSIONES

Las conclusiones que hemos extraído de la experiencia son las siguientes, la mayoría previsibles:

1. El estándar Passivhaus no condiciona materiales ni sistemas constructivos predeterminados. Cada solución hay que adaptarla para conseguir los objetivos iniciales de los que los más complicados suelen ser la estanqueidad y la resolución de puentes térmicos.
2. Con los sistemas constructivos utilizados hemos conseguido una edificación con un nivel de inercia térmica medio-alto (solera de hormigón y forjados dentro de la envolvente térmica) lo que es una buena opción para edificaciones de uso continuo ya que la hace menos vulnerable de las oscilaciones térmicas exteriores diarias que pueden darse en climas de tipo continental en determinadas épocas del año.
3. El paso a edificios de mayor escala se aprecia como muy factible. Con estos sistemas constructivos u otros también convencionales más o menos asimilables, se puede conseguir los estándares del Passivhaus, incluso más fácilmente que para pequeñas viviendas unifamiliares ya que, en principio, mejoramos fácilmente el factor de forma del edifico, muy penalizado en edificios pequeños.

Valores característicos del edificio con relación a la superficie de referencia energética y año					Requerimientos	¿Cumplido?*
	Superficie de referencia energética	117,4	m²			
Calefacción	Demanda de calefacción	10,70	kWh/(m²a)		15 kWh/(m²a)	sí
	Carga de calefacción	8,72	W/m²		10 W/m²	sí
Refrigeración	Demanda total refrigeración	4,45	kWh/(m²a)		15 kWh/(m²a)	sí
	Carga de refrigeración	4,82	W/m²		-	-
	Frecuencia de sobrecalentamiento (> 25 °C)		%		-	-
Energía primaria	Calef., ref., deshum., ACS, elect. auxiliar, ilum., aparatos eléct.	112,69	kWh/(m²a)		120 kWh/(m²a)	sí
	ACS, calefacción y electricidad auxiliar	70	kWh/(m²a)		-	-
	Ahorro de EP a través de electricidad solar		kWh/(m²a)		-	-
Hermeticidad	Resultado ensayo de presión n_{50}	0,28	1/h		0,6 1/h	sí

* Campo vacío: faltan datos; '-': sin requerimiento

Passivhaus?	sí

Comprobación del cumplimiento de los requisitos del estándar Passivhaus

4.5 INDUPASS, Industrializa tu Passivhaus. Autor: Jesús Fernández

RESUMEN

El trabajo expuesto parte de mi trabajo de investigación realizado para mi trabajo fin de máster cursado en el MEEYAB de la universidad Camilo José Cela y que también ha resultado ser mi futura tesis de doctoral que actualmente estoy cursando, dicho trabajo pretende interrelacionar el mundo de la vivienda prefabricada y el estándar Passivhaus, mediante un análisis de los requisitos del estándar Passivhaus para acondicionarlos a la vivienda industrializada. Se pretende demostrar cómo es posible el abaratamiento de los costes a la hora de alcanzar este estándar.

De la misma manera, se pretende demostrar cómo es posible la industrialización de la vivienda prefabricada con altos niveles de calidad medioambiental y de eficiencia energética adecuándolo al estándar Passivhaus y cómo es posible la autoconstrucción de la misma por el propietario y/o usuario.

INTRODUCCIÓN

Actualmente el estándar Passivhaus tiene varios problemas para instalarse definitivamente como una herramienta a la hora de proyectar entre otras la ya conocidas para la adaptación a clima mediterráneo en especial al español, los sobrecostes de construcción para alcanzar el estándar, los sistemas constructivos utilizados y su mala fama en un país dependiente del ladrillo. Todos esos problemas hacen que el estándar no sea aceptado ni por la sociedad, promotores ni técnicos.

Existen multitud de antecedentes para la industrialización de la vivienda en todo el mundo y ejemplos destacados en España también, es un recurso constructivo y proyectual muy desarrollado en la historia de la construcción, es un hecho que todo arquitecto que se precie tiene su prototipo de vivienda prefabricada-industrializada en su porfolio.

Lo que no están sencillo es encontrar sistemas industrializados que aborden el problema de la eficiencia energética, y mucho menos del estándar Passivhaus pues requiere de una envolvente característica que la mayoría de los sistemas constructivos no contemplan ni de lejos.

Es por todos sabidos que una optimización de recursos económicos y materiales haría del estándar una opción mucho más interesante a la hora de adecuar las construcciones que se realizaran en el futuro al mismo. La posibilidad de crear una industria capad de responder a los retos medioambientales que este país está obligado a conseguir por motivos legales impuestos desde Europa o por motivos puramente de regeneración de un sistema totalmente destruido y sin visos de recuperación como es el de la construcción en nuestro país.

El presente trabajo forma parte de un estudio más profundo dentro de la tesis doctoral que por mi parte estoy redactando. Dicha tesis doctoral presentará detalladamente los beneficios de aunar industrialización-prefabricación-eficiencia energética-Passivhaus con el objetivo exponer su viabilidad y crear una industria que sea capad de imponerse a la actual del ladrillo, o al menos considerar la alternativa viable de su implantación.

PROYECTO

Actualmente el estándar Passivhaus tiene varios problemas para instalarse definitivamente como una herramienta a la hora de proyectar entre otras la ya conocidas para la adaptación a clima mediterráneo y su coste elevado debido a los altos estándares de calidad que con él se obtienen.

Mediante un proceso estandarizado y posteriormente industrializado se ha estudiado una metodología constructiva capaz de simplificar los procedimientos tradicionales de la construcción, de esta manera se abaratan los costes y tiempos a la hora de proyectar, fabricar, construir y montar.

Con las herramientas actuales y el mundo global y conectado en el que vivimos se desarrolla un proyecto open-source para diseñar y construir casas, la] intención es democratizar y simplificar la construcción de hogares sostenibles y con el menor uso de materiales posible.

En la manufactura computarizada open-source, no solo hacen planos e imágenes interesantes, lo que se ve en estas imágenes es el modelo virtual de la estructura del edificio con cada una de sus piezas, con cada uno de sus ensambles y la correspondiente información digital. Así, no solo podemos producir planos que se imprimirán en una impresora, sino que podemos enviar todo el despiece para que un robot de corte, que fabrique con precisión milimétrica cada una de las piezas a ensamblar.

Una vez realizada la lista de producción, se procede a mecanizar todas las piezas: vigas y tableros, y a numerarlas y separarlas por módulos, para el inminente inicio de la fabricación.

La fabricación de estos edificios desde la materia prima básica, es decir vigas de madera y tableros estructurales. Lo que le confiere la flexibilidad que aporta el hecho de tener una importante cantidad de proveedores de materia prima potenciales en Europa con los que poder negociar plazos y precios, y el poder tener su propio stock. El plazo de ejecución es una de la principales ventajas del sistema, y no puede verse perjudicado por imposiciones de los proveedores

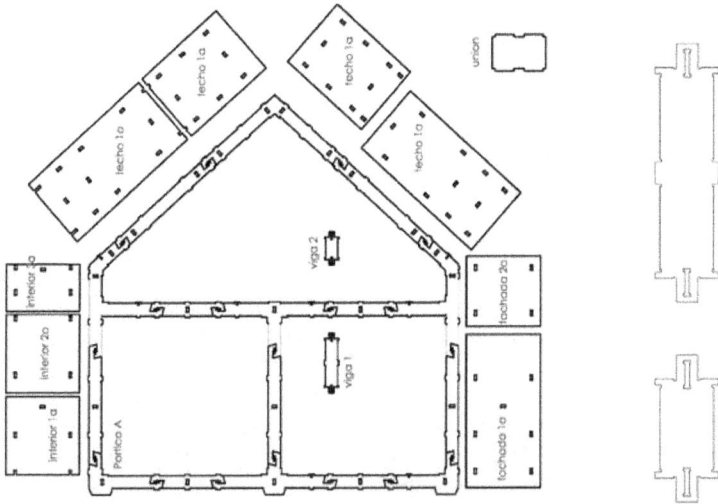

Mediante la propuesta de un ejemplo de vivienda unifamiliar aislada proyectada con criterios bioclimáticos y de eficiencia en regatica pretendo demostrar cómo es posible ejecutarla de manera industrializada bajo estándar Passivhaus, siendo eficiente no solo medioambientalmente sino además económicamente.

Durante el desarrollo de mi tesis expondré que es la industrialización, como aplicarla a Passivhaus, como abaratarla mediante procedimientos open-source y como aunar todos para conseguir la eficiencia económica y medioambiental de la industrialización del estándar.

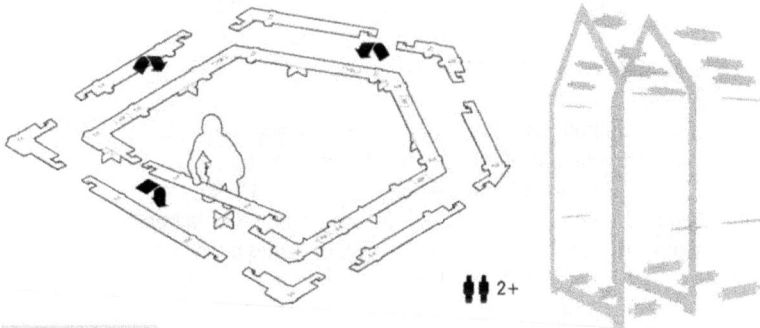

INVESTIGACION

El sector de la construcción en España está atravesando serias dificultades, pero más allá de problemas derivados de la crisis financiera e inmobiliaria que comenzó en 2008, debemos admitir los problemas crónicos de fondo que arrastramos desde hace décadas, sobre todo los relativos a la calidad, la seguridad, la improductividad y la falta de transparencia. Al mismo tiempo, el sector debe tomar conciencia de los beneficios de la innovación y la formación, la construcción prefabricada o industrializada.

Las políticas europeas con respecto al cumplimiento de los objetivos en materia energética en 2020, conocido como el horizonte 20 (un 20% menos de emisiones de CO_2, un 20% más de consumo energético basado en energías renovables y un 20% menos de consumo energético dentro de la UE) y si enlazamos conceptos y observamos la realidad actual, comprobaremos que para alcanzar los objetivos comunitarios, es necesario un nuevo giro en el sector de la construcción, en la que los arquitectos tomen las riendas, al mismo nivel que los constructores y los usuarios para potenciar nuevos sistemas industrializados que lo permitan.

Mediante el trabajo expuesto quiero de una manera divulgativa demostrar cómo es posible mejorar el mercado emergente Passivhaus mediante procesos industriales. La industrialización de la construcción no es únicamente prefabricación, pretendo comparar el típico del modelo tradicional de la gestión integral de proyectos, desde su fase inicial de diseño hasta su ejecución, uso y mantenimiento, modelo tradicional.

DISCUSIÓN Y CONCLUSIONES

Los hallazgos realizados hasta la fecha en el trabajo demuestran que es perfectamente viable la implantación de dichos sistemas constructivos por cualquier empresa o persona del sector, la optimización del sistema nos ayuda a colocar la fabricación con estándar Passivhaus a un nivel competitivo con la construcción tradicional.

La singularidad y relevancia de este sistema constructivo va más allá de la simple industrialización, pretende divulgar el sistema constructivo y el sistema compositivo, dando al individuo o colectivo las herramientas para la construcción de elementos edificatorios auto construibles y eficientes. Con la implantación de esta metodología, podríamos divulgar, implantar y aumentar la confianza y benéficos del sistema Passivhaus.

REFERENCIAS BIBLIOGRÁFICAS

- Una visión holística de la reducción del impacto ambiental en edificios del área del Mediterránea Informes de la Construcción Vol. 63, EXTRA, 73-87 octubre 2011 ISSN: 0020-0883 eISSN: 1988-3234 doi: 10.3989 / ic. 11.066
- De los sistemas de prefabricación cerrada a la industrialización sutil de la edificación: algunas claves del cambio tecnológico, Informes de la Construcción Vol. 60, 512, 19-34, octubre-diciembre 2008 ISSN: 0020-0883 eISSN: 1988-3234 doi: 10.3989/ic.07.001
- Monjo Carrió, Juan; Salas, J.; Blázquez, Antonio; Oteiza, Ignacio; Vega, L. y Camps, I. P. (2013). Los documentos de idoneidad técnica como potenciales incentivadotes de la industrialización de la construcción.. "Informes de la Construcción", v. 65 (n. 531); pp. ISSN 0020-0883. http://informesdelaconstruccion.revistas.csic.es/index.php/informesdelaconstrucci on/index

- Rollón de la Mata, Javier (2011). Influencia del grado de industrialización en la planificación de una obra.. Tesis (Máster), E.U. de Arquitectura Técnica (UPM) [antigua denominación]. http://oa.upm.es/10431/
- Salas Serrano, Julián (2010). De los sistemas de prefabricación cerrada a la industrialización sutil de la edificación: algunas claves del cambio tecnológico. "Informes de la Construcción", v. 60 (n. 512); pp.. ISSN 0020-0883. http://informesdelaconstruccion.revistas.csic.es/index.php/informesdelaconstrucci on
- González Cárceles, Juan Antonio (2008). Proceso continuo de industrialización. En: "VSE La vivienda social en Europa. Alemania, Francia y Países Bajos desde 1945.". Mairea Libros, Madrid, pp. 115-137. ISBN 978-84-936485-3-4. File http://oa.upm.es/2553/
- Ovando Vacarezza, Graciela y Lauret Aguirregabiria, Benito (2008). Industrialización y sostenibilidad en viviendas: Aplicación de la construcción modular ligera a casas solares.. En: "II Jornadas de Investigación en la Edificación", 03/07/2008-03/07/2008, Madrid, España. http://oa.upm.es/4575/
- INVISO.Proyecto "OPTIMIZACIÓN DE LA PRODUCCIÓN DE VIVIENDAS, INDUSTRIALIZACIÓN, EFICIENCIA Y SOSTENIBILIDAD. INVISO" http://www.ietcc.csic.es/index.php/es/investigacion/dpto-de-construccion/inviso.

4.6 Unidades habitacionales Twins: Arquitectura Avanzada de Residuos Cero. Autores: Miguel Ángel Díaz, Daniel Otero, Ángel Rodríguez

RESUMEN

El presente artículo presenta las unidades habitacionales TWINS como metodología de proyecto de arquitectura pensada en base a dos líneas principales de interés: por un lado la participación de la administración local y el reconocimiento del interés público de la propuesta mediante la firma de un convenio de colaboración; por otro, la investigación y prototipado de unidades de consumo de energía casi nulo certificadas por Passivhaus, ligadas a un programa híbrido y a una construcción de coste reducido y residuos cero. El éxito del prototipo determinará su potencial capacidad de réplica en el municipio dentro de un programa local de vivienda joven.

INTRODUCCIÓN

El partenariado público-privado

A raíz de un estudio en profundidad del lugar y aunque el origen de la iniciativa sea de carácter privado, se piensa que cualquier intervención debe incorporar una serie de valores urbanos, sociales y medioambientales en beneficio de toda la ciudad (Griñón, Madrid), introduciendo nuestro trabajo en una serie cuantificable de ciclos cerrados preexistentes o superciclos. Esta iniciativa presentada al ayuntamiento, se concreta en una reforma de la Ordenanza Fiscal del municipio, aprobada en el BOCM de 25 de marzo de 2015 por el que se exime del pago del 95% del ICIO a iniciativas privadas que tengan determinados intereses para la ciudad en su conjunto. Este proceso ha durado casi cuatro años, estableciéndose las siguientes actuaciones como base del acuerdo:

- Mejora de las condiciones medioambientales del entorno: creación de una infraestructura verde. Frente a la convencional y preceptiva división en parcelas de 500m2, se propone la generación de una única parcela verde, un parque de 2Ha común para todas las unidades habitacionales.
- Mejora de las condiciones urbanas: ampliación de la acera pública en el frente de acceso a las unidades, proponiendo un espacio de cesión a la ciudad que interrumpe la monotonía lineal de los kilómetros de aceras de ancho uniforme, no superior a 1m (farola incluida).
- Liberación del suelo en planta baja: la superficie verde se presenta como un todo continuo e ininterrumpido.
- Hibridación funcional: se proponen unidades habitacionales que integran vivienda y espacio de trabajo dentro de un espacio comunitario.
- Plan de movilidad reducida: la reunión de casa y trabajo disminuye notablemente la necesidad de desplazamientos.
- Red de instalaciones comunes: en el proyecto de conjunto, la infraestructura verde incorpora una red de agua calentada a través de una caldera comunitaria de biomasa, depuradora de aguas residuales y red de conductos de aire para pre-climatización.

- Empleo de energías renovables de bajo impacto: la biomasa y la geotermia pasiva constituyen dos modelos neutros en emisiones de CO_2 cuyo funcionamiento se basa en fuentes renovables.
- Dispositivos pasivos en la gestión de la energía.
- Reutilización del agua.
- Plantas y arbolado como herramientas de gestión micro-climática.
- Cultivos urbanos: se propone la recuperación de los cultivos tradicionales en la parcela.
- Modo de habitar: se propone un determinado estilo de vida más lento.
- Gestión económica y modelo espacio-temporal: al proponer la unidad habitacional como un bien mueble, se abren multitud de opciones inexistentes en el mercado inmobiliario.
- Gestión de recursos: convenio con el Área de Mantenimiento del Ayuntamiento de Griñón para la reutilización de la abundante biomasa que se produce en el municipio.
- Inversión en la economía local.
- Plan de formación y educación infantil: acuerdo con Concejalía de Educación y Cultura del Ayuntamiento de Griñón para fomentar la educación urbana y medioambiental.

PROYECTO

El lugar como cartografía energética

Griñón se enmarca, dentro de la clasificación climática de A.N. Strahler, en los "climas de latitudes medias, Clima Mediterráneo", dentro del clima general de España. Su situación en la Comunidad de Madrid lo sitúa en el centro de la Península Ibérica, viéndose afectado de manera importante por el factor de continentalidad: baja humedad relativa y aumento de la amplitud térmica, produciéndose veranos calurosos y secos, e inviernos húmedos y fríos. El factor orográfico, sensiblemente plano, genera una rápida circulación de los vientos, lo que minimiza las precipitaciones en forma de lluvia.

Las unidades TWINS

Sistema de construcción completamente industrializado y desmontable de tecnología blanda o 'light-tech', un espacio libre definido por una envolvente especializada que parte de los conocimientos propios de la arquitectura bioclimática para proponerse finalmente como un estándar de consumo de energía y recursos casi nulos, cero producción de residuos y máxima responsabilidad en los niveles cultural, social, urbano y medioambiental. Cada unidad consta de aproximadamente 200 componentes, de modo que se establecen otros 200 contratos con las empresas suministradoras, que se comprometen a la reutilización o la recompra de sus propios materiales. La experiencia hasta el momento ha sido positiva, surgiendo la iniciativa en ocasiones desde la propia industria.

Sección de proyecto

Principales características

- Modularidad y prefabricación: La ligera estructura portante se plantea mediante módulos rígidos de perfiles metálicos realizados en taller y montados posteriormente en obra sobre subestructuras trianguladas apoyadas directamente sobre el terreno.

- Estrategias pasivas: la unidad se encuentra en fase de certificación Passivhaus desde la colaboración con VAND Arquitectura (Nuria Díaz y Anne Vogt). Los cálculos de demanda quedan por debajo de 15kWh/m2a para calefacción, 15kWh/m2a de refrigeración y 120kWh/m2a para la energía primaria (calefacción, agua caliente y electricidad).las medidas pasivas principales se centran en la gestión de la envolvente térmica, la gestión de la radiación solar, la gestión del viento, la gestión de la humedad y la gestión de otros recursos diferentes de los energéticos. Los cerramientos opacos son ligeros, de tipo sándwich "in situ", con aislamiento de lana de roca de 15cm y fachada ventilada de policarbonato translúcido de origen vegetal. Para los huecos se ha elegido carpintería de PVC de 5 cámaras y vidrio triple 4/12/6/12/4 con Argón. Para el control de la radiación solar se ha optado por la ubicación de un invernadero en fachada sur y protección de los huecos de las fachadas expuestas al sol mediante protecciones solares móviles (en el caso del invernadero Sur son lamas móviles y en las fachadas SO y NE protecciones exteriores enrollables junto con la piel de policarbonato pasante) y abundante arbolado autóctono de hoja caduca. Para reducir al máximo la influencia de las infiltraciones se prevé una barrera de estanqueidad al aire en toda la envolvente mediante la adopción de tableros de OSB tipo 3 en la parte interior de los cerramientos y tratamiento de las juntas.

- Usuario: Cada unidad se divide en dos estratos: UNO exterior a modo de jardín inferior (-1,90m) forma parte del paisaje exterior y se configura como un elemento privativo para juegos y aparcamiento de vehículos; y OTRO interior de planta baja (oficina –aula) y primera (vivienda), sectorizables gracias a la posición de la escalera junto al acceso: la flexibilidad resulta una estrategia fundamental para la adaptación de todas las unidades en el tiempo. Se redacta una guía para el usuario activo: la colaboración y participación de los habitantes resulta clave para el correcto funcionamiento de la intervención en su conjunto, así como su positiva repercusión en el entorno.

- Eficiencia de las instalaciones auxiliares y equipos: Las mínimas demandas de calefacción se cubren mediante caldera de biomasa (también genera el ACS) combinada con recuperadores de calor de alta eficiencia dotados de baterías de agua que aprovechan además el aire precalentado del invernadero. Para cubrir las demandas de refrigeración se recurre de nuevo a los recuperadores, que en este caso toman aire refrescado mediante nebulización del jardín semienterrado en sombra.

- Desmontaje y retornabilidad: la unidad puede desmontarse en su totalidad y trasportarse con facilidad, incorporando los enseres dentro de los seis contenedores estructurales. Para facilitar esta gestión desde el proyecto, se vincula mediante contrato a las empresas que intervienen en la fabricación de la unidad, comprometiéndose a la recompra o reutilización de los componentes suministrados. El proyecto arquitectónico está íntimamente relacionado con el **proyecto de investigación** AARCE (**A**rquitectura **A**vanzada de **R**esiduos **C**ero) financiado por la Universidad Camilo José Cela con inicio en Enero de 2014 hasta Diciembre de 2015.

CONCLUSIONES:

Queda mucho camino por recorrer. El partenariado público-privado en este y otros tipos de iniciativas se antoja urgente y necesario: la administración debe favorecer y apoyar iniciativas donde prima la ciudad y sus habitantes como organismo, es más, debe impulsarlas en la medida de sus posibilidades, dejando de actuar por un lado como una oficina inflexible para la normativa local (a menudo superada por las nuevas exigencias sociales y medioambientales), y por otro como una sucursal recaudadora de impuestos (ahora mermados) para convertirse en una verdadera agencia facilitadora e impulsora de instrumentos de transformación económica, social, urbana y medioambiental. La escala local es el ámbito natural para la puesta en práctica de este tipo de proyectos que, por imitación, tal vez puedan alcanzar en el futuro ámbitos mayores de desarrollo.

En lo relativo a la arquitectura, poco a poco se va dibujando un nuevo escenario de proyectos que no pertenecen ya al paradigma bioclimático de las casas solares de los setenta; tampoco a la arquitectura pasiva de corte vernáculo que incide en un neo-primitivismo al margen de cualquier tecnología y cultura contemporánea. El estándar nZEB de consumo de energía casi nulo que aquí se presenta aborda la construcción desde una promiscuidad decidida entre lo ecológico y lo tecnológico, lo natural y lo industrializado, lo bioclimático y lo digital como procesos con tendencia cada vez a una mayor sincronía y compatibilidad. El acuerdo con el proyecto de investigación AARCE permite en este caso la colaboración con la industria hacia la construcción de un paradigma económico de residuos cero. La sostenibilidad se puede construir paradójicamente desde la industria, como bien dice Bruno Latour, "la ecología no se limita a las cuestiones de la naturaleza".

Vista exterior del proyecto inicial

REFERENCIAS BIBLIOGRÁFICAS

- Gómez, I. et al., 2009, Sostenibilidad y Optimización de la Industrialización para vivienda, en Actas de: III Jornada sobre Investigación en Arquitectura y Urbanismo III, IAU I+D+i, ETSAM, Madrid.
- Kieran, S.; Timberlake, J., 2004, Refabricating Architecture: How Manufacturing Methodologies are Poised to Transform Building Construction, Ed. McGraw-Hill, USA.
- Kronenburg, R., 2007, Flexible: arquitectura que integra el cambio, Ed. Blume, Barcelona.
- Mcdonough, W.; Braungart, 2002, M., Cradle to Cradle: Remaking the Way We Make Things. North Point Press, Nueva York.
- Prouvé, J., 1971, Une Architecture pour la Industrie, Les Editions D'Architecture Artemis. Zurich.
- Seco, E.; Araujo, R., 1991, La casa en serie, Construcción III, ETSAM, Madrid.
- York, F.R.S., 1934, The modern house, The Architectural Press. Londres.
- Wadel, G., 2009, La sostenibilidad en la construcción industrializada. La construcción modular ligera aplicada a la vivienda. Universidad politécnica de Cataluña, Barcelona.
- Del Rosario Argüello, T.; Cuchi, A. 2008 Análisis del impacto ambiental asociado a los materiales de construcción empleados en las viviendas de bajo coste del programa 10 x10 Con Techo-Chiapas del CYTED, Informes de la Construcción Vol. 60, 509, 25-34, Madrid.
- Reyes, J. M., 1999, Arquitectura abierta en viviendas industriales. Revista arquitectos nº151. CSCAE.

4.7 Reordenación de materiales convencionales: Paneles estructurales con aislamiento. Autor: Mamerto Gamboa Cerezo

Mamerto Gamboa, Ingeniero Industrial. Director Técnico de Baupanel System

RESUMEN

La necesidad de optimización de recursos materiales y su máximo aprovechamiento hace que el uso general de los materiales convencionales no cumpla con los requisitos de sostenibilidad actuales. Los sistema estructurales aislados de doble capa similares al Sistema Baupanel, permiten un aprovechamiento máximo de los materiales convencionales, debido a su inherente configuración, aportando con el mismo sistema constructivo una envolvente estructural con ausencia de puentes térmicos y flexibilidad en el diseño del aislamiento térmico.

INTRODUCCIÓN

Los progresivos cambios acontecidos en los últimos años en el sector de la construcción, iniciados con cambios normativos nacionales en el año 2008 con la entrada en vigor del Código Técnico de la Edificación y las nuevas directivas europeas, así como el cambio de la población hacia una mayor concienciación sobre la sostenibilidad energética, han promovido una transformación del modelo vigente con un cambio radical hacia un escenario donde se promueve la innovación, el desarrollo tecnológico y la industrialización del proceso constructivo.

Ese proceso de cambio se enfrenta con una industria de la construcción acostumbrada a un sistema productivo basado en materiales convencionales y metodologías de trabajo focalizadas en la producción masiva, no son compatibles con el nuevo escenario al que se enfrenta el sector de la construcción en términos de sostenibilidad.

De las diversas tecnologías existentes en el mercado que adoptan nuevos procesos constructivos manteniendo los materiales convencionales, los sistemas estructurales aislados de doble capa similares al Sistema Baupanel se afianzan en el mercado al conjugar nuevos procedimientos industrializados de construcción basados en metodologías de trabajo convencionales y una nueva ordenación de materiales tradicionales aprovechando el estado del arte en su utilización.

DESCRIPCIÓN DEL SISTEMA

Los paneles estructurales con aislamiento (en terminología inglesa SIP´s) de doble capa similares al Sistema Baupanel, se basan en el uso de materiales convencionales en el sector de la construcción (acero, hormigón y poliestireno expandido) con una configuración tal que permiten el máximo aprovechamiento de las propiedades físicas de cada material y su relación entre sí.

Los paneles pre industrializados están compuestos por un núcleo de poliestireno expandido (EPS) ondulado y una armadura de básica adosada en ambas caras del núcleo constituida por mallazo de acero de alta resistencia, vinculados entre sí por conectores de acero electro soldados. Dichos paneles son fabricados con una geometría tal que cumplan los requerimientos mecánicos y térmicos del proyecto objeto de construcción. El nivel de aislamiento exigido al elemento viene determinado principalmente por el espesor del núcleo de poliestireno expandido, por lo que este elemento permite total libertad en la determinación del nivel de aislamiento requerido

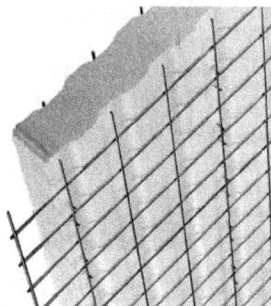

Panel pre industrializado sin hormigonar correspondiente al Sistema Baupanel

Los paneles producidos en instalación fija, son transportados y colocados en obra según la disposición de cerramientos, particiones, forjados y cubiertas que presente el proyecto de arquitectura o ingeniería generando una envolvente continua formada por el núcleo de poliestireno expandido del panel y malla de acero galvanizado, para posteriormente aplicar una capa de hormigón en cada cara con espesor medio de 35 mm.

Una vez aplicado el hormigón, el sistema se comporta como un modelo en 3 dimensiones formado por muros y forjados de sección compuesta cuyos elementos configuran una envolvente continua de hormigón, acero y poliestireno expandido, asilada térmicamente y con capacidad estructural portante, no siendo necesaria la utilización de estructura convencional.

Fase de montaje de paneles y fase de hormigonado de obra realizada con el sistema Baupanel

Esta tecnología de construcción, que ya cuenta con un desarrollo mundial de más de 35 años, se puede resumir en un único elemento estructural que da fundamento a todo un sistema constructivo de hormigón armado, con sus conocidas y variadas prestaciones resistentes, pero con muy bajo peso propio y un altísimo nivel de aislamiento térmico.

Si bien esta tecnología se podría enmarcar en la categoría de sistema prefabricado por sus ventajas inherentes del proceso de diseño y fabricación (organización de la producción, fabricación en instalación fija de los paneles pre industrializados, control de calidad, colocación del hormigón, estandarización de trabajos en obra, etc….) sus principales diferencias con respecto al sector de la prefabricación es la total flexibilidad en el diseño arquitectónico, donde no existe limitación geométrica ni de forma y la fase de hormigonado continuo de la envolvente permite la ausencia de juntas secas entre paneles, a excepción de las propias del proceso constructivo, tales como juntas de dilatación o de trabajo.

APORTACIÓN A LA SOSTENIBILIDAD

Entre las distintas ventajas que aporta a una edificación los paneles estructurales con aislamiento, la ausencia de puentes térmicos en la envolvente de la construcción le permite una ventaja competitiva con respecto a la construcción convencional debido a la configuración propia de esta tecnología. Debido a que todos los elementos de la envolvente (forjados y muros) están realizados con los mismos materiales (imagen 3 y 4), la solución de los encuentros permite el contacto directo y la continuidad del elemento aislante del núcleo de los paneles en todo su desarrollo, eliminando las complejas soluciones de múltiples capas y materiales de los sistemas convencionales.

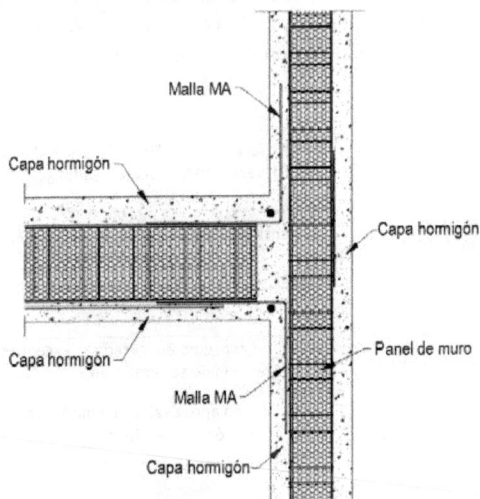

Detalle de unión de cerramiento con forjado con continuidad del elemento aislante.

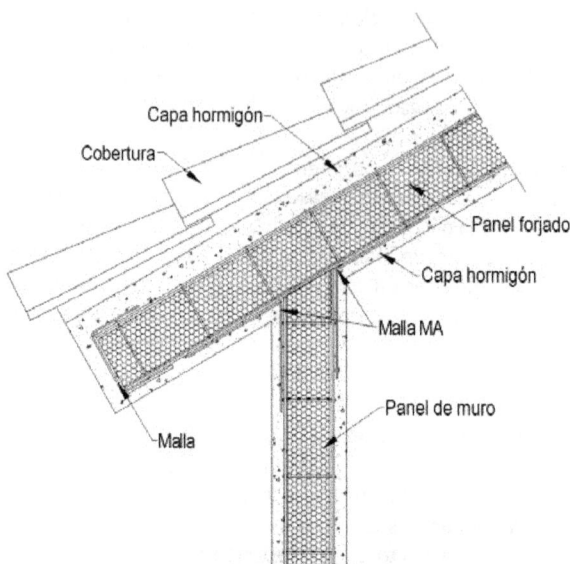

Detalle de unión de cerramiento con forjado de cubierta con continuidad del elemento aislante.

La simplificación de la ejecución y la optimización de los recursos materiales empleados permiten obtener en el global de la construcción ventajas económicas y de sostenibilidad en comparación con construcción convencional. A continuación es expone una tabla resumen de los valores evaluados en obras reales ejecutadas (Pérez-García, A. et al, 2013).

PROPIEDAD ESTUDIADA	RESULTADOS DEL SISTEMA BAUPANEL CON CONSTRUCCIÓN CONVENCIONAL (acero y hormigón armado)
Coste económico en cimentación, estructura y compartimentación	Construcción convencional un 35% más costoso
Energía embebida	Energía embebida en la construcción convencional es un 40% mayor
Consumo de materias primas y materiales básicos	Mayor consumo en materiales excepto en elemento aislante donde se invierte la relación.
Emisión de CO_2	Reducción aprox. 20% de emisión de CO_2 con respecto a construcción convencional.

CONCLUSIONES

De las alternativas actuales existentes en el mercado para afrontar los nuevos requerimientos asociados a la sostenibilidad y concienciación de la construcción verde presentes en la sociedad de hoy, los paneles estructurales con aislamiento similares al Sistema

Baupanel presentan las características necesarias para emerger como una opción real al cambio de paradigmas dominantes en la utilización de materiales convencionales en la consecución de una construcción sostenible.

La inherente configuración de sus elementos permite la eliminación de puentes térmicos en las zonas donde tradicionalmente generaban conflicto el uso de construcción convencional, principalmente en los nudos de unión de elementos estructurales y compartimentaciones de fachada. De los resultados obtenidos en las comparativas con construcción tradicional se verifican con proyectos reales ejecutados las ventajas en términos de sostenibilidad y beneficios económicos.

REFERENCIAS BIBLIOGRÁFICAS

- Pérez-García, A., Guardiola, A., Gómez, F., 2013, Eco eficiencia de edificios construidos con paneles estructurales multicapa: estudio comparado de viviendas construidas con muros de carga de micro-hormigón y paneles de poliestireno, Jornadas internacionales de investigación en construcción: vivienda: pasado, presente y futuro, Instituto Eduardo Torroja
- Pérez-García, A., Guardiola, A., Gómez, F., 2014, Building's eco-efficiency improvements based on reinforced concrete multilayer structural panels, Energy and Buildings, 85, 1-11 2014
- Manual Técnico Baupanel System, 2015.
- Salas, J., 2008, De los sistemas de prefabricación cerrada a la industrialización sutil de la edificación: algunas claves del cambio tecnológico. Informes de la Construcción, Vol. 60, 512, 19-34.

4.8 La ventana de madera y madera-aluminio. El mejor camino para el estándar Passivhaus. Autores: Oskar Huidobro, José Palacios

RESUMEN

Como requisito indispensable para obtener el certificado Passivhaus de una vivienda se encuentra la estanqueidad. Por tanto, todos los elementos que conforman la envolvente deben contribuir a minimizarla. La ventana, al formar parte de la envolvente, debe contribuir a minimizar la estanqueidad y aislamiento, así como a potenciar otros aspectos como el aprovechamiento solar que contribuya a asegurar el balance energético. La ventana es el elemento más débil de la envolvente, por lo que el correcto diseño, además de unas buenas prestaciones es necesario para cumplir los requisitos Passivhaus. Por tanto, la ventana de madera y madera-aluminio, debido a sus características de diseño y prestaciones inherentes al material dispone se consolida como un camino fácil para el proyectista y para la consecución del correcto funcionamiento de la envolvente.

INTRODUCCIÓN

La ventana de madera y madera-aluminio (perfil de madera recubierto por el exterior con otro perfil de aluminio) posee unas prestaciones inherentes al material que le confieren un alto aislamiento térmico y acústico apto para obtener todos los requisitos exigibles por el Passivhaus. Este estándar exige a los cerramientos un alto aislamiento térmico y una alta estanqueidad del hueco, por lo que un correcto diseño y una inteligente aplicación hacen posible que sean unos de los cerramientos susceptibles para incluir en cualquier casa pasiva, en cualquier situación de la geografía española.

Por norma general, las prestaciones de una ventana suelen estar correlacionadas, es decir, a mayor estanqueidad declarada de la ventana, mejor aislamiento térmico, por lo que la correcta elección del cerramiento facilita la labor al proyectista, ya que se asegura que en el aspecto ventana, con una elección de madera/madera-aluminio va a obtener todas esas prestaciones que le permitan superar el test Blower Door con garantías.

Desde el estándar Passivhaus se define como ventana "certificable" un cerramiento con una transmitancia térmica ≤ 0,80 W/m2K y de 0,85 W/m2K en el conjunto ventana-instalación, es decir, el concepto "hueco", en el que queremos incidir. Y es que no podemos concebir una gran ventana sin una instalación acorde que asegure que las prestaciones del hueco sean prácticamente similares a las de la ventana.

Sin embargo, estos valores referencia pueden no ser exactos en nuestro clima, al menos en la totalidad del territorio. Un clima definido por heterogeneidad del mismo, algo que a modos de entender centroeuropeos puede ser incluso entrópico. Por tanto se hará también hincapié en los requisitos de aislamiento en las diferentes ubicaciones del territorio, quedando patente esa heterogeneidad en la amplitud de requisitos de aislamiento de las ventanas.

Por tanto, en el presente artículo, pondremos en liza todos aquellos aspectos que hacen a la ventana de madera y madera-aluminio el cerramiento líder para viviendas Passivhaus en el seno del territorio nacional.

Conviene citar, previamente, para que el intrépido lector tenga constancia los niveles de contribución de los diferentes elementos que conforman la ventana con respecto al aislamiento.

$$U_{w,instalada} = \frac{U_g \cdot A_g + U_f \cdot A_f + \Psi_g \cdot l_g + \Psi_{instalación} \cdot l_{instalación}}{A_g + A_f}$$

Siendo:

U_f: transmitancia térmica del marco (W/m²·K)

U_g: transmitancia térmica del vidrio (W/m²·K)

Ψ_g: puente térmico del vidrio (W/m·K). El intercalario del vidrio puede afectar hasta en el 10% del total.

$\Psi_{instalación}$: puente térmico de la instalación (W/m·K). Aspecto muy importante a tener en cuenta. No ha de actuar en detrimento prácticamente.

A_x: áreas de los diferentes elementos.

LA VENTANA DE MADERA Y MADERA-ALUMINIO.

Actualmente podemos encontrar en todo el territorio fabricantes de ventanas de madera y madera-aluminio que pueden realizar ventanas susceptibles de ser instaladas en viviendas Passivhaus. Destacar previamente una serie de aspectos que influyen en el comportamiento térmico de una ventana de madera, y los medios para mejorar dicha prestación (inherentemente unidas al resto).

Tipo de madera del perfil

El tipo de madera a utilizar en el perfil de una ventana de madera y madera-aluminio puede repercutir directamente en el comportamiento final de una ventana. Actualmente podemos encontrar en el mercado multitud de madera "ventanables", sin embargo, unas optimizan el comportamiento térmico del perfil, y otras van en detrimento. Desde este punto de vista, las maderas blandas le confieren al perfil de madera mejores prestaciones térmicas que la madera dura. Como maderas blandas (densidad ρ≤550 kg/m³) entendemos maderas de coníferas, siendo la más generalizada en ventanas de alto rendimiento *made in Spain* la madera de pino laminada (*Pinus sylvestris*). Como maderas duras entendemos el amplio abanico de frondosas y tropicales. Hacemos la salvedad de que existen maderas tropicales blandas, sin embargo, realmente este concepto atiende a la estructura microscópica de la madera. La madera blanda de conífera (pino Flandes laminado) al ser una madera estacional posee variaciones de densidad en su estructura, siendo menos densa la madera de "verano" o de época de crecimiento que la madera de invierno, más densa al verse disminuido el ratio de crecimiento y poseer anillos más comprimidos. En las maderas tropicales estas diferencias de densidad no son patentes, por lo que no actúan con la misma efectividad frente a la transmisión de calor.

Espesor del perfil de madera

Otro aspecto a destacar es el espesor del perfil, ya que a mayor cantidad de madera en el camino del flujo de calor, mayor quedará atrapado en el perfil. En la siguiente tabla se incluyen los diferentes espesores de perfil comerciales en España.

Perfiles de madera

68 mm Doble-triple junta de estanqueidad Acristalamiento hasta 36 mm Estanqueidad E (excepcional) U_f=1,4 W/m²K	
78 mm Triple junta de estanqueidad Acristalamiento triple posible Estanqueidad E (excepcional) U_f=1,2 W/m²K	
92 mm Cuádruple junta de estanqueidad Acristalamiento triple hasta 56 mm Estanqueidad E (excepcional) U_f=1,0 W/m²K	

Perfiles comerciales de madera aptos para Passivhaus, fuente: Fusteria Sant Iscle

Perfiles de madera aluminio

78 mm (madera) + perfil aluminio Triple junta de estanqueidad Posibilidad de triple acristalamiento Estanqueidad E (excepcional) U_f = 1,2 W/m²K	

94 mm (madera) + perfil aluminio

Cuádruple junta de estanqueidad

Triple acristalamiento hasta 56 mm
(U_g=0,5 W/m²K)

Estanqueidad E (excepcional)

U_f = 0,97 W/m²K

Perfiles comerciales de aluminio aptos para Passivhaus. Fuente: Carpintería Llodiana

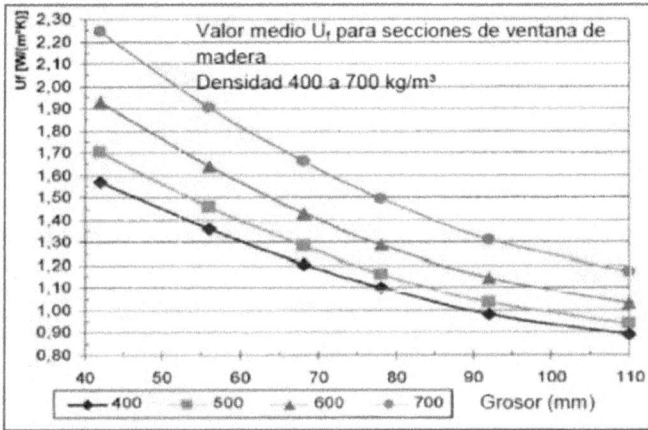

Variación de la transmitancia térmica de la ventana de madera en función de la densidad y espesor del perfil. Fuente ASOMA

Por tanto, a mayores espesores y madera blanda, mejores resultados de transmitancia térmica del marco U_f. Si bien, existen otros modos de obtener el mismo ratio de prestaciones con perfiles modificados de tal manera que ganamos en esbeltez, manteniendo las prestaciones, hecho muy común en Centroeuropa.

Perfiles de madera y madera-aluminio modificados

Perfil Airotherm®

68 mm U_f = 1,1 W/m²K

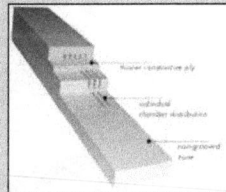

Perfil Flexitherm® $U_f = 0,7$ W/m²K Tiras de corcho	
PS-Sandwich® $U_f = 0,7\text{-}0,9$ W/m²K	
Perfil hybridtherm® $U_f \geq 0,4$ W/m²K	
Perfiles mixtos sobreaislados Termoscudo®	

EL INTERCALARIO DEL VIDRIO.

El intercambiador o separador de los vidrios de la unidad de vidrio aislante es importante, ya que una mala elección puede actuar en detrimento hasta un 10% del comportamiento térmico de la ventana.

Intercalarios. Fuente: ASOMA, Jesús Menéndez

Para optimizar dicho comportamiento conviene utilizar **perfiles o separadores de borde caliente.** Dichos perfiles son de materiales cerámicos que se comportan mejor térmicamente que los usuales de aluminio.

Otras consideraciones al respecto es utilizar intercalarios con uniones curvas, evitando así discontinuidades en el mismo que puedan contribuir al puente térmico del vidrio.

Transmitancia térmica lineal de los diferentes perfiles separadores de vidrio	
Perfiles separadores del vidrio. Materiales	Transmitancia térmica lineal
Aluminio	Ψ=0,076 W/mK
Acero	Ψ=0,054 W/mK
Cerámico	Ψ=0,039 W/mK
Perfil de Borde Caliente	Ψ=0,03-0,04 W/mK

CONJUNTO DE LA VENTANA

Analizados los diferentes perfiles y elementos a tener en cuenta, conviene tratar el tema del perfil más el vidrio, que conforma la ventana. Si bien los vidrios son los comerciales, y tenemos al alcance de la mano diferentes opciones, conviene dejar patente que a mayor cámara, mayor aislamiento (a partir de 16 mm de cámara las mejoras térmicas no son patentes), y a mayor número de cámaras mayor aislamiento. La aplicación de gases nobles en cámara (aumenta la resistividad al flujo de calor) es beneficiosa frente a la cámara de vacío obteniendo mejoras sustanciales.

En la actualidad, existen novedades que incorporan una regulación de la insolación a través del vidrio de tal manera que podemos evitar los tan indeseables sobrecalentamientos en la estancia. Por tanto, la elección del vidrio es compleja y unidad a unidad dependiendo de la orientación del hueco y otros factores constructivos, para lo cual sería necesario otro artículo de similares características a este, aunque monográfico del vidrio.

En la siguiente tabla incluimos los valores Uw de las ventanas expuestas, con las mejores unidades de vidrio aislantes aplicables a esos perfiles.

Perfiles	U_f W/m$_2$K	U_gW/m$_2$K	U_wW/m$_2$K
Madera 68 mm	1,4	1,1	1,2
Madera 78 mm	1,2	0,6	1,0
Madera 92 mm	1,0	0,5	0,9
Madera (78 mm) y aluminio	1,2	1,1	1,32
Madera (78 mm) y aluminio	1,2	0,5	1,12
Madera (94 mm) y aluminio	0,97	0,5	0,83

Fuentes: ASOMA, Carpintería Llodiana

REQUISITOS DE AISLAMIENTO EN VENTANAS PARA PASSIVHAUS.

La elevada estanqueidad que requiere el estándar Passivhaus se debe a los criterios de consumo bajo de energía, de confort, de energía y balance neto de la energía. Por tanto, las ventanas utilizadas han de satisfacer estos criterios. Todos ellos están íntimamente relacionados con el aislamiento térmico y estanqueidad de la ventana, por lo que unas buenas prestaciones en este sentido son necesarias.

Tal y como hemos comentado, los requisitos para certificar una ventana Passivhaus es de Uw=0,80 W/m2K para la ventana aislada y de 0,85 W/m2K para ventana instalada. Sin embargo, para la Península Ibérica dichos valores sólo son de aplicación en las zonas más frías y continentales. En la siguiente imagen se muestran los requisitos de transmitancia térmica aplicable a ventanas para ser aptas en viviendas Passivhaus. Destacar que dichos valores se fijan para satisfacer los criterios de estanqueidad, confort y balance de energía en viviendas, que explicamos a continuación.

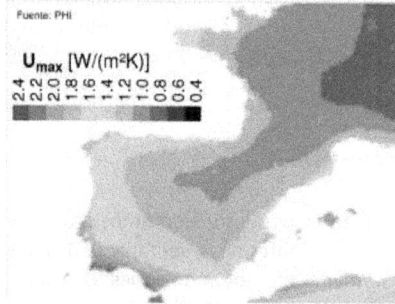

Fuentes: ASOMA y PHI

CRITERIO DE CONFORT

El estándar Passivhaus incorpora el criterio de confort ambiental y de temperatura en el seno de los habitáculos. Este criterio se basa en la norma UNE EN ISO 7730: 2006 Ergonomía del ambiente térmico. Determinación analítica e interpretación del bienestar térmico mediante el cálculo de los índices PMV y PPD y los criterios de bienestar térmico local. Dicha norma exige que la diferencia de temperatura entre la superficie de la carpintería (vidrio) y cualquier punto del habitáculo sea inferior a 4,2º. $\theta_{si} \geq \theta_{op}$ -4.2 K

Mediante este requisito, se evita el llamado fenómeno pies fríos, o estratificación de la temperatura del aire en un habitáculo, permaneciendo ésta bajo estos criterios en todo el habitáculo. Obviamente este criterio está íntimamente relacionado con la ventana, ya que siempre supone el elemento más débil desde el punto de vista de aislamiento en una estancia (en comparación con cerramientos muros y aislamientos).

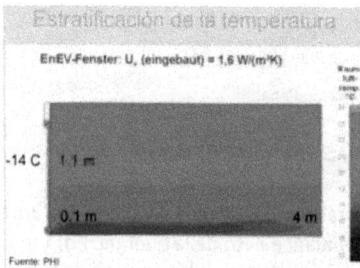

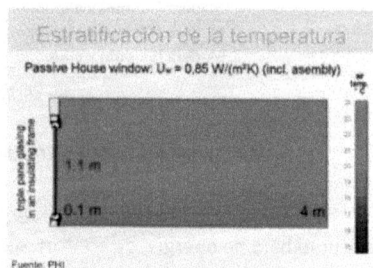

Estratificación de la temperatura en una estancia con ventana insuficiente. Fenómeno pies fríos

Estratificación de la temperatura con carpintería Passivhaus

Por tanto, con una carpintería lo suficientemente potente evitamos este fenómeno. Si bien, las imágenes están elaboradas frente a estándares centroeuropeos, los requisitos en zonas ibéricas serán más dispares, como veremos, yendo a valores superiores a esos 0,85 W/m2K de transmitancia térmica del hueco.

Esta ausencia de estratificación de la temperatura permite no colocar elementos de calefacción debajo de las ventanas (en viviendas convencionales se utiliza como medida frente al fenómeno pies fríos, flagrante fenómeno derivado de la ausencia de estanqueidad y asilamiento).

CRITERIO DE BALANCE ENERGÉTICO

Otro aspecto relacionado con las ventanas y su funcionamiento es el de balance energético neto. Este criterio exige que la suma de las pérdidas de energía a través de las ventanas tiene que ser similar a la carga interna de la vivienda más la ganancia solar a través de las ventanas, por lo que la superficie acristalada de un cerramiento debe ser la mayor posible.

En el siguiente gráfico se muestra dicho criterio, teniendo en cuenta además que las pérdidas a través de tejados, suelos, muros y ventilación tienen que suplirse mediante esos famosos 15 kWh/m²·año de consumo energético de calefacción, criterio principal de energía del estándar Passivhaus, hecho por el cual son necesarias ventanas con un gran aislamiento energético.

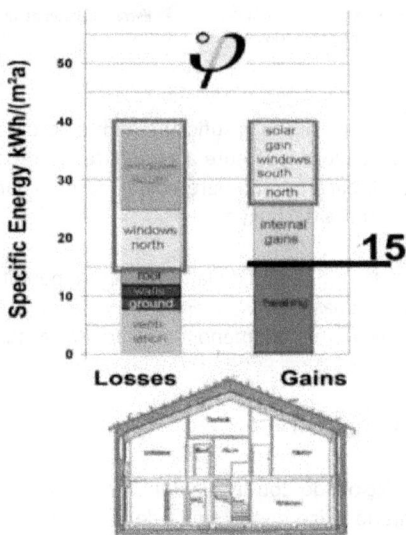

Fuentes: ASOMA y PHI

CRITERIO DE ESTANQUEIDAD

El criterio de estanqueidad asegura, ya que todos los parámetros definitorios de una ventana (transmitancia térmica, aislamiento acústico, permeabilidad al aire, estanqueidad al agua y resistencia al viento) están relacionados, que con una gran estanqueidad de los habitáculos obtenemos buenos valores térmicos que permitan cumplir los criterios de confort y balance energético comentados. El requisito en estanqueidad es el exigido por el estándar para la prueba Blower door de 0,16 h^{-1} renovaciones de volumen por hora. En este caso, ventanas con gran estanqueidad, y una instalación adecuada y que optimice el comportamiento del hueco y conserve la estanqueidad de los nexos de unión entre carpintería y muros son exigidas.

REFERENCIAS BIBLIOGRÁFICAS

- González, J.P., 2012, Arquectura Bioclimática en España, Editores Ecológicos, Huelva.

4.9 Innovación en la envolvente para edificios Passivhaus mejorando la eficiencia energética y la calidad del aire interior.
Autor: Pablo Maroto

RESUMEN

La necesidad de conseguir edificios de energía casi nula, hace plantearse soluciones cada vez más eficaces, con envolventes que ofrezcan unos niveles de aislamiento muy elevados y corrigiendo las pérdidas o ganancia de energías a través de los puentes térmicos. ¿Cuáles son las soluciones más adecuadas? Existen diversas soluciones en el mercado que normalmente nos es difícil decantarnos por una, todas ellas con sus ventajas e inconvenientes frente a otras. Pero, soluciones innovadoras que nos puedan aportar más allá de las exigencias de una Passivhaus con el menor espesor posible, ligero, segura, y que además contribuya a la mejora de la calidad del aire interior de una forma pasiva, resulta poco común hasta ahora, con la solución que se pretende aportar. Con envolventes de estas características, ¿podríamos plantearnos industrializar Passivhaus de una manera eficaz?

INTRODUCCIÓN

La envolvente ha ido evolucionando a lo largo de estos años, desde el punto de vista prestacional, pasando de sistemas o cerramientos pesados a fachadas compuestas por dos hojas donde la parte hueca, presentaba mejores propiedades que una pared compacta y maciza, en términos de aislamiento térmico. Mucho hemos evolucionando, hasta tal punto que la tecnología industrial, nos ofrece hoy en día, cerramientos más ligeros y diversos sin perder de vista la seguridad, aislamiento acústico y térmico... que hacen realidad las ideas arquitectónicas más complejas.

La envolvente juega un papel fundamental en la eficiencia energética de un edificio, si pretendemos cubrir las necesidades del concepto Passivhaus hemos de conseguir soluciones que presten un aislamiento adecuado para cada lugar y en la medida de lo posible sin ocupar mucho espacio para optimizar la superficie útil del edificio. Los sistemas SATE (Sistema de Aislamiento por el Exterior) se han convertido en un buen aliado del Passivhaus.

CERRAMIENTO LIGERO PARA EDIFICIOS nZEB

La envolvente ha tenido que mejorar su capacidad de aislamiento térmico y estanqueidad, un poco forzado por las normativas a cumplir en cada momento.

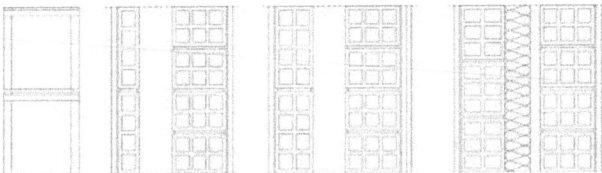

Evolución de las diferentes soluciones en la envolvente hasta el 2006. España

Otros estándares como el Passivhaus o bien con el cumplimiento en breve de los edificios de consumo casi nulo nZEB, nos hace pensar en soluciones que cumplan sobradamente las actuales normativas nacionales. No obstante, esto nos implica ir a espesores elevados si queremos llegar a transmitancias que en algunos casos está por debajo de 0,15 W/m²K. Si tenemos en cuenta que los primeros centímetros de aislamiento siempre son los más efectivos desde el punto de vista coste-eficiencia, vemos que el incremento de aislamiento aparentemente es muy superior a la mejora final en la U de la solución.

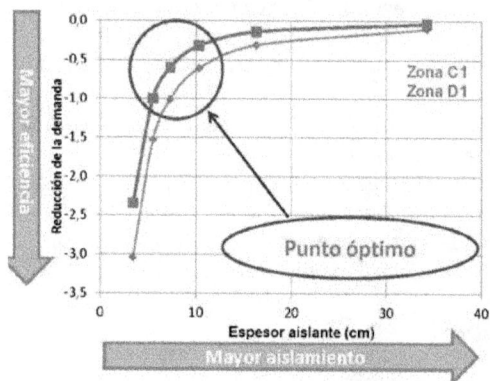

Coste-eficiencia. Fuente Laboratorio control de calidad en la edificación Vitoria

En este sentido, se ha ido mejorando las prestaciones funcionales de los cerramientos opacos, desde la combinación de SATE (Sistema aislamiento por el exterior de lana mineral o EPS) con muros masivos, hasta cerramientos con materiales ligeros optimizando los espesores como el caso del sistema de placa cementicia con sistema SATE por el exterior (sistema ref. Knauf W 32.es). Este sistema está formado por una estructura metálica de 75 ó 100 mm con lana mineral en su interior, dos placas de yeso laminado por el lado interior de la estructura, una placa cementicia por el exterior de la estructura y sobre esta placa cementicia, el sistema SATE.

SATE con cerramiento tradicional con trasdosado interior   Sistema con placa cementicia y SATE Ref. Knauf W32.es

Características técnicas sistema W32.es

- Fachada ligera 71 kg/m2
- Menor espesor
- Tiempo de ejecución más rápido (hasta 27% más rápido) en comparación con el ladrillo y bloque.
- Bajo impacto ambiental41,16 $kgCO_2/m^2$

Los puentes térmicos quedan resueltos de una manera eficaz al poder pasar el aislamiento por el exterior aumentando el grueso del mismo en los casos necesarios.

Cabe destacar que cualquier cerramiento contiene sus propios puentes térmicos, debido a conexiones, posibles discontinuidades, fijaciones... en sistemas ligeros se debe prestar atención a los propios perfiles metálicos.

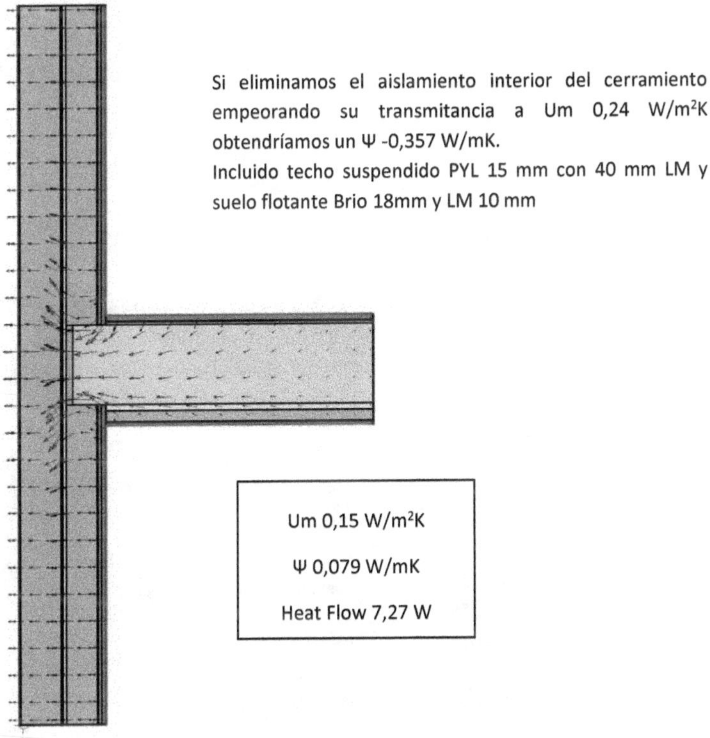

Si eliminamos el aislamiento interior del cerramiento empeorando su transmitancia a Um 0,24 W/m^2K obtendríamos un Ψ -0,357 W/mK.
Incluido techo suspendido PYL 15 mm con 40 mm LM y suelo flotante Brio 18mm y LM 10 mm

Um 0,15 W/m^2K

Ψ 0,079 W/mK

Heat Flow 7,27 W

Ejemplos de puentes térmicos lineales resueltos con el sistema Knauf W 32.es

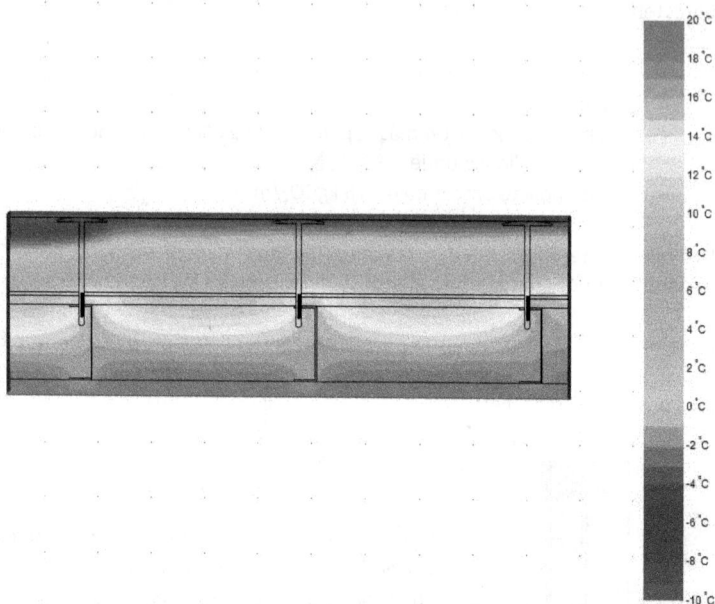

Influencia de los perfiles metálicos

CALIDAD AIRE INTERIOR

Hemos de considerar que gracias a la ineficiencia energética de los edificios, antes de la entrada en vigor del CTE 2006 por su poco o nulo aislamiento térmico, la renovación del aire interior se realizaba de una manera intrínseca en la propia manera de construir, debido a las infiltraciones no deseadas a través de las carpinterías y cajas de persianas, en detrimento del ahorro energético.

El límite máximo de renovaciones de aire es muy dispar entre los diferentes países europeos:

País	Situación	n50 vol/h
Austria	Ventilación natural	3
	Ventilación mecánica	1,5
Alemania	Ventilación natural	3
	Ventilación mecánica	1,5
Dinamarca	Viviendas	1,5
Francia	Vivienda unifamiliar	4,5
	Otro tipo de viviendas	6,8
Reino Unido	Ventilación natural	5
	Ventilación mecánica	1

Estándares de hermeticidad para envolventes de viviendas normalizados a 50 Pa. Fuente Europe's Building under the microscope

En términos generales, para mantener la calidad del aire de los espacios interiores hace falta asegurar una renovación mínima (en el caso del Passivhaus del orden de 0,6 renovaciones/hora). La renovación de aire de una vivienda, en los términos en que lo plantea el CTE o el RITE, es un tema de confort ambiental, no un tema de salud. Es por ello que si analizamos la hermeticidad de los edificios en pro de la eficiencia energética, se debe prestar atención a la calidad del aire interior, y minimizar los posibles contaminantes que se puedan generar en el habitáculo.

No sólo el CO_2 proveniente de elementos de combustión o del propio aire que exhalamos, puede contaminar el aire, en el ambiente interior es normal el uso de productos para la limpieza, aseo personal, pinturas, tintas de impresión, adhesivos y un largo etcétera, que también contaminan el aire.

Los materiales juegan un papel importante en la calidad del aire interior. Por un lado, podemos encontrar materiales con etiquetas o certificados que garantizan la no emisión de compuestos orgánicos volátiles, como la etiqueta francesa A+, la danesa "The indoor climate label", sello IBR… y por otro lado materiales que puede purificar el aire. La nueva tecnología Cleaneo® C, está pensada para tabiques, trasdosados o bien para techos continuos. Se basa en la incorporación de un ingrediente activo en el alma de yeso que actúa con el aire interior, a pesar de que las placas de yeso estén pintadas e independientemente de la temperatura ambiente y la iluminación. Este compuesto funciona muy bien en el caso de los Formaldehidos, convirtiéndolos en compuestos inertes.

Efectividad de la tecnología Cleaneo® C en Formaldehidos Fuente Knauf Francia

DISCUSIÓN Y CONCLUSIONES

Las normativas y los procesos constructivos, obligan a optimizar la eficiencia de los materiales así como de los sistemas. Un sistemas constructivo de fachada ligera con sistema de placa cementicia combinado con un sistema SATE, y además juntando la tecnología Cleaneo® C en la placa de yeso laminado interior, nos ofrece unas prestaciones, de eficiencia energética, rotura de puentes térmicos, adaptabilidad a los diferentes encuentros y resto de sistemas constructivos y entre otras, la contribución a la mejora de la calidad del aire interior eliminando compuestos orgánicos volátiles.

Por otro lado, es cada vez más habitual, ver ejemplos de construcciones industrializadas que abogan por soluciones ligeras para poder ser transportadas de manera sencilla y económica. Con envolventes de estas características, ¿se podría pensar en industrializar Passivhaus de una manera eficaz?

Ejemplo Vivienda industrializada sin criterios de Passivhaus. Realizada en Alicante y ubicada en Santa Cristina d'Aro (Girona). Aracil & Flores Arquitectos SLP.

REFERENCIAS BIBLIOGRÁFICAS

- NTP 607 Guías de calidad de aire interior: contaminantes químicos.
- Guía del estándar Passivhaus. Fundación de la Energía Comunidad de Madrid
- Harmonisation of indoor material emissions labelling systems in the EU Inventory of existing schemes. European Collaborative Action – Urban air, Indoor environment and human exposure.
- CTE DB HE: Ahorro de energía y DB HS: Salubridad.
- Comportamiento energético de una fachada ventilada. Área térmica Laboratorio de Control de Calidad en la Edificación del Gobierno Vasco.

4.10 Las propiedades de los productos en proyectos Passivhaus. ¿Un gigante con pies de barro? Autor: Jordi Roher

Jordi Roher Armentia. Institut de Tecnologia de la Construcció de Catalunya-ITeC

RESUMEN

El presente artículo examina cómo los productos de construcción, y en particular los productos y soluciones relacionadas con el aislamiento térmico del edificio, demuestran y certifican sus prestaciones, siendo este un requisito indispensable en un proyecto Passivhaus, y cómo no obstante determinadas familias de productos de aislamiento escapan a dicha práctica. También se pone de relieve la tendencia actual al incremento de los espesores de aislamiento hasta valores tales que se generan interrogantes acerca de su viabilidad técnica y económica, cosa que nos lleva a considerar nuevos materiales aislantes de muy baja conductividad térmica y, en consecuencia, menor espesor.

Son ejemplos de cómo un cambio de paradigma, en este caso el cambio hacia una eficiencia energética extrema de los edificios, propia del estándar Passivhaus, supone cambios de escala y en las reglas de diseño que provocan el florecimiento de innovaciones, ya sea en los materiales, en las soluciones constructivas o en el diseño del edificio. Debemos estar atentos pues a estas innovaciones para que éstas se incorporen en el mercado con las mismas cotas de rigor y fiabilidad que los productos ya existentes, siguiendo las metodologías europeas existentes para la certificación de productos innovadores.

INTRODUCCIÓN

El estándar Passivhaus constituye un esfuerzo genuino, riguroso e integral de mejora de la eficiencia y confort térmico de los edificios, que se fundamenta en un diseño del edificio acorde con las condiciones climáticas de su emplazamiento, una cuidada concepción y ejecución de los detalles constructivos para evitar puentes térmicos, una estrategia de ventilación con recuperación de calor y una correcta selección de los productos protagonistas en la consecución del objetivo de aislamiento térmico: los productos de aislamiento térmico de los tramos opacos y las ventanas.

Las prestaciones de estos productos, en particular las que caracterizan su capacidad de aislamiento térmico, merecen nuestra máxima atención puesto que a partir de ellas se fundamenta el cálculo y diseño térmico del edificio y, en definitiva, el comportamiento térmico del edificio en uso, que es el objetivo que se persigue.

Por ello debemos exigir a estos productos que dispongan de certificaciones rigurosas que aseguren las prestaciones que declaran: conductividad térmica de productos aislantes, factores solares y transmitancias térmicas de ventanas. La realidad nos muestra que no siempre es así: mientras que algunos productos han adoptado desde ya hace años los marcados CE, ofreciendo pues a los usuarios el rigor esperado acerca de sus prestaciones térmicas, otros productos, en especial en el ámbito de los aislamientos de origen natural, persisten prácticas arcaicas y menos rigurosas de caracterizar sus prestaciones. De aquí que nos cuestionemos acerca de si un buen proyecto Passivhaus ("el gigante") pueda estar fundamentándose en datos de partida poco consistentes ("los pies de barro").

En el presente artículo se pretende poner de relieve estas carencias y presentar las posibilidades de certificación disponibles para estos productos. Como segundo objetivo se pone también de manifiesto que el aumento de espesores de aislamiento –hacia valores de 15, 20 o 25 cm o incluso más, según los climas- que se deriva del constante aumento de los requisitos de resistencia térmica de los cerramientos, nos debe hacer reflexionar acerca de las implicaciones constructivas, de seguridad o de ocupación de espacio escaso (en particular en rehabilitación) asociados a dichos espesores, así como sondear las posibilidades existentes en el mercado europeo de retorno a espesores más modestos y por consiguiente, más construibles.

Nuevas generaciones de productos aislantes, ciertamente sofisticados en su fabricación (aerogeles, paneles de vacío, materiales con cambio de fase), aparecen en el horizonte como posible solución, gracias a sus muy bajas conductividades térmicas.

PASSIVHAUS, ¿TRADICIÓN O INNOVACIÓN?

Probablemente, ambas. Confluyen en el estándar Passivhaus elementos de modernidad, como las ventanas ultraislantes de triple lámina de vidrio y argón entre capas o los aislantes de muy baja conductividad térmica, con otros elementos de arquitectura más primitiva -dicho naturalmente como rasgo positivo-, como son la estrategia de ventilación, de iluminación natural o de protección frente al sol, pero también el empleo de materiales de aislamiento de origen natural (paja u otras fibras vegetales, lanas de oveja, etc.). Este retorno a una arquitectura más básica, que necesariamente significa más meditada, elaborada y adaptada a las condiciones locales del emplazamiento, viene acompañada en el estándar Passivhaus de una estrategia rigurosa de cálculo de prestaciones térmicas y de hermeticidad del edificio, así como de verificación in-situ de su cumplimiento, cosa que exige el manejo de herramientas modernas de diseño y verificación.

En el terreno de los aislamientos de origen natural es donde se produce una cierta dislocación entre lo tradicional y lo moderno; el origen natural de estos aislamientos, que indudablemente ofrece ventajas de aprovechamiento de residuos locales y bajo consumo de energía en su fabricación y transporte, no siempre, salvo honrosas excepciones, viene acompañado en el mercado español de un análisis y caracterización rigurosos de las características técnicas definitorias de su función (que sí se exigen de forma estandarizada para otros aislantes más convencionales), como son obviamente su conductividad térmica declarada, pero también otras relacionadas con la seguridad, como su reacción al fuego, o su durabilidad.

No hay motivo para ello. También estos aislamientos de origen natural pueden acceder a la certificación europea (marcado CE), por la vía de la elaboración de un documento ETE-Evaluación Técnica Europea. La EOTA-*European Organisation for Technical Assessment*, organismo europeo del cual el ITeC es miembro activo desde 1997, ha elaborado guías europeas de evaluación (los denominados DEE-Documentos de Evaluación Europeos) que están a disposición de los fabricantes para la elaboración de ETEs de sus productos de aislamiento de origen natural, ya sean de naturaleza vegetal o animal, y en forma amorfa (materiales sueltos) o prefabricada (paneles, mantos).

Además, como novedad seguramente interesante para los aislamientos de origen natural, el Reglamento europeo de Productos de Construcción 305/2011 considera un nuevo requisito básico de las obras, que se añade a los 6 requisitos "clásicos" existentes hasta la fecha: es el requisito *Uso sostenible de los recursos naturales*. Este requisito está relacionado con el impacto ambiental que el producto de construcción provoca (en fabricación, ejecución, etc.) y se irá concretando a medida que los estados europeos vayan legislando al respecto; en estos momentos algunos estados ya lo están empezando a hacer y, sin duda, este será un vector de cambio en el sector de la construcción a corto y medio plazo. Por lo tanto los aislamientos térmicos y, en particular, los aislamientos de origen natura, tendrán herramientas para caracterizar, además de sus prestaciones clásicas en tanto que aislamiento, también sus prestaciones en el terreno de la sostenibilidad, donde a priori pueden presentar ventajas sustanciales con respecto a sus competidores (plásticos espumados, lanas minerales, etc.).

Sean cuales sean los productos de aislamiento por lo que se opte en cada proyecto, nos encontramos con que las elevadas exigencias de aislamiento térmico del estándar Passivhaus conducen a espesores de aislamiento que para los climas españoles se sitúan en el rango de 10 a 20 cm, que pueden convertirse en 20 a 30 cm para climas de inviernos más rigurosos. El espesor total del cerramiento se resiente de ello y esto tiene importantes implicaciones económicas y técnicas, en especial cuando el margen de maniobra es más limitado, como es el caso de las obras de rehabilitación, donde pueden existir restricciones a la nueva superficie ocupada (ya sea interior o exterior al cerramiento existente) y limitaciones en cuanto a la solución constructiva idónea de cerramiento, puesto que se debe partir del cerramiento existente.

Y es precisamente en el campo de la rehabilitación de edificios existentes donde se puede conseguir un cierto impacto global positivo en términos de eficiencia energética del parque edificatorio global, ya sea español o europeo, dado que la obra nueva no puede constituir sino una fracción ínfima del ahorro energético en el conjunto del consumo total de dicho parque edificatorio.

Un ejemplo más concreto de las dificultades asociadas a grandes espesores de aislamiento se manifiesta en los sistemas de aislamiento por el exterior (SATE). Estos surgieron en Centroeuropa con espesores inicialmente modestos, pero actualmente pueden atañer espesores en aquellos climas continentales fríos de hasta 30 cm, con lo que ello implica a nivel de sobredimensionamiento de elementos auxiliares como fijaciones mecánicas y adhesivas, perfilerías auxiliares, elementos de los huecos de fachada, aleros de fachada, etc. (todos estos elementos en general trabajan a flexión -en voladizo-, por lo que su dimensionamiento es proporcional al cuadrado del espesor de aislamiento que deben vencer).

En consecuencia toma fuerza la idea de retornar los espesores de los aislamientos a valores más "normales" (10 a 15 cm), mediante el empleo de materiales de muy baja conductividad térmica (en el rango de 10 a 15 mW/m·K). Se trata de materiales como los paneles de vacío, los aerogeles u otros, que actualmente presentan algunos inconvenientes como su elevado coste, pero que están evolucionando sobretodo en robustez en obra y coste de fabricación, para poder ser pronto una alternativa real más, en especial como ya se ha dicho, cuando las exigencias térmicas son muy elevadas.

Nuevamente estos productos deberían demostrar sus prestaciones térmicas y acceder al mercado por la vía del marcado CE basado en su documento ETE, del mismo modo que se ha reclamado previamente para los productos aislantes de origen natural y como ya hacen, de forma generalizada, los productos de aislamiento térmico convencionales.

Y ciertamente esta evolución hacia productos más aislantes no debe ir ni va a ir sola, sino acompañada de otras estrategias e innovaciones que complementariamente a aquéllos mejoren la eficiencia térmica del edificio, cada una de ellas adaptada a las necesidades concretas del clima de referencia. Algunas soluciones ya están consolidadas, como las fachadas ventiladas o los sistemas de protección solar de huecos (con mayor o menor grado de automatización), otras están por desarrollar en plenitud, como los revestimientos vegetales en cubierta y fachada, y esperemos que muchas otras soluciones se encuentren aún por inventar.

DISCUSIÓN Y CONCLUSIONES

Como ya se descrito arriba, el estándar Passivhaus constituye un riguroso puzle cuyo encaje depende del rigor de cada una de sus piezas individuales. En lo que a la pieza de los productos de aislamiento de origen natural se refiere, se ha puesto de manifiesto una cierta relajación en el modo de caracterizar y demostrar las prestaciones de estos productos en el mercado español, en un contexto en que dichos productos pueden hacer uso de las metodologías europeas para alcanzar el marcado CE y acceder de este modo al rigor que se espera de ellos, en particular en terrenos tan exigentes como un estándar Passivhaus. Asimismo se ha discutido sobre los inconvenientes que puede acarrear el aumento del espesor de las capas de aislamiento de fachada, y las posibles soluciones que se vislumbran en el mercado.

En definitiva nos encontramos en un momento apasionante de evolución de la arquitectura, impulsado fundamentalmente por la exigencia de mayor eficiencia energética y menor impacto ambiental de las obras de construcción, que actúa como motor de la innovación en nuevos materiales, nuevas soluciones constructivas y también de la recuperación del conocimiento constructivo primitivo. El estándar Passivhaus es un ejemplo notable de motor que provoca innovaciones, incluso cuando la innovación consiste en recuperar conocimientos y prácticas ancestrales de la construcción.

Sólo cabe exigir que estas innovaciones vengan acompañadas del mismo rigor en cuanto a su caracterización y demostración de sus propiedades intrínsecas que las exigidas a los materiales y soluciones existentes. A nivel europeo existen mecanismos consolidados que hacen posible la innovación y la certificación de los productos innovadores. Está pues en manos de los técnicos y responsables de los proyectos y obras exigirlos.

4.11 Adaptación de una vivienda de catálogo al cumplimiento del estándar Passivhaus. Autores: María Rosa de la Iglesia, Cristina Romero

RESUMEN

La vivienda objeto de la ponencia se encuentra en Guadalix de la Sierra [Madrid] y está construida con un sistema industrializado de entramado ligero de madera proveniente del norte de Finlandia. La empresa promotora del proyecto, empresa que distribuye el sistema constructivo en España, decide realizar una vivienda piloto. La vivienda, como guiño a la firma finlandesa, es un modelo de catálogo, muy popular en la zona.

En la ponencia se profundizará en las modificaciones propuestas por las arquitectas para conseguir que un modelo ya diseñado cumpla con el estándar, mostrando la distinta repercusión e influencia que cada modificación tiene en el programa PHPP. También se mostrarán los datos obtenidos de la monitorización de la vivienda, que se han comenzado a obtener en este mes de abril de 2015. En la actualidad la vivienda está totalmente terminada y se encuentra en proceso de certificación con el Passivhaus Institut.

INTRODUCCIÓN

En noviembre de 2013 recibimos el encargo, por parte del promotor, de estudiar y valorar la posibilidad de adaptar una vivienda de catálogo, y por lo tanto pre-diseñada, al estándar Passivhaus. El promotor es una empresa distribuidora en España de un sistema estructural industrializado de entramado ligero de madera proveniente del norte de Finlandia. Dicho promotor desea realizar una vivienda piloto, y para ello selecciona uno de los modelos del catálogo que se ofrece desde Finlandia.

Imagen de la vivienda tomada de la portada del catálogo de la empresa promotora

Previamente a la decisión de trabajar con el estándar Passivhaus, las viviendas realizadas con este sistema y con las calidades estándar ofrecidas por el promotor ya contaban con buenos resultados en cuanto a demandas y consumos energéticos. Sin embargo, el promotor estaba interesada en ir más allá y comprobar si con su sistema y sus calidades se podría alcanzar de un modo más o menos sencillo el estándar Passivhaus.

SITUACIÓN INICIAL DEL PROYECTO

La vivienda llegó a nuestras manos ya diseñada y ubicada en la parcela, en la que, por sus dimensiones, no podía ubicarse de otro modo al proyectado. La parcela se encuentra en Guadalix de la Sierra, al norte de Madrid, municipio con clima continental de veranos cálidos (aunque no excesivamente debido a su altitud) e inviernos fríos.

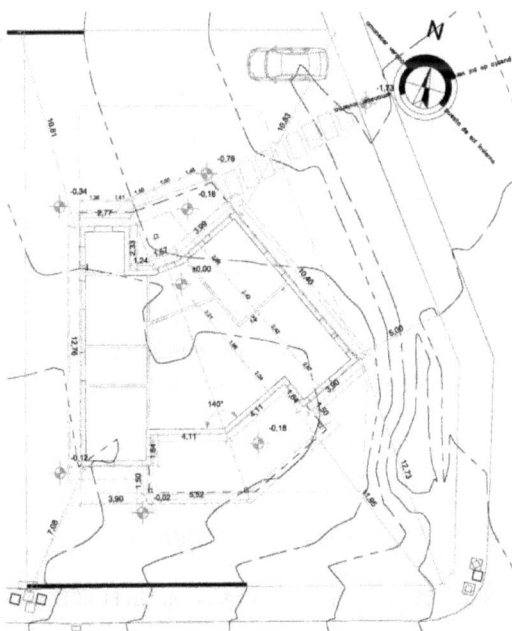

Ubicación de la vivienda en la parcela

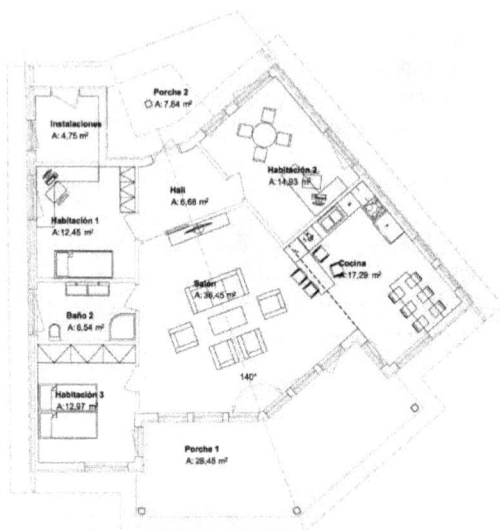

Plano de planta original de la vivienda

Los valores U de partida de la envolvente eran los siguientes:

- Fachada: U = 0.214 W/m2K
- Cubierta: U = 0.211 W/m2K
- Forjado sanitario: U = 0.265 W/m2K
- Carpintería: U = 1.10 W/m2K (con puente térmico de intercalario ψ = 0.040 W/mK)
- Acristalamiento 4be/20/4/20/4be: U = 0.60 W/m2K y g = 0.50

Tras introducir el proyecto en el PHPP, obtuvimos los siguientes resultados:

- Demanda específica de calefacción: 39 kWh/m2a
- Demanda específica de refrigeración: 35 kWh/m2a

ADAPTACIÓN DEL ESTADO INICIAL PARA CUMPLIR EL ESTÁNDAR

Durante esta fase del trabajo, nos dedicamos principalmente a tratar de reducir tanto la demanda de refrigeración como la de calefacción hasta alcanzar los valores establecidos por el Passivhaus Institut en 15 kWh/m2a. La estanqueidad de 0,6 ren/h fue conseguida en obra gracias a los detalles constructivos estudiados en la fase de proyecto y el seguimiento exhaustivo en la fase de construcción de la vivienda. Esta información será comentada al final de la ponencia.

Para reducir las demandas trabajamos con la herramienta informática PHPP, modificando las únicas variables con las que podíamos trabajar, dado que el diseño general estaba realizado, y la implantación en la parcela también:

- **Tipo de aislamiento térmico empleado en la envolvente**: de la fibra de madera insuflada original, con Λ = 0.043 W/mK, a la celulosa insuflada con Λ = 0.037 W/mK.
- **Espesor del aislamiento térmico de la envolvente** (fachada, cubierta y forjado sanitario): de 148 mm de aislamiento entre montantes de madera a 223 mm.
- **Volumen calefactado y superficie de referencia energética**: extracción la sala de instalaciones de la envolvente térmica.
- **Acristalamiento**: sustitución de un triple acristalamiento con valores U = 0.60 W/m2K y g = 0.50 a otro con valores U = 0.55 W/m2K y g = 0.55.
- **Puertas de acceso**: sustitución de las puertas de acceso por carpinterías acristaladas.
- **Dimensiones y ubicación de los huecos**: modificación de la dimensiones de algunas ventanas, eliminación de dos ventanas situadas en la fachada oeste, reubicación de dos ventanas, disminución del retranqueo para favorecer el soleamiento.
- **Sombreado de los huecos**: sombreado de los huecos durante los meses de verano mediante venecianas exteriores motorizadas.
- Ventilación nocturna.

Se fue aplicando sobre la vivienda cada una de las medidas descritas en el orden indicado. Las dos primeras medidas, relativas al aislamiento térmico, redujeron las demandas tanto de calefacción como de refrigeración. Las cuatro medidas siguientes (3, 4, 5 y 6) referidas principalmente al volumen calefactado y a los huecos, se enfocaron principalmente hacia la reducción de la demanda de calefacción lo suficiente como para cumplir con el límite establecido por el Passivhaus Institut, mientras la demanda de refrigeración se disparaba. Finalmente, y con el objetivo de cumplir también con el límite establecido para la demanda de refrigeración, se aplicaron dos medidas que afectan principalmente al comportamiento del usuario, como son el sombreado de los huecos durante los días de verano, y la ventilación natural nocturna.

	ESTADO ORIGINAL	MEDIDAS DE REDUCCIÓN DE LA DEMANDA							
	0	1	2	3	4	5	6	7	8
DEMANDA DE CALEFACCIÓN kWh/m²a	39	35	25	22	19	16	14	14	14
DEMANDA DE REFRIGERACIÓN kWh/m²a	35	25	25	27	30	34	43	18	11

1Valores de demandas de calefacción y de refrigeración obtenidas al ir aplicando, por orden descrito y consecutivamente, cada una de las medidas de mejora indicadas

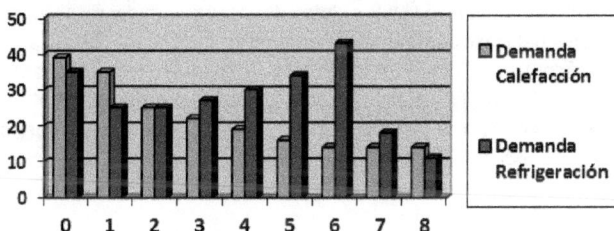

Se observa cómo influye sobre las demandas de calefacción y de refrigeración cada una de las medidas aplicadas consecutivamente.

Si el artículo es seleccionado para su presentación y/o su publicación, se aportarían más datos sobre las medidas adoptadas, estudiando qué influencia tendría cada una de las mejoras por separado sobre el estado inicial, y profundizando en la distinta repercusión que cada una de ellas por separado tiene en la reducción de la demanda de calefacción y/o de refrigeración.

Los valores U finales de la envolvente han resultado ser los siguientes:

1. Fachada: U = 0.135 W/m²K con un espesor total de de 39.9 cm.
2. Cubierta: U = 0.138 W/m²K con un espesor total de 38.9 cm.
3. Forjado sanitario: U = 0.164 W/m2K con un espesor total de 29.4 cm.
4. Carpintería: U = 1.12 W/m²K (con puente térmico de intercalario ψ = 0.040 W/mK)
5. Acristalamiento 4be/20/4/20/4be: U = 0.55 W/m²K y g = 0.55

Los valores finales de demandas y consumos obtenidos con el PHPP tras algunos otros ajustes y correcciones realizados han sido los siguientes:

Valores característicos del edificio con relación a la superficie de referencia energética y año				Requerimientos	¿Cumplido?*
	Superficie de referencia energética	103,3	m²		
Calefacción	Demanda de calefacción	11,9	kWh/(m²a)	15 kWh/(m²a)	si
	Carga de calefacción	13	W/m²	10 W/m²	-
Refrigeración	Demanda total refrigeración	6,5	kWh/(m²a)	15 kWh/(m²a)	si
	Carga de refrigeración	10	W/m²	-	-
	Frecuencia de sobrecalentamiento (> 25 °C)		%	-	-
Energía primaria	Calef., ref., deshum., ACS, elect. auxiliar, ilum., aparatos eléct.	100	kWh/(m²a)	120 kWh/(m²a)	si
	ACS, calefacción y electricidad auxiliar	61	kWh/(m²a)	-	-
	Ahorro de EP a través de electricidad solar		kWh/(m²a)	-	-
Hermeticidad	Resultado ensayo de presión n_{50}	0,6	1/h	0.6 1/h	si
				* Campo vacío: faltan datos; '-': sin requerimiento	
Passivhaus?					si

Resultados obtenidos por el PHPP

La estanqueidad de la vivienda fue trabajada desde la fase de proyecto, estudiando todos los encuentros para dar continuidad a la capa estanca, realizada por la cara interior de la envolvente mediante paneles de OSB y cintas de estanqueidad y resolviendo los puntos en los que las fijaciones del trasdosado interior atraviesan dicha capa. Este trabajo se completó con un exhaustivo control en obra. En la actualidad, la vivienda se encuentra finalizada en proceso de certificación en el Passivhaus Institut. Esperamos que para la celebración de la 7CEPH se encuentre certificada. Además, está siendo monitorizada, por lo que también esperamos contar con datos que nos indiquen qué tal está siendo su comportamiento.

DISCUSIÓN Y CONCLUSIONES

El diseño inicial de un edificio es clave si el objetivo es cumplir con las exigencias establecidas por el estándar Passivhaus: tener en cuenta los criterios bioclimáticos, el factor de forma, la orientación, la captación solar y/o la protección de los huecos, según corresponda a cada clima o temporada, resulta básico para evitar el tener que realizar sobreesfuerzos durante la fase de proyecto así como para evitar sobrecostes en la ejecución de la obra.

En la vivienda objeto de esta ponencia, los espesores de aislamiento finales se han juzgado excesivos, pudiendo haberse reducido si la orientación o el factor de forma hubieran sido más favorables. También las características de carpinterías y acristalamientos podrían haberse relajado un poco en tal caso, pudiendo prescindir probablemente del uso del warm edge.

Introducir los datos en el PHPP desde las primeras fases de diseño de un proyecto puede suponer ahorros en tiempos y costes tanto durante la fase de proyecto como durante la obra.

4.12 Ecomateriales de aislamiento térmico. Comportamiento higrotérmico. Autor: Mariana Palumbo, Ana Lacasta, María Pilar Giraldo

Mariana Palumbo (UPC); Ana Lacasta (UPC); María Pilar Giraldo (INCAFUST)

RESUMEN

El sector de la edificación necesita de nuevos enfoques para un diseño energéticamente eficiente, que incluya no sólo la disminución de la transmitancia térmica de la envolvente del edificio, sino también la reducción de la energía incorporada mediante el uso de materiales disponibles localmente y con bajas emisiones de CO_2 asociadas. Los aislantes térmicos basados en bio-materiales contribuyen a reducir el impacto medioambiental de los edificios, ya que su uso incide tanto en la reducción de la demanda energética como en otros impactos, como el agotamiento de recursos o la generación de residuos. Además, el comportamiento higrotérmico de estos materiales tiene impactos directos e indirectos sobre la moderación de las condiciones ambientales y contribuyen al ahorro de energía. En este trabajo se propone la utilización de médula vegetal triturada y aglutinantes naturales para la conformación de paneles aislantes. Se presentan los resultados obtenidos de un análisis de la evolución dinámica de estos materiales cuando son sometidos a variaciones en las condiciones ambientales de temperatura y humedad relativa, comparando su comportamiento con el de otros aislantes comerciales.

INTRODUCCIÓN

Las intervenciones en el parque de viviendas existentes (incluida la aplicación de sistemas de aislamiento térmico optimizado) es una estrategia clave para hacer frente a los desafíos planteados en los objetivos de la Comisión Europea para la reducción de gases de efecto invernadero (GEI) para el año 2020 y 2050. El uso de aislamiento térmico a base de bio-materiales podría ser una alternativa para reducir los impactos ambientales. Sin embargo, estos productos siguen siendo utilizados sólo marginalmente. En 2013, las lanas minerales y espumas orgánicas –todas ellas producidas a partir de materias primas no renovables representaron alrededor del 98% de la cuota de mercado en España (Palumbo M. et al., 2015). La alternativa renovable, es decir, los bio-materiales de aislamiento térmico, representaba menos del 2% del mercado. Además, la mayoría de estos materiales fueron importados.

PROYECTO

Nuestro proyecto plantea el uso de las características intrínsecas del tejido parenquimático presente en los tallos u otras partes de las plantas ricas en médula (como el maíz, el girasol, etc.) para el desarrollo de paneles aislantes térmicos rígidos, completamente biodegradables, con una densidad y una conductividad térmica similares a las espumas orgánicas ya existentes, como las de poliestireno. Para ello, la médula se utiliza una vez separada de las fibras corticales, entera o triturada, y se aglutina con una proporción pequeña de una goma vegetal, en particular alginato de sodio procedente de las algas.

INVESTIGACIÓN

En este trabajo se presenta la investigación realizada para analizar y comparar el comportamiento higrotérmico de los paneles térmicos en un régimen dinámico, es decir, cuando son sometidos a variaciones en las condiciones ambientales de temperatura y humedad relativa. En un trabajo previo (Palumbo M. et al. 2015 b) se determinaron los principales parámetros higrotérmicos y su dependencia con la humedad relativa ambiente.

Se llevaron a cabo dos tipos de pruebas dinámicas. En el primer ensayo, las probetas fueron sometidas a cambios bruscos de temperatura. Se instalaron dos termopares, uno en la cara exterior y el otro en el interior de la probeta. Las muestras se colocaron en una cámara de acondicionamiento a 10ºC hasta que se alcanzó el equilibrio térmico, después de lo cual se colocaron, sobre una balanza, en una segunda cámara de acondicionamiento a una temperatura de 40ºC. Se registró la evolución de la masa y de las temperaturas a lo largo de 12 horas. A continuación se repitió el proceso al revés, es decir, de 40ºC a 10ºC. La humedad relativa fue registrada, aunque no controlada.

La Imagen 1 muestra el cambio de masa (arriba) y la temperatura registrada por el termopar situado en el centro de la muestra (parte inferior). Cuando se reduce la temperatura, se observa un aumento en la masa adsorbida por el material. Por el contrario, cuando aumenta la temperatura, el vapor de agua adsorbida se libera, lo que lleva a una disminución de la masa. El aumento de masa (aproximadamente 3 g) es inferior a la disminución posterior (aproximadamente 5 g).

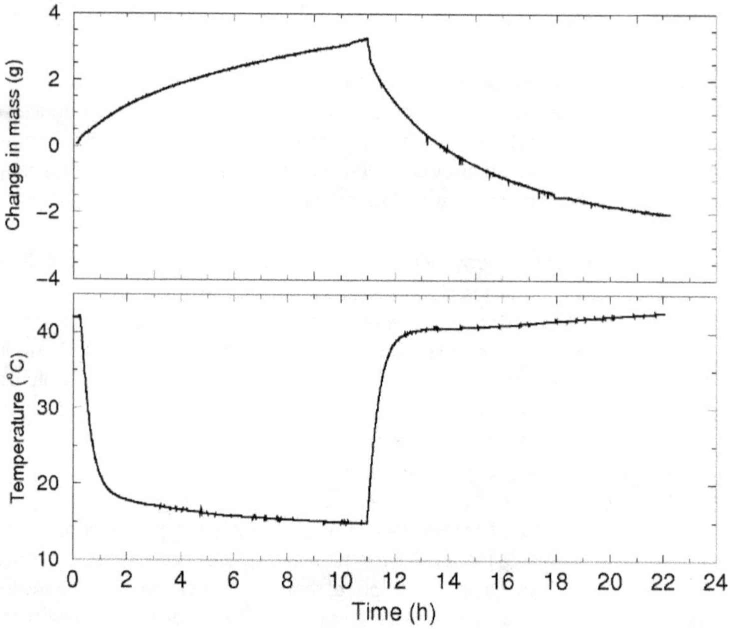

Imagen 1. Evolución de la masa (arriba) y la temperatura interior (abajo) para una muestra de médula de maíz y alginato (CA) sometida cambios bruscos de temperatura.

El comportamiento del panel de médula de maíz y alginato (CA) fue comparado con el de otros aislantes comerciales: de fibra de madera (WW) y lana de roca (RW). En la Imagen 2 se muestra, para los tres aislantes, la evolución de la temperatura interior después de una disminución repentina de la temperatura (gráfico superior) y de un aumento repentino (gráfico inferior). Observamos que los dos materiales de origen vegetal (CA y WW) tienen una evolución muy lenta, necesitando tiempos más largos para llegar a las condiciones ambientales. Por el contrario, la lana mineral muestra una rápida respuesta a las variaciones de temperatura externos. Teniendo en cuenta que la difusividad térmica de los tres materiales es bastante similar, se cree que las diferencias en la evolución térmica están principalmente relacionadas con las diferencias en las características higroscópicas de ambos tipos de materiales. De hecho, las variaciones en la masa de los materiales de origen vegetal son mucho más altas que los de lana mineral, como se observa en la Imagen 3. La lana mineral parece absorber una cantidad menor de vapor de agua a una tasa más alta, y no se observan cambios en la masa después de 30 minutos de ensayo. Sin embargo, los materiales de base vegetal siguen aumentando su masa después de las 6 horas que se muestran en la figura.

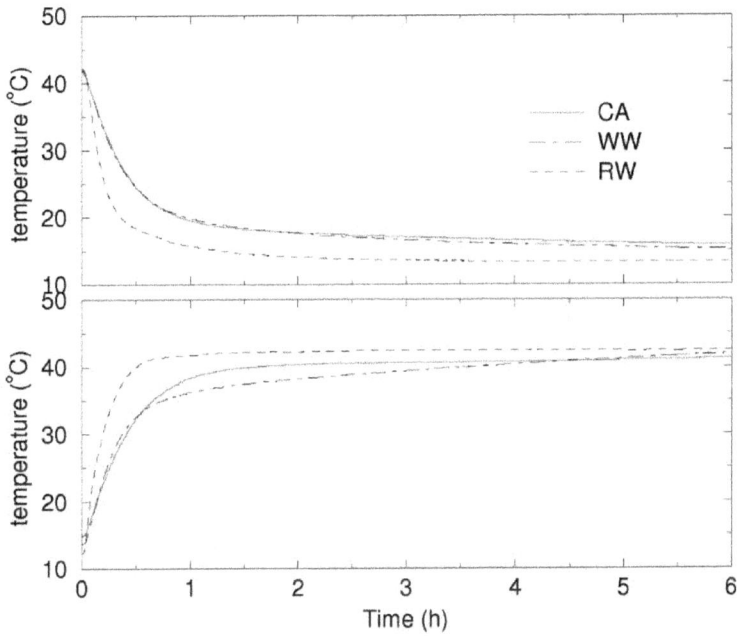

Imagen 2. Temperatura en el interior de las muestras cuando la temperatura ambiental disminuye bruscamente (panel superior) y aumenta (panel inferior).

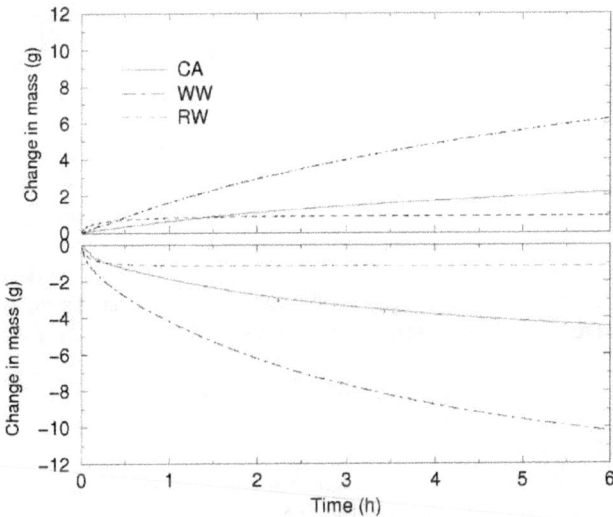

Imagen 3. Evolución de la masa cuando la temperatura ambiental se reduce de repente (panel superior) y cuando aumenta (panel inferior).

En segundo tipo de ensayos, las muestras se introdujeron en una cámara climática que fue pre-configurada para realizar cambios cíclicos de temperatura y humedad relativa. La Imagen 4 muestra los resultados correspondientes a variaciones simultáneas de temperatura (entre 10 y 30ºC) y de humedad relativa (entre 80 y 30%),

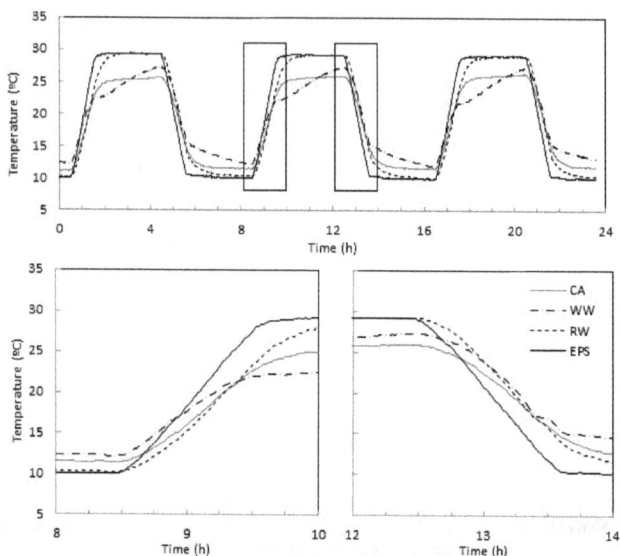

Imagen 4. Temperatura registrada por el termopar colocado en el interior de las muestras cuando son sometidas a variaciones cíclicas de humedad y temperatura.

Como era de esperar, la muestra poliestireno expandido (EPS) tiene una respuesta muy rápida a las variaciones externas, alcanzando los valores finales en un corto tiempo. La muestra de lana de roca (RW) es un poco más lenta. Sin embargo, las características higroscópicas de los dos materiales de base vegetal llevan a una ralentización importante en su dinámica. Es interesante observar las diferencias entre ambos bio-materiales. La temperatura interior en la muestra WW muestra pequeñas mesetas alrededor de los 22ºC durante los procesos de calentamiento y de los 15ºC durante los enfriamientos. Después de eso, se observa una pendiente de 1.7ºC / min y -0.87ºC / min. La muestra CA no presenta mesetas, pero las pendientes son mucho más bajas (alrededor de ± 0.13ºC / min).

DISCUSIÓN Y CONCLUSIONES

Los paneles aislantes térmicos basados en bio-materiales se presentan como una alternativa viable a los aislantes comúnmente utilizados en edificación. En este artículo se ha analizado el comportamiento higrotérmico de un panel experimental basado en médula vegetal triturada y aglutinado con alginato. Al igual que ocurre con los paneles de fibra de madera, las propiedades higroscópicas de estos materiales inciden muy positivamente en la evolución dinámica frente a variaciones de las condiciones ambientales.

REFERENCIAS BIBLIOGRÁFICAS

- Palumbo M, Avellaneda J, Lacasta AM, 2015 (a), Availability of crop by-products in Spain: new raw materials for natural thermal insulation. Resour Conserv Recy 2015; 99: 1–6.
- Palumbo M., Lacasta A.M., Holcroft N., Shea A., Walker P., 2015 (b). Determination of hygrothermal parameters of experimental and commercial bio-based insulation materials (preprint)

4.13 Enfermedad de nuestras viviendas. Patologías existentes. Autor: Koldo Monreal

RESUMEN

La incorporación de nuevos materiales en la construcción, nos proporcionan unas mejoras técnicas y físicas importantes. No obstante, el incorrecto cálculo sobre su comportamiento propicia, no en pocos casos, una merma en la calidad de las edificaciones actuales, o incluso, un deterioro del edificio.

La humedad, factor importante y de fuerte impacto en la vida útil de los edificios, determina a su vez un gravamen impositivo tanto en el mantenimiento preventivo como en el funcional. Así mismo, la calidad del aire en el interior de una vivienda interfiere directamente en la salud de los inquilinos del hogar.

Se pretende abordar aquí la problemática referida, desde un punto de vista del análisis causa-efecto e incidir en la importancia de la formación continua, y por qué no decirlo, incluso del reciclaje de los profesionales.

INTRODUCCIÓN

Para una correcta ejecución es fundamental conocer las propiedades higroscópicas de los materiales de construcción, así como su correcta aplicación, siendo de vital importancia realizar un estudio sobre el comportamiento de la humedad y su transporte dentro de los cerramientos. Asociando todo esto al transporte de calor. Un edificio con un mal comportamiento frente a la humedad, supone un mayor consumo energético y una mayor emisión de CO_2.

Debemos señalar que la humedad también afecta a la calidad del aire interior y a la salud de los ocupantes de la vivienda, ya que dicha humedad produce condensaciones que a su vez son proclives a provocar la aparición de mohos.

HUMEDAD EN LOS EDIFICIOS

Para que se produzca un flujo de humedad en un edificio son necesarios 3 factores: un foco de humedad, un camino por donde circule y una fuerza motriz que le permita el movimiento.

La teoría dice que eliminando uno de estos tres factores tendríamos solucionado el problema, pero la práctica nos enseña que lo inteligente sería tratar de controlar todos los elementos posibles.

Por otro lado, se distinguen dos grupos de humedades, bien procedentes del proceso constructivo (elaboración del mortero, hormigón...) o bien procedente de nuestro uso normal del edificio (cocinar, duchar, respirar...).

En la primera fuente de humedad, parte del agua de elaboración puede ser consumida en el proceso, pero el resto deberá salir por evaporación hacia el exterior por medio de la estructura porosa de los materiales, hasta conseguir el equilibrio higroscópico.

¿Qué ocurre si no dejamos evaporar la cantidad de agua anteriormente descrita? Por ejemplo, aplicando acabados superficiales y revestimientos antes de que la unidad constructiva esté totalmente seca. Dicha actuación nos podría generar eflorescencias, erosiones, desprendimientos y degradaciones de la pieza constructiva.

La humedad procedente del uso, deberá salir a ser posible de forma continuada, tanto por las estructuras porosas de los cerramientos como por su sistema de ventilación.

¿Y qué ocurre si no dejamos salir correctamente esta humedad de uso? Por ejemplo, habiendo aplicado mal las barreras de vapor, (cintas incluidas), o bien realizando una intervención de rehabilitación sin calcular las posibles condensaciones intersticiales. Estas acciones, para nada poco habituales, son responsables de la aparición de numerosas patologías de los edificios actuales. La presencia de moho en viviendas recién rehabilitadas es una de las principales reclamaciones que reciben los contratistas.

¿POR QUÉ OCURRE?

Todos, profesionales del sector, y clientes en general, nos preguntamos por las razones que originan este fenómeno. Si antes no teníamos este problema, ¿Por qué al realizar una pequeña intervención nos aparecen?

El tema es muy sencillo de entender, aunque un poco más complejo de calcular.

El edificio actúa como un gran cubo donde es posible almacenar una cantidad de vapor de agua (muros). Al mismo tiempo el edificio tiene la capacidad de evacuar parte de esta humedad bien por evaporación, difusión... El equilibrio higroscópico nos hace tener un edificio saludable. Cuando este equilibrio se rompe, empiezan los problemas.

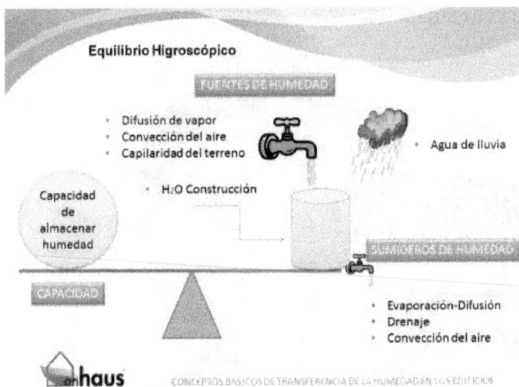

Equilibrio Higroscópico

La construcción tradicional tenía una gran capacidad de almacenamiento para la humedad y por consiguiente una mayor inercia higroscópica. La construcción actual en términos generales, también dispone de una capacidad de almacenamiento, solo que dicha capacidad resulta ser mucho más pequeña, y además, se agrava el contexto con el hecho de que los edificios actuales se construyen con menos infiltraciones al aire exterior.

Consecuencia: edificios más sensibles a las variaciones periódicas de las condiciones de temperatura y humedad. Además, se hace difícil restringir y controlar la cantidad de humedad a través del cerramiento y diseñar éstos de forma que dificulten el transporte capilar y sequen con facilidad bajo la influencia de las fuerzas naturales.

EFECTOS DE LA HUMEDAD EN LOS EDIFICIOS

La humedad en nuestros edificios puede tener diferentes efectos, todos ellos negativos.

Efecto energético.

La humedad dentro de la mayoría de los materiales hace incrementar el valor λ, incrementando la conductividad; y consecuentemente deteriorando el valor **U**.

A esta pérdida del valor **U**, deberíamos sumarle las pérdidas generadas durante el proceso de equilibrio higroscópico. El llamado calor latente o calor de fusión.

No obstante, las mayores pérdidas por transmisión de calor se deben a las infiltraciones de aire y a los puentes térmicos.

Efecto integridad (patologías)

Son muchas las patologías en las viviendas derivadas de la humedad. Algunas con carácter estético como la eflorescencia, y otras con carácter estructural como la criptoflorescencia, la desagregación o la descomposición por carbonatación, entre otras.

Pero todas ellas tienen un mismo origen, el déficit de un incorrecto cálculo sobre comportamiento de la humedad.

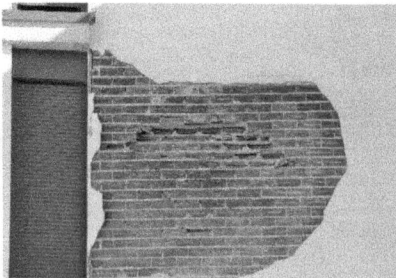

Izquierda: Criptoeflorescencias / Derecha: Moho. Algunas patologías pueden llevar a la destrucción total o parcial del edificio

Efecto Durabilidad.
Resulta importante destacar, que aquellos edificios que dispongan de un correcto comportamiento higroscópico necesitarán de una menor atención de mantenimiento, y cuando esta resulte necesaria, constará de una menor magnitud en su intervención.

Efecto Estética.
Quizás el que mayor reclamaciones postventa genera, y por el contrario el menos preocupante.

Efecto salubridad
Cuando nos encontramos frente a un edificio con presencia de condensaciones o moho. Lo que observamos es un problema serio de salubridad.

TRANSPORTE DE HUMEDAD EN LOS EDIFICIOS

El movimiento de la humedad a través de los materiales de construcción porosos, es un fenómeno bifásico complejo, en el que se produce un transporte de agua en estado líquido y en estado gaseoso. Estos procesos son dependientes de la humedad relativa del aire y en menor medida de la temperatura ambiente. El almacenamiento de humedad higroscópica se describe mediante las cartas psicrométricas.

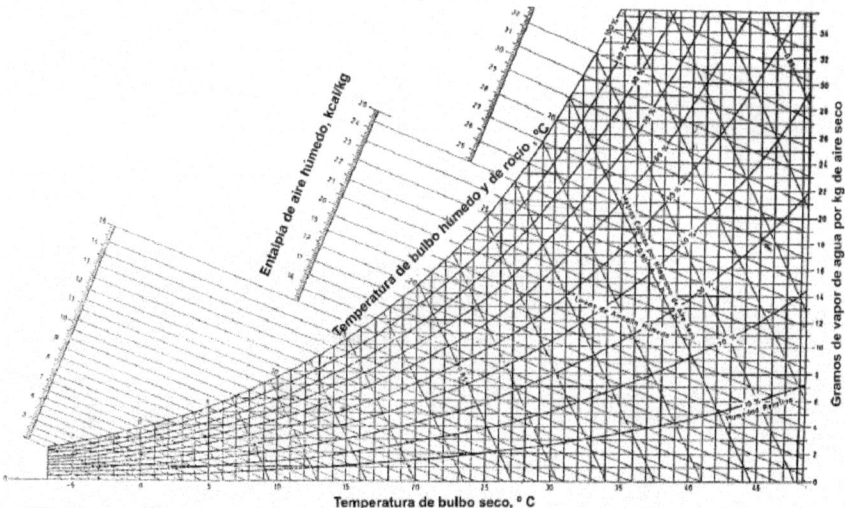

El aire es muy buen aislante térmico, por lo que la mayoría de materiales aislantes se obtienen mediante estructuras que atrapan aire (o gas). Cuando se producen condensaciones intersticiales, este aire es sustituido por agua, que contrariamente al aire, resulta ser una buena conductora térmica. Por este motivo, cuando los materiales aislantes se mojan, pierden sus propiedades. Para evitar esto, en los cerramientos se colocan barreras de vapor, que dificultan y ralentizan el paso de vapor a través de la pared, y permiten que el aislamiento permanezca seco.

Debemos tener en cuenta que no es necesario que se produzca una saturación a nivel estructural del material (patología) para que éste perdiera parte de sus propiedades, sería suficiente con un aumento parcial de humedad para que dicho elemento no fuese ya lo mismo.

QUÉ DEBEMOS TRABAJAR

Por una parte, se debe proteger el cerramiento de la humedad generada dentro de los edificios. Principalmente resguardaremos el aislamiento de la humedad, para que este no se deteriore ni pierda sus propiedades. Ello lo podremos conseguir a través de la colocación de una lámina que limite el paso de vapor y con un encintado correcto.

Pero por otra parte, deberemos evitar que tengamos infiltraciones de viento desde el exterior. Para ello cuidaremos todos los pasos que comuniquen el interior con el exterior, tales como: paso de instalaciones, ventanas, puertas...

La solución a estas dos acciones en ocasiones puede ir de la mano en un mismo producto, pero en otras deberá ir por separado.

Por este motivo, todas las comunicaciones que atraviesen nuestra envolvente, deberían ir selladas en ambos lados. Limitarnos a la colocación de una sola cinta en el plano de hermeticidad, es arriesgarnos a tener una superficie fría por infiltración de viento.

Infiltraciones de viento frío hasta el plano interior de hermeticidad.

LA IMPORTANCIA DE UN BUEN ENCINTADO

La hermeticidad bien calculada y al mismo tiempo bien ejecutada, pasa por el conocimiento de lo que estamos haciendo.

El responsable de hermeticidad del edificio, deberá saber el comportamiento higroscópico de los materiales que se están usando, así como sus particularidades de dilatación, adherencia, porosidad... antes de utilizar un tipo de cinta u otra.

Del mismo modo, deberá tener en cuenta, si esta se encuentra en el lado caliente o frío del aislamiento, si será raseada o si tendrá que soportar importantes fuerzas de dilatación contracción.

En el mercado nos encontramos muchas cintas de diferentes tamaños formas etc. A priori, todas ellas válidas. Pero debemos elegir la adecuada para cada trabajo. Si vamos a sellar encuentros angulares, deberemos utilizar cintas con un pre-doble, ello nos facilitará muchísimo el trabajo en esquinas y rincones, evitándonos errores de ejecución.

La cinta predoblada CORVUM, marca SIGA, nos permite realizar encuentros limpios y seguros.

Otro aspecto muy importante es que las cintas dispongan de adhesivo en toda su superficie. Esto nos permitirá asegurarnos de que cumplen su función durante el proceso de obra, así como de toda la vida útil del edificio. Algunos procesos de obra a posteriori pueden dañar las cintas, (ejemplo, daños con las llanas a la hora de aplicar el mortero o yeso), si están disponen de adhesivo en toda su superficie, estos riesgos se minimizan.

La lámina Fentrim, marca SIGA, nos permite realizar cierres limpios con cinta que se adhiere en toda su superficie y está preparada para un raseo.

CONCLUSIONES

La hermeticidad y la humedad, están totalmente relacionadas y deben estudiarse conjuntamente. Un estudio higroscópico de los materiales en el edificio nos permitirá asegurarnos un correcto equilibrio del transporte de humedad, evitándonos patologías en los mismos.

Foto Fentrim

Pero de poco sirve tener el mejor coche, si no sabemos conducirlo. Por ello la formación es vital para la realización de un correcto trabajo. No está de más recordar, que el trabajo de hermeticidad será examinado en el test Blower door, y solamente hay dos formas de pasarlo, bien o mal.

Academia de formación

5 Rehabilitación con el estándar Passivhaus

5.1 El recorrido de un Palacio de Congresos, de los 80 hasta el Passivhaus. Autor: Alfredo Bengoa, Servicio de Planificación y Proyectos, Ayuntamiento de Vitoria-Gasteiz.

RESUMEN

La fase finalizada recientemente en Palacio de Congresos Europa se muestra como un hito en el permanente proceso de transformación del edificio buscando adecuarse a las cambiantes necesidades de sus usos

Montaje infográfico avenida Gasteiz 2011

La singularidad de la misma se manifiesta en que la ampliación sobre la zona central del edificio, antiguo nexo de unión entre las zonas sur y norte, se transforma ahora en el acceso principal y elemento singularizador del edificio en la avenida Gasteiz, arquitectónicamente hablando. Y por otra parte, no menos arquitectónica, como ejemplo de eficiencia y ahorro energético, manteniendo e incluso mejorando los estándares de confort previos. Para lograr estos objetivos el nuevo "corazón" del palacio se proyecta y ejecuta bajo los más altos estándares medioambientales: calificación energética A, Leed Oro y el estándar Passivhaus. Estas actuaciones se engloban en la estrategia municipal valedora del galardón EUROPEAN GREEN CAPITAL 2012, a modo de prueba ejemplificante a extrapolar a otros edificios municipales y difundir a la ciudadanía. El conjunto de las reformas realizadas en el edificio, incluyendo la ampliación central, reducirán un 60% el consumo del conjunto del edificio respecto de un edificio construido bajo los parámetros del original.

INTRODUCCIÓN

El actual Palacio de Congresos Europa nace en 1985 como el embrión de los Centros Cívicos de la Ciudad, una apuesta inspirada en una visita a Barcelona de los responsables políticos. En un primer momento integraba los usos de Centro Social, Polideportivo y Centro de Congresos.

Vista avenida Gasteiz 2012

A lo largo del tiempo y en paralelo con el surgimiento de otros Centros Cívicos en la ciudad sus usos sociales y deportivos han ido trasladándose y se han potenciado los congresuales. Además las reformas han incorporado un componente de mejoras en las condiciones funcionales, de accesibilidad, de seguridad, térmicas y de gestión, que en todo caso se realizan en un edificio con una importante calidad espacial, y que mayoritariamente se ilumina de forma natural, y constructiva, por ejemplo sus fachadas cumplían los requisitos del CTE-2006.

Como consecuencia de sucesivas actuaciones en la actualidad la totalidad del edificio tiene un uso exclusivamente congresual y actualmente cuenta con una importante ampliación de las funcionalidades congresuales y una decidida apuesta por la eficiencia energética, apoyada en el estándar Passivhaus, y en la mejora del confort de los usuarios mediante un sistema de gestión integrado SCADA/BMS.

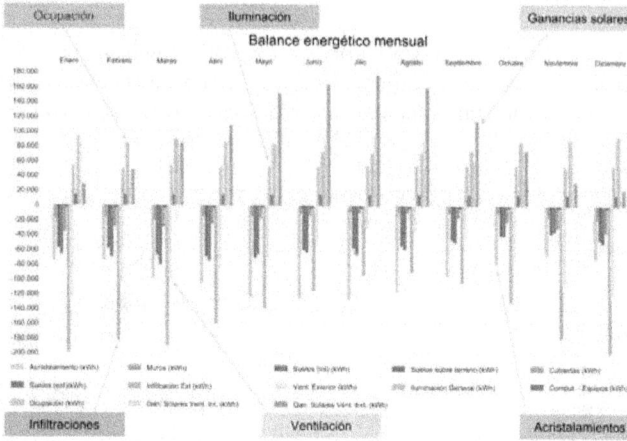

Modelización actuaciones 2011

Las acciones para lograr los objetivos han sido: gestión de la demanda (adecuar el confort al uso real y a la previsión meteorológica), monitorización (temperatura, humedad y concentración de CO_2), utilizar la iluminación natural o artificial mediante LED, estrategias eficientes de climatización (free cooling, purga nocturna), equipos de alta eficiencia (Free Cooling indirecto, enfriamiento adiabático indirecto y circuito frigorífico de compresión mecánica, recuperación del calor, etc.… con el mínimo gasto energético.), paneles radiantes, ventilación natural, incrementar el aislamiento en la envolvente (disminuir la transmitancia desde 0,45 a 0,13 W/m²ºC), aprovechamiento del agua de lluvia, producción de energía mediante biomasa y paneles fotovoltaicos, etc.…

Planta baja 2013

EL ENTORNO DE LA ACTUACIÓN

Tras las citadas reformas el edificio consta de dos zonas claramente diferenciadas, la zona norte con un uso congresual consolidado y mejoras en climatización, incremento de aislamiento en la fachada e incorporación al sistema de gestión integrada, y la zona sur con un uso congresual reciente y además de las mismas mejoras de la zona norte, climatización de alta eficiencia, calentamiento por paneles radiantes, sombreamiento en lucernarios y mejora del aislamiento de cubierta.

LA ACTUACIÓN PASSIVHAUS

El proceso de las actuaciones en el entorno no ha sido lineal, pero como colofón a las mismas se convoca un concurso para la realización de un Proyecto Básico que establezca las bases para una ampliación en la zona central que integre los "dos" edificios existentes y se constituya en su elemento central, incorporando criterios de sustentabilidad, eficiencia y confort.

Este concurso se adjudica a la consultora IDOM y sirve de punto de partida a un nuevo concurso que engloba el Proyecto de Ejecución y la Obra correspondiente, que se adjudica a la constructora Lurgoien que oferta entre sus apartados favorablemente valorados la certificación en estándar Passivhaus.

Obra 2014-2015

Durante el complejo proceso de proyecto y obra han surgido un sinfín de dificultades que se han ido solventando en el día a día (formación, seguimiento, construcción, control, Blower Door, etc....), gracias a la profesionalidad y esfuerzo tanto de la consultora como de la constructora, junto con otros muchos agentes intervinientes. Y otras dificultades añadidas, incluso se celebró un congreso internacional con 1.200 abogados.

El edificio se finalizará a mediados de 2015 y a continuación tendrá un periodo de seguimiento de un año, durante el cual se espera constatar los resultados de ahorro, eficiencia y confort o bien corregir las posibles desviaciones, en fin "aprender" el edificio.

Avenida Gasteiz 7, Julio de 2015, San Fermín

DISCUSIÓN Y CONCLUSIONES

Como resultado la ciudad cuenta con un edificio altamente eficiente y con unos elevados estándares de confort. Que ha ido formando una cierta corriente de opinión ciudadana y técnica, no sin debate, al respecto de la necesaria rehabilitación energética en todo tipo de edificios.

Tira cómica de Iñaki Cerrajería, publicada en El Correo mayo 2015

5.2 ¿Quieres probar una Passivhaus? Autor: Iñaki Archanco

RESUMEN

¿Se pueden hacer edificios PASSIVHAUS en España? ¿Se puede rehabilitar con el estándar? ¿Se puede hacer con los sistemas que todos conocemos? ¿Funcionan los edificios PASSIVHAUS? ¿El nivel de confort es elevado? Estas son algunas de las preguntas que oímos en nuestro entorno; y que, como muchos sabemos, tienen respuesta afirmativa. Queremos que los que las hacen estas preguntas, especialmente los agentes que intervienen en el ámbito de la construcción, puedan obtener la respuesta a partir de una experiencia propia. Esta idea la trasladamos a un negocio: dos casas rurales. El punto de partida son dos edificios existentes; de los cuales uno se rehabilita y el otro se derriba para hacer un edificio de nueva planta. El edificio de nueva planta con sistemas constructivos "tradicionales", el edificio que se rehabilita con algunas nuevas soluciones que reducen los impactos sobre el medioambiente.

INTRODUCCIÓN

Nos enfrentamos a un reto triple:

- Dar a conocer el estándar.
- Ensayar si son aptas para el Estándar diferentes soluciones y sistemas constructivos.
- Realizar una rehabilitación, manteniendo la envolvente existente, con el estándar.

La preexistencia son dos edificios en el centro de Ibero, un pequeño pueblo situado a 13 km al oeste de Pamplona. Uno de los edificios (el "edificio este") es un antiguo almacén con una fachada de piedra y ladrillo viejo, una arquitectura habitual en la zona. Se opta por mantener la fachada, por su componente estética, y la cubierta por una razón de economía. El segundo edificio (el "edificio norte") presenta un menor interés estético y dado su pequeño tamaño (que no lo hace apto para su nueva función) se opta por derribarlo. En el "edificio este", dentro de la envolvente que se mantiene, se inserta una nueva estructura de muros de carga y forjados de madera contralaminada, y entre esta y el cerramiento se interpone el aislamiento y la barrera de estanqueidad. En el "edificio norte" se plantea la construcción de un edificio completamente nuevo, con sistemas constructivos y soluciones técnicas habituales en la construcción local actual.

CASAS RURALES: LA EXPERIENCIA EN PRIMERA PERSONA

Desde el Passivhaus Institute y la Plataforma española Passivhaus (al igual que desde las organizaciones de otros países) se ha tenido desde siempre la certeza de que hay que dar a conocer el estándar, por sus bondades. Por ello se han venido celebrando, con mucho éxito, a lo largo de sus años de vida, jornadas de puertas abiertas. En estas jornadas se puede conocer la realidad de los edificios ejecutados según el estándar, y compartir con los usuarios de los mismos sus experiencias.

Sin embargo una visita puntual puede no ser suficiente para eliminar posibles dudas o incertidumbres respecto al estándar (o a cualquier otra novedad). Una casa rural, o cualquier otro alojamiento temporal, permite experimentar el estándar durante un periodo de tiempo suficiente como para valorar las múltiples ventajas del mismo: salubridad del aire, ausencia de efecto de pared fría, ausencia de humedades superficiales por condensaciones,…

Para nosotros se trata de la primera experiencia como diseñadores de un edificio Passivhaus, y además en este caso, y por nuestra convicción respecto a las características del estándar hacemos de cliente. Un cliente que apuesta por ello por convicción, y porque entiende que existe un negocio al alinear las características del edificio con los intereses de una arquitectura de bajo impacto sobre el medio de la mayoría de los usuarios de este tipo de alojamiento.

VIVIENDA ESTE. ENERPHIT

En la "vivienda este", además de ejecutarla de acuerdo al estándar Passivhaus, existe la intención de que la carga energética y la huella de los materiales y las técnicas empleadas sea la menor posible: se recurre a una estructura de madera contralaminada y a aislamientos naturales con el objeto de alinear las soluciones con los posibles intereses de muchas personas que quieren reducir sus impactos sobre el medio.

La actuación en cualquier edificio existente tiene una complejidad que no tiene una obra de nueva planta, pero además en nuestro caso esta complejidad es mayor por la geometría del edificio y por la irregularidad interior de los muros de cerramiento, véase en . Además existe un importante condicionamiento por la orientación que supone una gran limitación del soleamiento y por tanto de la captación de energía.

Planta previa a la actuación

Aspecto de los cerramientos desde el interior

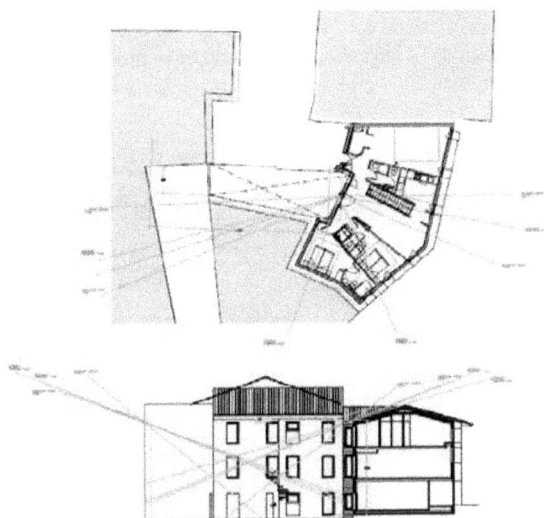

Limitación de la captación solar

Todo esto nos ha llevado a tener que incluir unos niveles de aislamiento algo superiores a los que se demandarían para un edificio con unas condiciones previas menos adversas. Por otra parte la limitación de altura del edificio ha hecho muy complicado ubicar la máquina de renovación con intercambiador de alto rendimiento. La posición final en planta primera nos condiciona la longitud de los conductos de toma y expulsión de aire que se tienen que sobreaislar para minimizar la reducción del rendimiento del equipo.

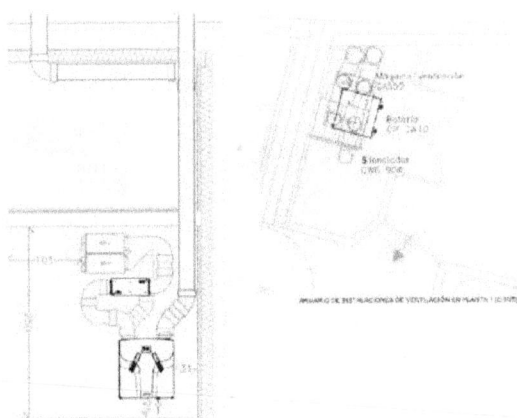

Posición del equipo de renovación con longitud de los conductos

El paso a obra, condicionado por la realidad del edificio, ha hecho que algunas de las soluciones previstas en proyecto se hayan tenido que modificar durante la obra:

- La estructura de madera contralaminada interior se ha colocado desde el patio interior y el ajuste de la misma no ha podido ser el previsto debido a la irregularidad de la geometría (ni siquiera el levantamiento topográfico interior ha permitido un mayor ajuste).

Falta de ajuste entre cerramientos y estructura de madera contralaminada

Los aislamientos de fachada y cubierta estaba previsto hacerlos por el interior con manta de fibra de madera, recurriendo para la estanqueidad a un enlucido de yeso por la cara interior del muro de mampostería y el celetip de cubierta; sin embargo la irregularidad de la cara interior del muro (diferencias de espesor, huecos, solivos de madera empotrados,...) nos ha llevado a recurrir a una lámina de estanqueidad colocada, fijada a unas costillas de madera atornilladas a los muros de mampostería y ladrillo, y a insuflar el aislamiento de fibra de madera en el interior de los "cajones" conformados entre los montantes, el muro y la lámina, parecido en el caso de la cubierta.

Insuflado de fibra de madera entre mampostería, lámina de estanqueidad y costillas de madera

- Las carpinterías se iban a recibir sin premarcos, y sin embargo las de las fachadas de mampostería han tenido que colocarse con premarcos. Y la posición de estas ventanas ha tenido que variarse de una planta a otra, según la geometría de las mochetas de las ventanas.

Llevar a cabo todas estas modificaciones de una manera rápida y eficaz ha sido posible gracias a haber apostado por gremios con experiencia en el estándar para aquellos capítulos de mayor trascendencia para el cumplimiento del mismo: láminas de estanqueidad, carpinterías exteriores, equipos e instalación de renovación de aire con intercambiador de alta eficacia. A la espera de realizar los ensayos de estanqueidad pertinentes.

VIVIENDA NORTE. PASSIVHAUS

La "vivienda norte" se plantea con sistemas constructivos convencionales (estructura de hormigón; cerramientos con la hoja principal de ladrillo macizo; y trasdosados y tabiquería de cartón-yeso) para que los promotores-constructores profesionales comprueben que el estándar no requiere de soluciones desconocidas o que requieran de personal especializado.

En este segundo caso el grueso del aislamiento se coloca en la cara exterior de la envolvente (solución más conforme para la reducción de la demanda energética) con soluciones tipo SATE o fachada ventilada y aislamiento rígido bajo la losa de cimentación.

Aislamiento bajo losa de cimentación

Y la estanqueidad se pretende conseguir por medio de soluciones habituales: lucidos de yeso, hormigón de forjados y soleras,...

Sin embargo las preexistencias también han exigido alguna solución no prevista inicialmente, pues si bien el edificio tiene la mayor parte de la fachada orientada a sur, la existencia de otro edificio a una distancia muy corta limita la captación solar. Ello nos ha llevado a tener que incorporar dos ventanas de cubierta (ventanas de elevadas características de un fabricante de fuera de la península) para garantizar una captación en invierno que redujera la demanda de calefacción.

ECOSISTEMA DE TECNICOS Y GREMIOS

Empieza a existir una masa crítica de técnicos y profesionales de la construcción con conocimiento del estándar que permite las colaboraciones y la puesta en marcha de obras según el estándar. Además del foro de intercambio de conocimientos que es la Plataforma.

En nuestro caso esto nos ha permitido la colaboración con técnicos con experiencias previas:

- Asesoramiento de ENERGIEHAUS (Micheel Wassouf)
- Diseño y dimensionado del sistema de renovación con intercambiador de alto rendimiento de PROGETIC.

Y la participación en la obra de proveedores del ámbito de la construcción sostenible y la arquitectura pasiva:

- BIOHAUS GOIERRI.
- ONHAUS.

Y de gremios con experiencia en la arquitectura pasiva:

- ZULZIRI.
- CARPINTERIA LLODIANA.
- ALTER TECHNICA.

DISCUSIÓN Y CONCLUSIONES

Las dos viviendas se encuentran certificadas a nivel de proyecto por el Passivhaus Institute, y la obra se encuentra muy avanzada. La obra ha tenido gran complejidad, debida fundamentalmente, a la realidad previa del edifico que se ha mantenido: la irregularidad de los paramentos interiores, la necesidad de excavar hasta la cota de base de cimentación de los edificios colindantes,...

Sin embargo el que los dos edificios cumplan con los requisitos del estándar, pese a todo lo anterior, es buena prueba de que la respuesta a las preguntas iniciales es afirmativa en todos los casos:

Usted ya puede experimentar las bondades de un edificio Passivhaus.

5.3 ¿Es posible certificar nuestro patrimonio protegido? Autor: Marta Mediavilla

RESUMEN

Este es el momento de rehabilitar, mas que el de hacer obra nueva. Rehabilitar es sostenible, es mejorar lo que existe, no demolerlo y volverlo a levantar de 0, pero...en nuestro país, además, nos encontramos en un contexto repleto de patrimonio protegido, de distinto alcance e importancia, pero que en cualquier caso, tanto para cumplir la propia normativa como por el interés que tiene en si mismo mantener nuestras edificaciones y entornos más singulares y característicos, tenemos que aprender a resolver. Tenemos que conseguir solucionar este conflicto entre preservar el interés arquitectónico histórico formal y recuperar su capacidad funcional para que podamos volver a darle sentido de existir, ir más allá del poder hacerles una foto bonita. En este proyecto se ha abordado esta cuestión y claro, a pesar de la sencillez tanto formal como constructiva de nuestro pabellón, nos hemos ido encontrado con distintos problemas que son otros diferentes de los de un proyecto de obra nueva en el que todas las variables están bajo nuestro control desde el inicio.

INTRODUCCIÓN

En el momento de redactar este artículo estamos en plena fase de obra, en la Rehabilitación de 2 Pabellones del Antiguo Hospital Militar de Burgos. Uno se desarrolla cumpliendo el CTE en vigor y en el otro damos un paso más: se quiere certificar Passivhaus.

PLANTEAMIENTO DE PARTIDA

Al acometer el encargo de rehabilitar 2 de los Pabellones del AHM para convertirlos en las aulas de los Grados de Historia y Patrimonio y de Lengua y Español, se le propone al Promotor, la Universidad de Burgos, este doble planteamiento. Les parece muy interesante por varios motivos. El primero convertirse en referentes para la sociedad asumiendo su responsabilidad como Ente Público e intentar que sus edificios, al menos en los que va interviniendo, sean ya de consumo casi nulo tal y como prescriben las directrices europeas; por otro les parece muy interesante el que sus propios alumnos, en particular los del grado de Eficiencia Energética, puedan observar, medir, comprobar el funcionamiento de un edificio certificado a partir de este trabajo poder desarrollar sus estudio e investigaciones. Por último, parece una oportunidad única para comparar dos edificios con idénticas envolventes, orientaciones y demás características con el CTE y el PH

Proyecto de rehabilitación de 2 pabellones, cada uno resuelto con distinto grado de exigencia en cuanto a su comportamiento energético

PRIMEROS "PROBLEMAS" Y CONDICIONES

Resulta que al ser un edificio a rehabilitar y terciario en España, no es posible certificar nada más que a través del propio instituto Passivhaus. Además se les ha contratado la consultoría dada la peculiaridad del encargo.

Desde el primer momento, en la introducción de datos en el PHPP se observa que es imposible alcanzar los requerimientos para una certificación PH. Desde el principio se tiene que trabajar con la idea de una certificación Enerphit, pero incluso esta, un tanto más "permisiva", es imposible de alcanzar, ni aumentando los espesores de aislamiento ni contando contando con los mejores equipos en ventilación y recuperación...: Sólo es posible intentar certificar por componentes.

DESARROLLO DEL PROYECTO

El edificio es un volumen de 8,20 x 62,50 metros de planta al que se accede por un hastial; en el otro hastial existe un segundo cuerpo menor (antiguas letrinas y a partir de este momento, el nuevo cuarto de instalaciones ya que no pueden ser vistas o colocadas en cubierta).

Constructivamente es muy simple, tiene una sola planta, sobre un forjado sanitario de material continuo poroso con base siderúrgica, abovedado apoyado en los dos muros de fachada y uno más intermedio en el centro. Estos muros son todos de piedra caliza con los huecos totalmente repetidos en tamaño forma y acabado, con unos recercados en ladrillo cara vista combinado con otros elementos de piedra en los alfeizares, clave, igual que las esquinas del edificio, su zócalo y cornisa. La cubierta es a 4 aguas, en apariencia en buen estado, sobre entablado y estructura de madera, con cerchas, y de la que cuelga un entramado de madera sobre el que se ha dispuesto un falso techo. La carpintería exterior es toda de madera.

Vista de la secuencia de Pabellones en apariencia todos iguales constructivamente

En principio el estado de conservación es bueno sobre todo, teniendo en cuenta la cantidad de años que lleva abandonado (sin uso) y sin ningún tipo de mantenimiento.

Se han hecho catas en distintos puntos del otro pabellón para confirmar estas cuestiones dado que es el que presenta peor aspecto y en el que por tanto, se llevará a cabo la intervención más destructiva.

Pues bien, los primeros puntos sobre los que trabajar en cualquier nuevo proyecto cuando se pretende un buen comportamiento energético son: el factor de forma (sobre el que no podemos intervenir y mejorar), la orientación, exactamente igual, imposible de mejorar, el acabado exterior (color y textura), intocables por su protección urbanística; además los huecos son los que son, es decir pequeños y...¡en la misma cantidad tanto en la orientación buena como en la mala! Y lo más difícil e inevitable: el aislamiento ha de colocarse totalmente por el interior para mantener la imagen homogénea catalogada y protegida del Hospital Militar, con lo que supone de complicación y de dificultad frente al aislamiento colocado por el exterior, por no decir que nos implica renunciar a las ventajas de la inercia térmica de los muros existentes al dejarlos por fuera de la capa de aislamiento. Esta posición del aislamiento nos estrecha aún más la proporción geométrica, ya muy comprometida para poder hacer aulas con dimensiones adecuadas (empeora condiciones de diseño del proyecto), y nos implica el estudio de posibles nuevos problemas como el del comportamiento higrotérmico que tendrán los elementos constructivos existentes con estas nuevas "mejoras" térmicas que se les hacen que en un momento dado podrían causar daños estructurales inexistentes ahora mismo. Se hace necesario, a la vez que avanzar con el PHPP ir realizando estudios higrotérmicos de toda la envolvente. Estos estudios los ha ido realizando Julián Becerril, profesor de la UBU y muy implicado en todo lo relativo a la eficiencia energética y al standard Passivhaus por lo que su colaboración ha sido fundamental en el desarrollo de este proyecto.

Se concluye por tanto, en fase de proyecto, adoptar las siguientes medidas:

- Sobre el forjado existente, sin ninguna demolición, se colocarán 20 cm de XPS sobre el que se extenderá el nuevo pavimento;
- En las paredes, sin picar para mantener el yeso existente como membrana de estanqueidad, se colocan 15 cm de fibra de vidrio con su barrera de vapor y por delante un tabique autoportante anclado arriba y abajo de cartón yeso por cuyos montantes podrán discurrir las instalaciones.
- En el techo, se coloca una nueva estructura, con vigas metálicas que van de muro a muro, sobre unos nuevos "dados" de apoyo en los que se resuelve que toda la cabeza de las vigas esté perfectamente aislada y ya sobre estas nuevas vigas se dispone una subestructura que por arriba servirá para colocar un OSB (como capa estanca continua) y el aislamiento encima (30 cm de manta de fibra de vidrio) y por debajo sirve para la sujeción de conductos de instalaciones y falso techo.
- La carpintería se decide que será mixta, de madera al interior y de aluminio al exterior (aprovechando que estamos bajo una protección estructural y tenemos este margen) para garantizar el fácil mantenimiento a largo plazo tan interesante para la Universidad

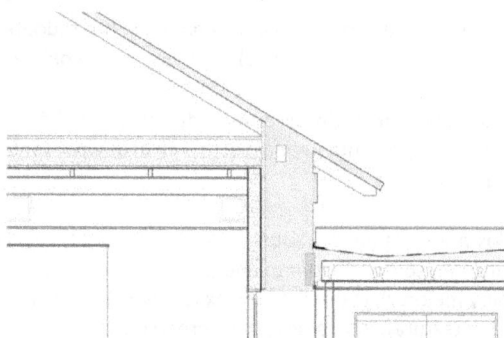

Encuentro pared y cubierta en proyecto, con estructura metálica nueva

DESARROLLO DE LA OBRA

Durante la obra nos aparecen claro está, todos los "problemas" propios de una rehabilitación, prácticamente no nos hemos librado de ninguno:

Nada o casi nada es lo que se creía y menos aún, está en el estado que se esperaba.

Además tenemos otro condicionante importante, el de ser una obra pública y estar sometida a la Ley de Contratos el Estado, con la rigidez que esto supone (dificultad en la gestión documental de cualquier cambio necesario en base al avance de los trabajos de rehabilitación y su justificación en la tramitación del expediente)

Y para rematar, la falta de plazo, pues la consecución de la licencia, la licitación, los plazos legales de contratación y demás han sido más largos de lo previsto inicialmente y claro, para la ejecución de la obra tan solo se dispone de 4 meses, pues hay que acabarla antes de que empiece el nuevo curso y los alumnos tengan que ocuparlo..

El único punto a favor de entre todos los factores participantes, muy importante, por cierto, es que el contratista que ha resultado ganador en el proceso de Licitación, la UTE Emmepolis Geoxa, conoce el standard PH, tiene personal ya formado y concienciado en la materia y definitivamente apuesta por este tipo de construcción, lo que ha resultado fundamental para poder compensar y superar las dificultades.

Volviendo a la obra propiamente dicha, y simplificando: el forjado sanitario NO es como el del pabellón donde se hizo la cata. La cubierta tampoco está tan bien como parecía apreciarse desde abajo. Solo esto ya ha implicado sacar adelante la tramitación de un proyecto Modificado para poder dotar a estos incrementos de trabajos de los fondos necesarios, pero que evidentemente ha supuesto mucho esfuerzo y comprometer aún más la viabilidad de todo el proyecto y su certificación.

El forjado ha tenido que repararse empezando por su refuerzo estructural. Sin embargo, la estructura de la cubierta estaba mejor de lo esperado por lo que se ha decidido su utilización en lugar de colocar la estructura metálica plantada en el proyecto. Esto ha mejorado alguna cuestión, como la económica en la obra y la de no introducir nuevos materiales y elementos en una estructura existente, pero a cambio ha complicado la solución de aislamiento y estanqueidad en el techo al llenarse la capa de aislamiento de "puentes térmicos" al encontrarse con la estructura de madera actual.

Encuentro techo-pared definitivo, sin estructura metálica

También ha sido complicado el conseguir encajar en el antiguo cuarto de letrinas todos los equipos necesarios así como los conductos, enormes para resolver desde una esquina del edificio toda la ventilación y con los requerimientos de velocidad exigidos para garantizar el nivel de confort de los edificios certificados.

DISCUSIÓN Y CONCLUSIONES

En resumen ¿es posible certificar nuestro Patrimonio Protegido? SI, se puede y además estamos convencidos de que se debe hacer. Es más difícil y más caro rehabilitar que empezar de nuevo, supone más esfuerzo, y tenemos que estar dispuestos a improvisar en obra para poder resolver de la mejor manera lo que nos encontramos y resolverlo con los plazos y presupuestos disponibles normalmente cortos y muy ajustados, Es más trabajo y más complicado pero claramente el resultado merece la pena: nuestro objetivo es conseguir edificios sostenibles, útiles, cómodos y saludables para los usuarios del siglo 21 respetando la historia y demás valores que hemos heredado de los siglos anteriores.

Si la obra y la certificación llegan a buen puerto tendremos un primer ejemplo de rehabilitación certificada por componentes que bien puede convertirse en ejemplo a seguir por las Instituciones que gestionan los múltiples edificios en nuestro país de estas características. Será muy importante también ir conociendo a partir de ahora, la propia experiencia de los estudiantes y profesores que disfrutarán de él.

REFERENCIAS BIBLIOGRÁFICAS

- "Proyecto de Rehabilitación de los Pabellones 4 y 5 del AHM de Burgos" de Esparavel S.L. Arquitectas: Ruth Puente Miguel y Marta Mediavilla Olivé
- "Estudio del Comportamiento higrotérmico de la envolvente del Pabellón 4 del AHM de Burgos" de Julian Becerril, profesor de la UBU.

5.4   Rehabilitación y ampliación del centro cívico de Can Portabella de balance energético neto. Autor: Josep Bunyesc

RESUMEN

Se plantea rehabilitar y ampliar el edificio existente en Can Portabella del S.XIX que funciona como edificio para actividades sociales del barrio de Sant Andreu de Barcelona. Está obsoleto a nivel de instalaciones equipamientos durabilidad y de flexibilidad de espacios. Se amplía su superficie y se rehabilita la parte existente manteniendo fachadas y el primer forjado. Los criterios para esta intervención y mejora se basan en el uso de materiales de bajo impacto ambiental y la reducción del consumo de recursos por este motivo se mantiene todo lo posible del existente, y la parte ampliada reconstruida es con estructura de madera y aislamientos naturales. Se aumentan las aberturas para la captación solar pasiva en invierno y se instalan protecciones solares a las aberturas. A nivel de instalaciones se reducen al mínimo con un sistema de clima de bomba de calor aire agua para frio y calor. Un sistema de ventilación con recuperación de calor y bypass para refrigerar en verano por la noche. En la cubierta se instalan paneles fotovoltaicos, 40m² para generar la energía que el edificio necesita consumir a lo largo de todo el año. De esta forma un edificio con una demanda de unos 14kWh/m² se ve nutrido por su cubierta solar de esta energía que necesita.

INTRODUCCIÓN

El actual edificio del S.XIX reconvertido varias veces desde la época industrial hasta edificio de equipamientos del barrio, era un centro cívico con varias deficiencias estructurales y de actualización de normativas de los espacios. Se propone rehabilitarlo y al mismo tiempo ampliarlo para tener más espacio de talleres, salas polivalentes y abrir al espacio público el jardín que envuelve el edificio hasta el momento cerrado.

ESTRATEGIA ARQUITECTÓNICA

Se conservan las fachadas del edificio existente y el forjado del techo de planta baja que se quedan vistos los revoltones manuales y viguetas metálicas existentes a modo de falso techo y protección del forjado nuevo de madera estructural. Esta parte con algún arco y pilares de fundición originales conservan y dan continuidad al aspecto original del edificio de la época industrial de finales del S.XIX.

La parte de estructura de nueva construcción se construye con madera, contralaminada o entramado ligero según la situación.

Se recupera el patio original central creando un vacío a la parte sud de la segunda planta que permite convertir el patio central en un lucernario con entrada de luz lateral para maximizar el aporte en invierno y limitarlo con su voladizo en verano.

Este patio permite tener luz natural en el centro del edificio y una relación visual general que permite entender el edificio justo al entrar.

Se mantienen las aberturas existentes a excepción de la central a la fachada sur que se amplia para aumentar el aporte solar pasivo en invierno.

Todas las aberturas tienen su sistema de control solar regulable en el exterior con persianas orientables o porticones con la chapa troquelada del resto de la fachada ventilada de la parte ampliada.

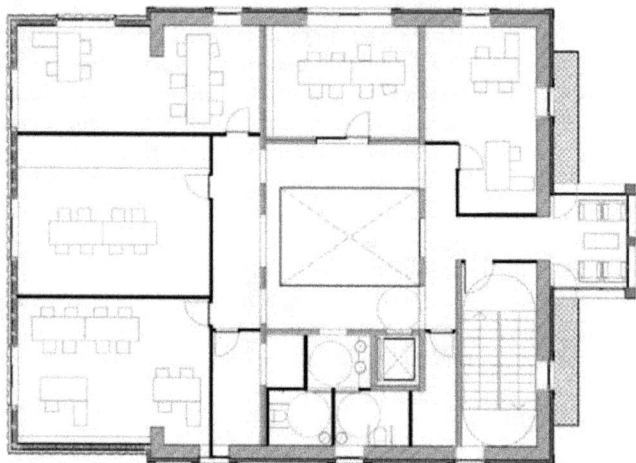

Planta primera

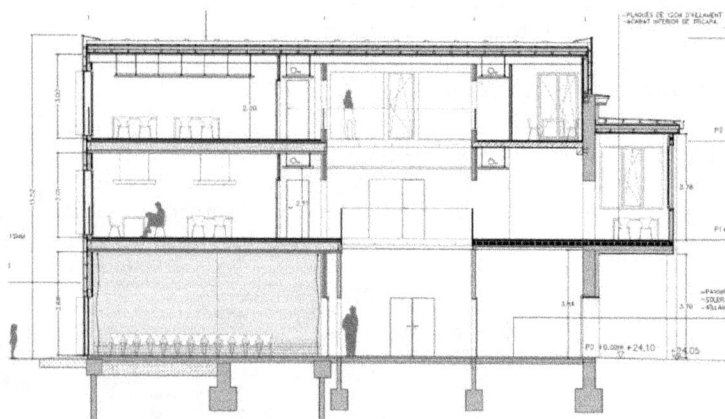

Sección longitudinal

ESTRATEGIA CONSTRUCTIVA

La nueva estructura de muros de fachada es de madera de entramado ligero con su aislante en el interior de 16 cm. En la parte rehabilitada se aíslan los muros de mampostería de piedra de 45cm de grosor por el exterior con un aislamiento de fibra de madera de 12cm con un mortero de acabado transpirable. Esto le garantiza una estabilidad térmica importante por el hecho de guardar en la parte interior la gran masa del muro existente que regulará los saltos térmicos día noche i los usos intermitentes de aportes internos.

Relación entre la parte existente y la parte construida

Los muros de carga nuevos en el interior también son de madera contralaminada vistos y con RF90 gracias a su grosor que actúa como autoprotección a la carbonatación. Los forjados son con madera maciza laminada o contralaminada con chapa flotante acústica por la parte superior y un linoleum de acabado. La cubierta también de madera con aislamiento de algodón reciclado de 24cm a la parte superior con acabado de chapa ventilado.

Toda esta estructura de madera de grosores considerables ya que salva en algunos lugares como el salón de actos luces de 8.5metros, suman más de 150m^3 de madera que en su totalidad capturan más CO^2 en su interior que todo el proceso de obra y sus materiales utilizados siendo esta obra de rehabilitación una intervención a nivel de emisiones de CO^2 positivo. Ya que cada kg de madera puesto en obra guarda 1.5kg de CO^2 en su interior.

Los cerramientos también de madera con vidrios bajo emisivos y oscilobatientes.

Espacio central de circulaciones con el atrio y lucernario con anillo de instalaciones vistas con paneles de absorción acústica

12cm de fibra de madera como aislante perimetral exterior en fachada existente

Sala de actos con estructura íntegra de madera contralaminada aparente

Interior de una de las salas de la planta primera

INSTALACIONES ACTIVAS

Con las instalaciones se intentan usar las mínimas posibles ya que el edificio funciona lo máximo posible a nivel pasivo. Esto no es evidente en un edificio de uso público con la normativa actual. Durante el proyecto aparece la propuesta de que el edificio sea de balance neto. Gran oportunidad para llevarlo a cabo con el presupuesto estándar de origen.

La estrategia es destinar al sistema fotovoltaico todo el presupuesto que rebajamos de instalaciones convencionales por el hecho que le edificio al ser muy eficiente no necesita gran maquinaria.

Cubierta fotovoltaica

La demanda energética de calefacción y refrigeración es inferior a 14kwk/m^2 año. La potencia máxima del sistema de clima con unos 10kW es suficiente para todo el edifico. Estas instalaciones son casi más propias de un edificio unifamiliar que de un terciario de 800m^2. Aquí está el margen de ahorro para poder instalar 40m^2 de paneles fotovoltaicos en la cubierta que subministraran más de 12.000kWh anuales que supera la estimación de demanda del edificio.

El sistema de clima es por bomba de calor aire-agua con el fancoil más pequeño del mercado en cada sala de unos 1600W.

Un sistema de ventilación con recuperación de calor está instalado con dos sectores, uno el edificio y la sala de actos independiente para que solo ventile cuando está en uso con sonda de CO_2. El sistema de ventilación se prepara un bypass para ventilar y refrigerar el edificio con free cooling durante las noches de verano.

Se prepara un manual simplificado para los usuarios para que sepan según la época del año y la orientación de la sala que utilizan que estrategias bioclimáticos para el confort interior pasivo tienen que utilizar ya que un buen uso será importante para garantizar que el edificio al cabo del año produzca más energía de la que consume.

Por ejemplo el ascensor un gran consumidor puntual de energía se instala uno que funciona con baterías de forma que solo consume 500W para cargar las baterías que dan la potencia puntual para su uso. De esta forma se puede regular y aprovechar mejor la energía fotovoltaica producida in situ.

El edificio no necesita agua caliente sanitaria.

La iluminación es en todas las zonas con led y tiras de led de muy bajo consumo y buen rendimiento del color con detectores de presencia en algunas zonas y reguladores de intensidad en todas las salas.

En la terraza se instala un depósito de recuperación de agua de la lluvia con grifo directo para poder utilizar para el riego de las plantas de la terraza sin usar bombeo.

Estas cualidades energéticas permiten poder certificar el edificio PASSIV PLUS. Y es un Zero Energy Buiding con la base de un edificio existente profundamente rehabilitado.

Vista de la fachada Este desde la plaza con los paneles fotovoltaicos como coronación del edificio

DISCUSIÓN Y CONCLUSIONES

Demostramos en este ejemplo construido para una administración pública, el ayuntamiento de Barcelona que es una realidad poder transformar un edificio existente en un edifico que genera más energía de la que consume a lo largo del año con el presupuesto de bases estándar para la tipología de edificio que se tenía el encargo.

Es un ejemplo de ampliación y rehabilitación extrapolable a casi la totalidad de los edificios construidos en el país y una prueba que los edificios de energía positiva no son un sueño sino una realidad incluso partiendo de la rehabilitación de un edificio existente del S.XIX.

5.5 El camino hacia los EECN. Rehabilitación energética con criterios Passivhaus. Autor: Fernando Campos

RESUMEN

Investigación que surge de la pregunta: ¿Puede servir el estándar Passivhaus como un referente en el camino hacia los edificios de consumo de energía casi nulo? El estudio se enmarca en el clima de España y el sector residencial, y pone el foco en la edificación existente para lograr un escenario global de EECN a través de la rehabilitación energética. Tras el análisis y diagnóstico del parque edificatorio español se selecciona un edificio tipo representativo y se define su rehabilitación con criterios EnerPHit. Se analizan los resultados obtenidos en PHPP, se comparan con el DB HE del CTE 2013 y se extraen conclusiones.

INTRODUCCIÓN

En el contexto global caracterizado por el alto consumo de energía y nivel de emisiones de CO_2 por el sector de la edificación (40% y 36% respectivamente en la UE) y las posteriores directrices europeas en materia de eficiencia energética materializadas en la Directiva 2010/31/UE, es urgente buscar modelos desde la anticipación al cumplimiento de dichas directrices basados en los más rigurosos estándares de eficiencia energética así como desde la ampliación del foco a toda la edificación existente y no sólo la nueva, como forma de lograr un escenario global de EECN. Este proyecto de investigación se propone el estudio a nivel energético, del camino hacia los EECN y en el ámbito del clima de España, desde la doble apuesta por la rehabilitación energética de la edificación existente y la adopción de los rigurosos criterios del estándar Passivhaus y su sello de rehabilitación EnerPHit.

PARQUE EDIFICATORIO EXISTENTE. ANÁLISIS Y DIAGNÓSTICO

Se ha realizado un análisis y diagnóstico del parque edificatorio existente a partir de datos obtenidos de la Dirección General del Catastro del Ministerio de Hacienda y Administraciones Públicas y del Instituto Nacional de Estadística referidos y actualizados al 2014 y a todo el ámbito nacional, del que se extrae que:

- El uso mayoritario es el uso residencial (25 millones de viviendas)
- El 54% de las viviendas son anteriores a 1980 (entrada en vigor de la NBE-CT-79)

Y dentro de este colectivo de viviendas las características predominantes son:

- La mayoría se encuentran en agrupaciones plurifamiliares (71%)
- La mayoría se ubican en la zona climática D3 (18%)
- La mayoría tienen sistemas de calefacción (90%), la mayoría de gas (66%)
- La mayoría no disponen de sistemas de refrigeración (~60%)

Nos encontramos por tanto con un parque edificatorio existente con un deficiente comportamiento energético y un elevado potencial de ahorro mediante su rehabilitación.

SELECCIÓN DE UN EDIFICIO TIPO REPRESENTATIVO

Se ha seleccionado un edificio tipo representativo del parque edificatorio existente a partir del diagnóstico realizado como edificio objeto de estudio. El edificio en cuestión es un bloque lineal residencial plurifamiliar construido en 1960, de 5 plantas, 4 viviendas por planta de 58 m² útiles cada una y ubicado en la zona climática D3, en el madrileño barrio de Manoteras. Su definición constructiva se caracteriza por fachadas de simple/doble hoja de fábrica de ladrillo, cubierta inclinada de teja con bajo-cubierta no habitable y forjados de losa maciza de hormigón, el primero sobre cámara sanitaria. Todos los elementos constructivos de la envolvente térmica carecen de aislamiento térmico. Los marcos de las carpinterías son metálicos sin rotura de puente térmico y poco estancos y los vidrios simples de 6 mm y factor solar estimado de 0,82 (Manual de fundamentos técnicos de calificación energética de edificios existentes CE³X, pág. 61). Disponen de persianas enrollables por el exterior. A falta de un test de hermeticidad se ha estimado una tasa de renovación de aire por infiltraciones n_{50} de 5 h^{-1} (Manual de Referencia de Calener GT, pág. 43). Respecto a los sistemas, las viviendas cuentan con calderas individuales mixtas para calefacción y ACS abastecidas con gas natural, de baja eficiencia y rendimientos estimados del 80% debido a su antigüedad. No existen sistemas activos de refrigeración.

Edificio tipo. Fachada NE y Fachada SO

REHALITACIÓN EnerPHit DEL EDIFICIO TIPO

La definición de la rehabilitación energética cumple los requisitos de EnerPHit y consta de tres grupos de medidas que inciden en la reducción de demanda (medidas pasivas), del consumo de energía primaria (sistemas) y el aporte de fuentes renovables.

Medidas de reducción de demanda (envolvente térmica):

- Enfoscado exterior continuo como línea de hermeticidad (y soporte del SATE)
- SATE (sistema de aislamiento térmico por el exterior) de conductividad térmica 0.036 W/mK (0.032 W/mK en zócalo del edificio) y espesores de 200 mm en cubierta y 160 mm en fachadas.
- Marcos de aluminio con rotura de puente térmico y U_f= 0.80 W/m²K.
- Vidrios triples de U_g= 0.73 W/m²K y factor solar 0.62.
- Persianas enrollables instaladas y registrables por el exterior.

Medidas de reducción de consumo de energía primaria (sistemas):

- Sistemas individuales de ventilación mecánica controlada con recuperación de calor y una eficiencia en la recuperación de η_{efc}= 82%
- Calderas individuales de condensación de alta eficiencia para ACS y mínimo aporte de calefacción (post-calentamiento del aire con batería hidráulica)

Aporte de fuentes renovables:

- Instalación solar térmica como apoyo al ACS, dimensionada para cubrir el 100% de la demanda en el mes de más radiación, julio, y cobertura anual del 64%.

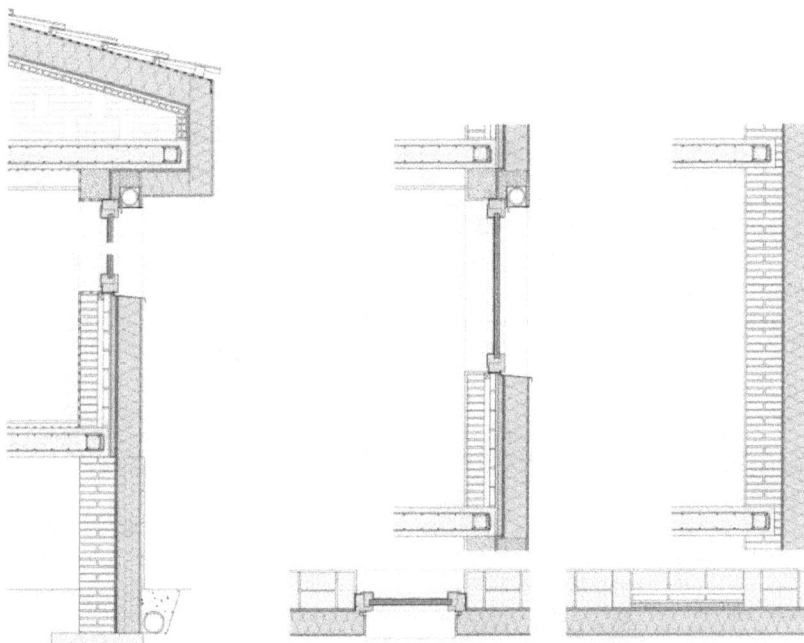

Detalles Constructivos. Línea de hermeticidad y línea de aislamiento

Se muestran a continuación los resultados obtenidos en la simulación con PHPP de ambos escenarios, el estado actual y la rehabilitación EnerPHit (en negrita los parámetros que EnerPHit limita para el cumplimiento de requisitos y la certificación), cuantificando los ahorros o mejoras en los indicadores en tanto por ciento. Nótese que los valores de demanda de refrigeración aparecen entre paréntesis. Esto es debido a que estas demandas no se han satisfecho mediante sistemas activos de refrigeración al no superar en ningún caso la máxima frecuencia de sobrecalentamiento del 10%.

	Estado Actual	R. EnerPHit	Ahorros
D. Calefacción	220.8 kWh/m²a	24.6 kWh/m²a	88.86 %
D. Refrigeración	(5.5)kWh/m²a	(1.1)kWh/m²a	80.00 %
F. sobrecalentamiento	9.3 %	8.2 %	
E. Primaria (total)	389.5 kWh/m²a	104.9 kWh/m²a	73.07 %
E. Primaria (sistemas)	333.9 kWh/m²a	59.8 kWh/m²a	82.09 %
Emisiones CO_2 (total)	90.5 kg/m²a	26.0 kg/m²a	71.27 %
Emisiones CO_2 (sistemas)	76.0 kg/m²a	14.3 kg/m²a	81.18 %
Hermeticidad (n_{50})	5 h^{-1}	1 h^{-1}	80.00 %

Resultados de la simulación con PHPP del estado actual y la rehabilitación EnerPHit y ahorros cuantificados

De los resultados se desprende que, tras la rehabilitación EnerPHit, el ahorro promedio en los indicadores de la eficiencia energética de un edificio de estas características (anterior a 1980) y en esta zona climática (D3) es del orden del 80%.

COMPARACIÓN DE RESULTADOS CON CTE 2013

A continuación se muestra una comparación gráfica de los resultados obtenidos tras la rehabilitación EnerPHit con los requisitos que el CTE exige a un edificio de nueva planta del mismo uso, características y zona climática. El Documento Básico Ahorro de Energía del CTE 2013 limita, en su HE1 y HE0, la demanda de calefacción, la demanda de refrigeración y el consumo de energía primaria de fuentes no renovables, de modo que son estos los indicadores que se comparan (en CTE, el consumo de energía primaria en residencial, no tiene en cuenta la iluminación ni los aparatos eléctricos por lo que se compara el valor relativo únicamente a los sistemas).

Es una comparación difícil y no exenta de riesgos ya que las condiciones operacionales en ambos procedimientos son diferentes. Si despreciamos ocupación y ventilación que pueden diferir según cada caso y tenemos en cuenta que las temperaturas de consigna de invierno y verano de 25° y 20°C son modificadas en el CTE a 27° y 17°C durante las horas nocturnas, vemos que las condiciones operacionales que establece el CTE son más permisivas que en Passivhaus. Para hacer entonces una comparación más homogénea y equilibrada se han representado gráficamente unos incrementos en los requisitos del CTE, no calculados dada su complejidad, sino con un interés visual (partes ralladas de la gráfica)

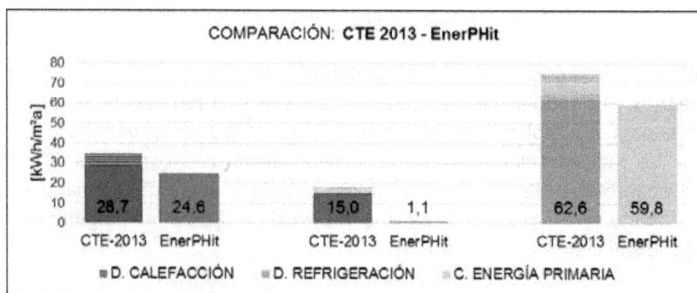

Comparación CTE (obra nueva) – EnerPHit (Rehabilitación edificio tipo

DISCUSIÓN Y CONCLUSIONES

Los resultados generales tras simular el edificio tipo en su estado actual y posteriormente tras una rehabilitación energética integral que cumple con los requisitos de EnerPHit, han supuesto un ahorro promedio en torno al 80% en cuanto a los indicadores representativos de la eficiencia energética de un edificio.

Así mismo, los resultados obtenidos tras la rehabilitación con criterios Passivhaus de un edificio residencial existente, anterior a 1980 (NBE-CT-79)y situado en la zona climática D3 (edificio tipo), en demanda de calefacción, demanda de refrigeración y consumo de energía primaria (principales indicadores del nivel de eficiencia energética de un edificio), son más favorables que los requisitos mínimos que marca la actual normativa española (CTE 2013) para edificaciones residenciales de nueva planta con iguales características y en la misma zona climática.

Extrapolando estos resultados a todo el territorio nacional, podemos decir que es posible un escenario global de edificios de muy bajo consumo de energía, por un lado y, por otro, que el estándar Passivhaus (y su homólogo para rehabilitación EnerPHit) pueden servir como referencia en la definición de los edificios de consumo de energía casi nulo que marcan las directrices europeas para 2018 y 2020.

REFERENCIAS BIBLIOGRÁFICAS

- IDAE, 2012, Manual de fundamentos técnicos de calificación energética de edificios existentes CE³X.
- IDAE, 2009, Manual de Referencia de Calener GT.

5.6 La Porciúncula: un Hogar EnerPHit para la Comunidad Terapéutica La Santina. Autores: Marcelino Galán, Daniel Menéndez, Begoña Viejo

RESUMEN

La Porciúncula se construyó en los años sesenta como vivienda unifamiliar. Posteriormente, desde comienzos de los ochenta se utilizó como residencia de personas mayores hasta época reciente. En 2013, la Orden de los Hermanos Menores Capuchinos encarga al estudio *"AIU ArquItectUra"* la reforma integral del edificio para cederlo a CÁRITAS como nueva sede de *"La Comunidad Terapéutica La Santina"*, programa de rehabilitación de personas que sufren alcoholismo. Las obras han concluido en enero de 2015 y en el mes de mayo del mismo año se ocupará esta casa (de 750 m² construidos y capacidad para 28 residentes) rehabilitada con criterios EnerPHit, encuadrada en el Programa Europeo EuroPHit.

INTRODUCCIÓN

La Porciúncula fue proyectada por el arquitecto D. César Fernández Cuevas en el año 1965 como vivienda para la familia de D. Justo del Castillo en Deva, concejo de Xixón (Asturies). Es una construcción de dos plantas sobre rasante (vivienda) y una planta sótano (garaje y almacenes) con una superficie útil total de 540 m² situada en una finca de 8.800 m². Ya en su construcción se utilizaron criterios pasivos:

- como una excelente distribución de todas las piezas, favorecida por una planta en forma de molinete que consigue dobles, incluso triples orientaciones de alguna de las estancias.
- como la incorporación de 4 cm de aislamiento de fibra de vidrio, catorce años antes de la entrada en vigor en nuestro país de la primera norma que obligaba a su colocación (NBE-CT-79).
- y como el diseño de una terraza en voladizo que bordea la planta primera y que sirve como elemento de oscurecimiento en verano y de antojana, a la manera tradicional, en los meses lluviosos.

Esta vivienda fue utilizada durante las tres últimas décadas como Residencia de Personas Mayores regentada por la *Sociedad de San Francisco*. Este uso intensivo y el posterior abandono durante dos años hizo mella en sus instalaciones y acabados.

En 2013, la Orden de Hermanos Menores Capuchinos de España deciden rehabilitarla para un nuevo uso residencial (en ella vivirán permanentemente 28 personas), como nueva Sede de la Comunidad Terapéutica "La Santina": un proyecto de recuperación, promovido e impulsado por Cáritas Interparroquial de Gijón, que está orientado a ofrecer una alternativa de tratamiento global para enfermos alcohólicos graves, con múltiples intentos de recuperación previos; afectados seriamente por disfunciones biopsico-sociales de gran calado y que requieren una atención multidisciplinar en la que participan profesionales sanitarios, trabajadores sociales, estamentos públicos que favorezcan la reinserción socio-laboral, familias, etc. Los objetivos son: Recuperación física y emocional del enfermo y su estructura familiar, deshabituación desde el planteamiento de la abstinencia total...

Plano de Planta baja

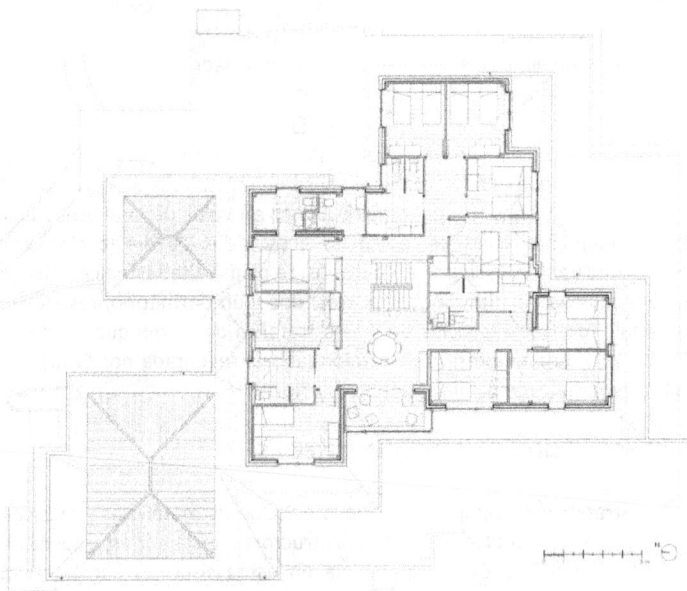

Plano de Planta alta

PROYECTO

El proyecto de Rehabilitación Integral de "La Porciúncula" ha sido redactado por el estudio asturiano *"AIU ArquItectUra"* con la colaboración en las instalaciones de las ingenierías *"GEORENOVA"* y *"DyA Ingenieros"* y ha sido ejecutado desde principios de 2014 por la empresa constructora *"ESFER"*.

La intervención arquitectónica que se propuso comprende básicamente una pequeña ampliación que servirá de acceso general, la mejora integral de la envolvente térmica y la adecuación de los espacios interiores para su nuevo uso. Y se marcó como meta la adecuación térmica como Edificio de Consumo Energético casi Nulo (nZEB), testado con el programa PHPP, de manera que pueda alcanzar en todo momento unas condiciones de confort térmicas y de calidad del aire elevadas con un gasto mínimo de energía: de manera que el edificio final pudiera certificarse con el estándar EnerPHit.

En los dos primeros meses de obra se procedió a la demolición de los elementos constructivos e instalaciones no reutilizables en esta obra. Procediendo a una Recogida Selectiva por materiales y Sucesiva por sistemas:

* con los materiales cerámicos (inertes) de tabiques interiores y cubierta de teja, se rellenó la antigua piscina quedando enterrados como parte del sustrato de la finca y cubiertos con tierra vegetal armada.
* la madera de ventanas y puertas se acopió y se reutilizó como material combustible para la chimenea de una Casa de Convivencias y Retiros de los Capuchinos cercana a esta casa.
* el vidrio de ventanas fue recogido para su reciclado por la empresa que posteriormente instaló los nuevos vidrios.
* el acero de la estructura de pérgolas y voladizos fue vendida a una empresa chatarrera para su posterior tratamiento.

Los elementos que permanecieron (la estructura y el cerramiento) fueron la base sobre la que se desarrolló el proyecto, que conservó la tipología de las plantas del edificio, su uso general y orientaciones, como rasgos a poner en valor de la anterior edificación. En la planta baja, totalmente accesible, están las actividades de día (cocina, comedor, salón, vestíbulos...) y una unidad de cuatro dormitorios. La planta alta se dedica prácticamente a zona de noche con cuatro unidades de cuatro, tres, dos y un dormitorio, respectivamente, y una zona relacional. Todos los espacios de día se trataron de forma que sean lo más versátiles posibles. Para ello, una empresa de inserción laboral regentada por CÁRITAS ha restaurado mesas, sillas, camas... para instalarlos en su interior.

CONSTRUCCIÓN: MATERIALES Y SISTEMAS

La estrategia principal seguida fue la elección de materiales y técnicas constructivas próximas, habituales y conocidas por los constructores, instaladores y técnicos. Así, la mano de obra local, con formación y experiencia en estos sistemas constructivos, fue la más apropiada.

La función de sustentación de la envolvente, se encomendó a la hoja exterior de ½ pie de ladrillo perforado y forjados de hormigón existentes, que junto con los pilares metálicos formados por dos UPN soldados siguen ejerciendo la función estructural. La pequeña ampliación se ejecutó con materiales similares de cerramiento (termoarcilla) y estructurales (solera y forjado de hormigón).

En el diseño constructivo se han utilizado criterios de arquitectura pasiva como un gran aislamiento térmico, la hermeticidad al paso del aire exterior y la inercia térmica de los materiales empleados. El aislamiento se realizó por el exterior de la capa cerámica hasta llegar a las zapatas corridas de cimentación, bajo la losa de hormigón (sólo en la ampliación) y sobre el forjado de cubierta; consiguiendo una envolvente térmica continua en cuya línea se alojan las carpinterías exteriores de aluminio.

La hermeticidad al paso del aire exterior se garantizó con acabado interior de yeso armado tanto en los paramentos verticales como en los techos, en continuidad con la solera superior de hormigón del suelo radiante; además de la colocación de láminas de estanqueidad en las líneas de unión de materiales. En el mes abril se realizó el último test Blower Door que arrojó un resultado de 0,5 h^{-1}. El interior cuenta con una buena inercia térmica ya que tanto los cerramientos cerámicos como el hormigón de los forjados son capaces de almacenar y ceder calor con facilidad.

CIMENTACIÓN (sólo en ampliación)

Sobre dos capas 6+6 cm de aislamiento térmico con poliestireno extruido de alta densidad, se llevó a cabo una cimentación superficial mediante losa de cimentación de hormigón armado de 25 cm. Valor de U = 0,17 W/m²K.

FACHADA

Sobre la fábrica cerámica de 11,5 cm se colocó un Sistema de Aislamiento Térmico Exterior (SATE), tipo StoTherm Classic, formado por dos capas de 8+8 cm de poliestireno expandido grafitado (Top 32, 'Neopor'), enfoscado con mortero libre de cemento y malla de armaduras, con acabado final Sto Lotusan. El acabado interior de yeso se revistió con un trasdosado de lana de roca y yeso laminado para mejorar el aislamiento acústico aéreo.

Valor de U = 0,130 W/m²K

En la zona que los cerramientos van enterrados y hasta encontrarse con la cimentación se dispuso igualmente el aislamiento térmico por la cara exterior utilizando 8+8 cm de poliestireno expandido, Sto Panel Zócalo PS30SE, enfoscando exteriormente con mortero hidrófugo.

CUBIERTA Y VOLADIZOS

Las cubiertas y voladizos se realizaron colocando sucesivamente sobre los forjados cerámicos de hormigón existentes dos capas 10+10 cm de aislamiento térmico con poliestireno extruido de alta densidad, una formación de pendiente con mortero hacia el exterior y una lámina de butilo como impermeabilización y acabado. Valor de U = 0,140 W/m²K.

CARPINTERÍA EXTERIOR

La carpintería exterior se colocó a haces exteriores en continuidad con el aislamiento del SATE, con elementos propios de remate de jambas, dintel y vierteaguas, diseñados expresamente para esta obra. Los marcos elegidos son de aluminio, sistema AWS/ADS 112.IC de Schüco (Certificada por el Passivhaus Institute), abatibles y fijos. La transmitancia térmica de la carpintería proyectada es U_f=0,80W/m²K.

Los vidrios con los que se ha modelado el edificio son:

Vidrio triple en composición 44.1 / cámara Argón 16 / Planitherm Ultra N / 5 / cámara Argón 16 / Planitherm Ultra N / 44.1. Perfil Thermix C16 Gris en ambas cámaras. Su transmitancia térmica es U_g=0,6 W/m²K (según EN 673) y el factor solar g=48 % (según EN 410). Espaciador caliente de $\Psi_{distanciador}$=0,04W/mK.

INSTALACIONES

Se ha seguido como estrategia en el diseño de las instalaciones los siguientes criterios:

- reducir el número y dimensión de las mismas a la mínima expresión;
- búsqueda de su integración en la arquitectura y versatilidad, de manera que el usuario las pueda mantener, sustituir y/o modificar para adaptarlas a su forma de vida y necesidades en cada momento. Así discurren en cada planta, colgadas de los techos o por el interior de los tabiques de yeso laminado, fácilmente registrables y manipulables diferentes instalaciones. Esta disposición facilitará el mantenimiento y limpieza, así como la sustitución, ampliación o modificación de cada una de las instalaciones.

VENTILACIÓN

Se ha instalado un sistema de ventilación mecánica de doble flujo con recuperadores de calor. Se ha optado por dos equipos del modelo Novus (F) 450 de Paul Warmeruckgewinnung GmbH, con un rendimiento máximo declarado del 89% y certificado por el Passivhaus Institute.

Para reducir las pérdidas energéticas, se han controlado los caudales de ventilación. El caudal de renovación promedio en época invernal no sobrepasará las 0,5/h, siendo un caudal medio de 0,3/h recomendable.

GENERACIÓN TÉRMICA Y CALEFACCIÓN DE SUELO RADIANTE

- Se realizó un suelo radiante de agua a baja temperatura.

- La generación térmica para calefacción y ACS se resolvió con:

  o Sistema tipo Eco Heating System de SAMSUNG, compuesto por una unidad exterior aire/gas de 16 kW térmicos y 3,9 kW eléctricos a 230V; y una unidad interior gas/agua. COP=4,1.
  o Depósito de inercia de 500 litros.
  o Dos depósitos de acumulación de ACS de 750 litros cada uno.

Poniente

CONCLUSIONES

Todo este proceso se ha llevado a buen término manteniendo los valores y criterios compositivos originales del edificio, modificando congruentemente aquellos elementos que a lo largo del tiempo se han revelado problemáticos (por ejemplo los petos de terrazas), renovando completamente sus acabados y dignificando las fachadas para dotar de unidad al edificio. Todos los procesos constructivos se han fotografiado y grabado en vídeo, generando una exhaustiva documentación del proceso constructivo.

Esta rehabilitación ha sido incluida en el programa europeo "EuroPHit", perteneciente al programa Intelligent Energy Europe (IEE), liderado por el Passivhaus Institute, donde se estudiará el modo de acometer rehabilitaciones "paso a paso" hasta alcanzar las más altas exigencias en eficiencia energética, tanto desde el punto de vista técnico como de financiación, sin comprometer el resultado final.

El proyecto arquitectónico fue en un intenso proceso de colaboración con todos los agentes de la edificación en la que los arquitectos autores jugamos el papel de coordinación. Esperamos que la monitorización con la pronta ocupación de la casa, nos corrobore los resultados del Estudio Energético bajo el estándar EnerPHit, así como los objetivos que nos propusimos, especialmente la calidad del aire, el confort térmico y la consecución de un edificio de Consumo Energético Casi Nulo. Consiguiéndolo avanzaremos un paso más para convencer a la sociedad de la viabilidad del concepto de Casa Pasiva. Las primeras mediciones nos dan esperanzas de lograrlo: en noviembre tendremos ya los primeros resultados.

5.7 "Abrigo de alta costura" Rehabilitación energética de la envolvente de un edificio con componentes Passivhaus. Autor: Davide Reggiani

RESUMEN

Se describe la rehabilitación energética de la envolvente de una vivienda pareada, situada en el norte de Italia (Mantua).Se ha utilizado un sistema SATE de EPS de 10cm de grosor y carpinterías de madera de 88mm con cristal triple, de calidad Passivhaus.

El artículo se centra en las buenas prácticas de instalación de estos elementos, presentando documentación fotográfica, análisis a los elementos finitos de algunos detalles constructivos y un examen termográfico de la obra acabada, a prueba de la buena calidad de la ejecución.

INTRODUCCIÓN

El presente artículo describe las herramientas y técnicas utilizadas para la rehabilitación energética de la envolvente (cerramientos y carpinterías) de una vivienda unifamiliar pareada, situada en el norte de Italia.

Aunque el edificio rehabilitado no logre las prestaciones energéticas propias de una Passivhaus, se ha alcanzado un estado intermedio aceptable desde el punto de vista de la física del edificio y la rehabilitación se ha llevado a cabo con procedimientos y elementos de calidad Passivhaus, tal y como se describe en el volumen "Rehabilitación paso a paso con componentes Passivhaus" editado por el Passivhaus Institut (Feist, W., 2009).

Igualmente, la fase de diseño se ha desarrollado según las pautas del proyecto Passivhaus, utilizando el software PHPP para el cálculo de la demanda de calefacción y un software de elementos finitos para el estudio de los puentes térmicos y de las temperaturas superficiales.

Por lo tanto el objetivo del artículo es el de ilustrar esta rehabilitación, con el fin de establecer unas buenas prácticas para el diseño y la correcta instalación de sistemas de aislamiento exterior tipo SATE y carpinterías de calidad Passivhaus, tanto en rehabilitación como en obra nueva.

PROYECTO

El edificio objeto de rehabilitación es una vivienda unifamiliar pareada, de 196m² de superficie útil, construida en el año 2000, en las afueras de la ciudad de Mantua (45,06ºN-10,47ºE), en el norte de Italia, región de *Lombardia*, que forma parte del área denominada *Pianura Padana*.

El clima de la región es bastante frio en invierno (pudiendo parecerse al de Burgos o Soria) y cálido en verano, con valores de humedad relativa bastante altos a lo largo de todo el año (H_{rel} media mensual entre 70% y 80%) y radiación solar más bien baja en invierno, debido a los muchos días de cielo tapado o de niebla.

La estructura del edificio existente está constituida por paredes de carga de ladrillo hueco de 25cm de espesor y forjados de viguetas de hormigón armado y bovedillas cerámicas.

Las paredes hacia el exterior cuentan con un trasdosado interior de ladrillo hueco de 8cm de espesor, dejando una cámara de aire de 3cm de grosor rellena con aislante EPS de 2cm y están enfoscadas a ambos lados con mortero mixto (U=0,55 W/m²K). El forjado de la planta primera, que da a un desván no calefactado, está aislado en la cara superior con 10cm de mortero de arcilla expandida (U=1,33 W/m²K). Existen también unas paredes y un forjado que separan la vivienda del garaje, espacio no calefactado, y que tienen las mismas características constructivas que los otros cerramientos pero no llevan material aislante añadido (U=0,97 W/m²K paredes; U=1,40 W/m²K forjado). Finalmente las carpinterías son de madera de 55mm de espesor, con cristal aislante de dos lunas y cámara de aire tipo 4-8-4 (U_{wmed}=2,77 W/m²K).

El proceso de diseño de la intervención ha empezado con el modelado del edificio existente con la herramienta PHPP, para conocer su demanda de calefacción inicial y poder planificar las intervenciones de rehabilitación energética de la envolvente más adecuadas, en cuanto a resultados de ahorro energético y costes de instalación.

Se ha decidido entonces aislar las paredes hacia el exterior con 10cm de EPS (λ=0,036W/mK), suficientes para alcanzar un valor U=0,21 W/m²K de las mismas. Según PHPP, un aumento del espesor de aislamiento, por ejemplo 12 o 14cm, hubiera llevado a un ahorro energético extra del 1% o 3% respectivamente, conllevando un gasto económico no justificable.

El forjado hacia el desván no calefactado se ha aislado con 10cm de XPS de alta resistencia a compresión (λ=0,035W/mK), alcanzando un valor U=0,28 W/m²K; un aumento ulterior del espesor de aislamiento hubiera llevado a una situación análoga a la de las paredes.

Se ha decidido no aislar las paredes y el forjado hacia el garaje, porqué esto hubiera llevado a una pérdida de espacio útil y altura libre en el interior del mismo, que el cliente no estaba dispuesto a aceptar. Esta intervención hubiera llevado a un ahorro energético bastante considerable, de alrededor del 12%. Tampoco se ha podido aislar el forjado hacia el terreno, que mantiene un valor de transmitancia térmica muy elevado (U=2,44 W/m²K), por el evidente impacto económico que hubiera causado esta operación. En todo caso estas intervenciones siempre podrán realizarse en una próxima fase de rehabilitación del edificio.

Con respecto a los cerramientos practicables se han colocado nuevas carpinterías de madera de 88mm de grosor de la marca WOLF FENSTER (U_f=1,00 W/m²K), equipadas con cristal aislante de tres lunas y dos cámaras de aire rellenas de gas Argón90% y con doble tratamiento bajo emisivo, tipo 4:-16-Ks4-16-:4 (U_g=0,60 W/m²K, g=0,53), y espaciador de material plástico (ψ=0,039 W/mK). El valor de transmitancia térmica media de estas carpinterías es de U_{wmed}=0,85 W/m²K.

La contribución de estos elementos al ahorro energético global de la intervención es relativamente modesta, alrededor del 13%, frente a su elevado coste económico, que posiblemente no hubiera justificado su sustitución o la elección de carpinterías de tan altas prestaciones. Sin embargo se ha elegido instalar estas carpinterías para resolver un grave problema de formación de moho en el perímetro de las aberturas, debido a una incorrecta solución constructiva de instalación de las carpinterías existentes.

Por esta razón se ha estudiado el detalle constructivo de instalación de las nuevas carpinterías con software de elementos finitos, para verificar que las temperaturas superficiales fueran lo suficientemente elevadas como para obviar el riesgo de formación de moho. En las imágenes 1 y 2 se pueden apreciar las temperaturas mínimas alcanzadas en las carpinterías (borde rojo) y en la zona de enfoscado adyacente al perímetro de las aberturas, que según el Criterio de Higiene/Moho del PH Institut deben ser Tmin>14,1ºC; así como las temperaturas medias en la zona de instalación de carpinterías, que según el Criterio de Confort del PH Institut han de tener Tmed>17,0ºC

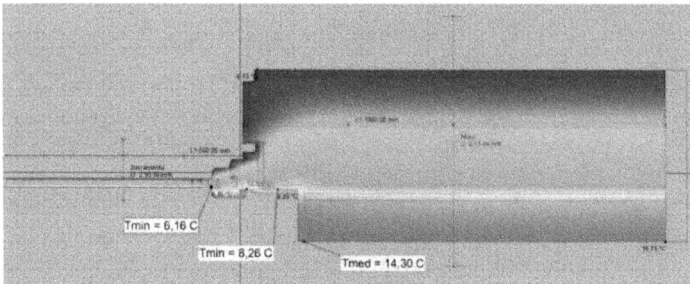

Imagen 1: Situación existente

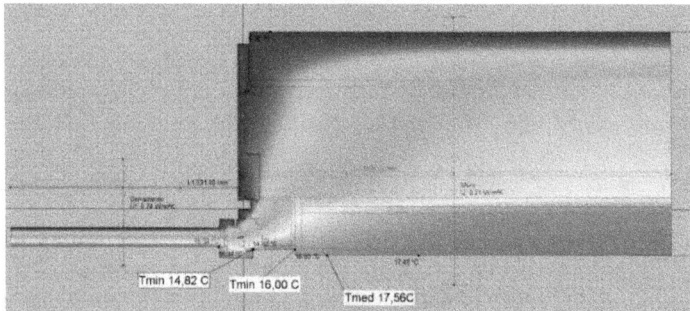

Imagen 2; Situación de proyecto

Se puede apreciar como la solución de proyecto cumple con ambos requisitos - evitando así el riesgo de formación de moho en la zona precedentemente afectada por esta patología - y también el cambio de posición de la nueva carpintería así como la solución adoptada para el premarco.

También se han estudiado otros detalles constructivos con esta metodología: a modo de ejemplo se muestra el detalle de encuentro entre pared hacia el exterior y forjado hacia el desván no calefactado.

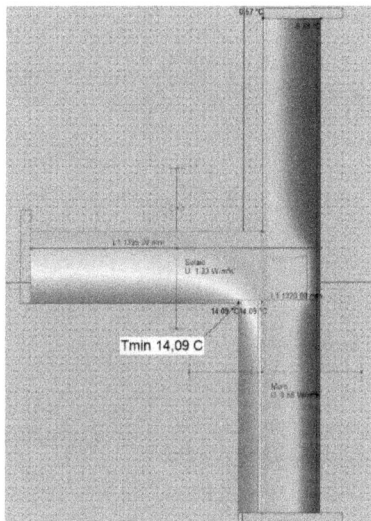

Imagen 3: Situación existente

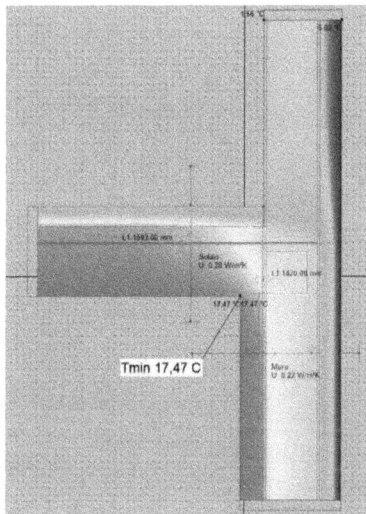

Imagen 4: Situación de proyecto

En las imágenes 3 y 4 se puede apreciar como las intervenciones previstas en el proyecto elevan la temperatura superficial del borde superior de la estancia de casi 3,4ºC, evitando cualquier riesgo de formación de mojo en este punto y cumpliendo con los estrictos requisitos del Criterio de Confort del PH Institut, que para los cerramientos opacos prevé $T_{min} > 17,0ºC$.

El conjunto de medidas previstas en la rehabilitación energética ha llevado la demanda de calefacción del edificio desde 127kWh/m²a hasta 72kWh/m²a, con una mejora global del 43%, confirmada por los clientes que en este primer año de uso han ahorrado más del 40% en la factura de gas. Según cálculos el *ROI* de la intervención se sitúa alrededor de los 20 años.

A continuación se muestran algunas fotos de detalles de instalación del sistema SATE de la marca ROEFIX, certificado con ETA-04/0034.

Imagen 5: Detalle vierteaguas

La Imagen 5 muestra el detalle de instalación del nuevo vierteaguas: 1- se corta el vierteaguas existente de mármol para permitir la continuidad del material aislante; 2-se sobrepone un panel de poliuretano (λ=0,023W/mK), para minimización del puente térmico; 3- se coloca el nuevo vierteaguas de plancha de acero plegada y prelacada. También se aprecia el nuevo bastidor de tubular de acero para el soporte de las bisagras de las persianas practicables existentes, recolocadas 11cm hacia el exterior para salvar el espesor del nuevo SATE.

La Imagen 6 muestra la colocación de una cinta de sellado (4) para garantizar la estanqueidad al agua y al viento de la unión entre el panel de EPS y el bastidor de acero.

Imagen 6: Detalle cinta de sellado

La Imagen 7 muestra la correcta colocación de las fijaciones mecánicos para el soporte de las placas de EPS: estos deben ser colocados uno en cada esquina o unión entre paneles y uno en el centro de cada panel. También se aprecia, en color naranja, el panel de EPS con alta resistencia a la humedad, colocado en la zona de zócalo del edificio, hasta 60cm desde la cota del terreno. La Imagen 8 muestra una fijación después del atornillado (5), con su "tapón" de EPS de 2cm de espesor, para la eliminación del puente térmico. También se puede apreciar el sellado, con espuma de poliuretano de bajo poder expansivo y baja densidad (6), de la unión entre paneles de EPS y la losa de cubierta del porche sobresaliente. Se deben sellar todas las juntas mayores de 2 mm, debidas a tolerancias de montaje o pequeños errores de colocación de los paneles, en toda su profundidad.

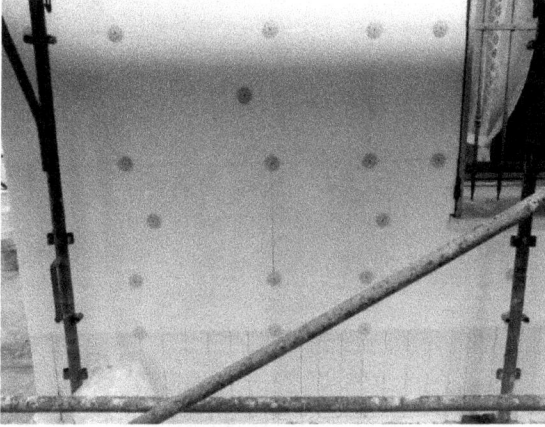

Imagen 7: Detalle anclajes

Imagen 8: Detalle sellado de juntas

La Imagen 9 muestra la correcta colocación de perfiles especiales para la unión entre el sistema SATE y el perímetro de las aberturas (7). Estos elementos permiten la perfecta estanqueidad al agua y al viento del sistema y el perfecto acabado de la capa de mortero, y están equipadas con cintas adhesivas de sellado y elementos compensadores de dilatación.

Estos perfiles se han usado también en la unión con los nuevos premarcos donde, aunque no se haya podido aislar totalmente las jambas por la presencia de las rejas existentes, se ha podido colocar una porción de EPS de 10x4cm (8) en el hueco dejado por las carpinterías existentes, una vez desmontadas.

Imagen 9: Detalle perfiles especiales

La Imagen 10 muestra la correcta colocación de la malla de armadura diagonal en la esquina de una ventana. Estas mallas diagonales se deben colocar en cada esquina de las aberturas, antes de la primera capa de mortero y de las mallas de armadura general del sistema, con una inclinación de 45º y medidas mínimas de 20x30cm.

Imagen 10: Detalle malla de armadura

Finalmente a continuación se muestran algunas imágenes del examen termográfico de la obra acabada como prueba de la buena calidad de la ejecución.

Imagen 11: Edificio ante rehabilitación

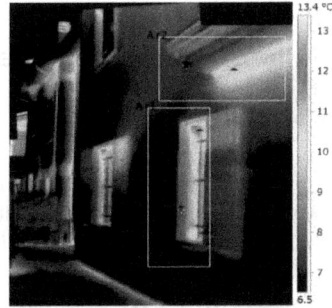

Imagen 12: Edificio post rehabilitación

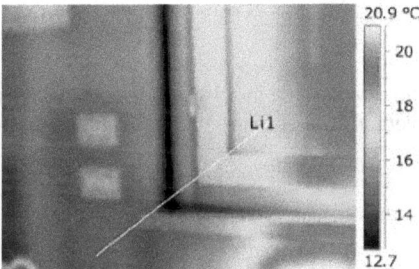

Imagen 13: Ventana existente

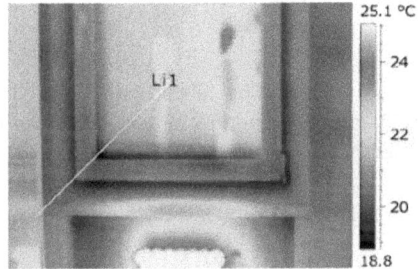

Imagen 14: Nueva ventana

CONCLUSIONES

El artículo demuestra como una rehabilitación energética realizada con procedimientos y componentes de calidad Passivhaus, y ejecutada correctamente, consigue importantes ahorros energéticos y económicos en la fase de uso del edificio. Además consigue una importante mejora del confort de los espacios interiores, demostrada objetivamente a través de un examen termográfico. También se muestran elementos y buenas prácticas para la correcta ejecución de un sistema SATE, que solo así puede garantizar una perfecta estanqueidad al viento y al agua, y máxima durabilidad a lo largo de muchos años de vida útil.

REFERENCIAS BIBLIOGRÁFICAS

* Feist, W.: Schrittweise Modernisierungmit Passivhauskomponenten, Protokollband Nr. 39 des Arbeitskreiseskostengünstige Passivhäuser. Passivhaus Institut, Darmstadt, 2009

5.8 Rehabilitation of a flat in a multi-store dwelling in Spain. Autores: Wolfgang Berger, Bernd Nitsch

PRELIMINARY REMARK

The most common residential typology in Spain is multi-store dwellings with flats owned by individual proprietors. Usually it is very difficult to realize a common rehabilitation – especially if there should be reached with PH-criteria's more than what is obliged by law. Therefore the rehabilitation of individual flats of sensitized owners is - in terms of number and realisability – an often expected task for rehabilitation in future in Spain. In case that one owner is targeting rehabilitation in the EnerPHit-Standard you have to create special solutions and you are reaching some limits of calculation and execution.

QUESTION

Is it possible to calculate a rehabilitation of a flat in a multi-store dwelling with the PHPP according EnerPHit criteria? You can implement the results into the planning of the project?

How can you integrate a gas heater into the air-tight envelope of the building?

How can you fulfill at the same time the EnerPHit criteria and the valid construction laws in Spain of the so called Código Técnico de Edificación (CTE)?

METHOD

For the rehabilitation of a flat in an apartment building the PHPP was used as calculation-instrument with different parameters and the results have been implemented into design and execution of the project. A special solution was developed to integrate a gas heater into the concept of an airtight building envelope.

THE PROJECT

Initial situation and boundary conditions

A flat in a multi-store dwelling (10 parties) built at the beginning of the 20th century in the center of Bilbao (Spain) is thought to be rehabilitated. The orientation of the flat is mainly northwards with a smaller part to the east. Other windows facing to a locally very typical lightwell in the inside of the building volume are providing light to two rooms but never do receive direct sunlight. This way the solar captions of the flat are limited. The climate of Bilbao is humid-temperate with lowest temperatures in winter of ca. 0-5º Celsius and highest temperatures in summer of 35-40º on very few days.

Point of departure: Exterior and interior views. (Source: Berger, Nitsch)

During the projecting phase an integral rehabilitation is developed with a new room distribution – the energetic aim is fixed with the EnerPHit-standard. The energetic planning and dimensioning is calculated with the PHPP. The building consists of load bearing external brick walls and an interior wooden construction with a central line of columns, a central beam and the floor slab consisting of secondary beams with approx. 18cm height.

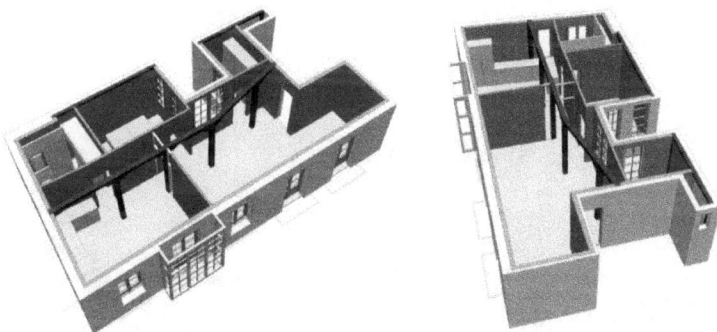

Sketches of the design phase. (Source: Berger, Nitsch)

CONSTRUCTION

End of 2013 the construction period begun. The integral rehabilitation of the approx. 80m2 flat started with the complete demolition of the existing interior walls and the removal of all not load-bearing elements in the interior.

Thermal envelope and airtight level

The exterior walls were covered in their interior face with a pre-wall consisting of insulation layer, airtight membrane, installation space and plasterboards. The walls towards exterior air are insulated with approx. 13cm, the walls towards the neighbor flats or buildings were insulated with 8cm. In between the wooden beams of the floor slabs the space was filled with insulation (approx. 18cm height). Always cellulose was used as insulation material. Due to doubts evaluating the characteristics of the separation walls and the occupancy of the neighbor flats and dwellings there have been used always pessimistic suppositions for the calculations.

The entire thermal envelope has been insulated, even more to reduce geometric thermal bridges. Base insulation already existed, formed by the ceiling insulation in the flat beyond installed in a former rehabilitation.

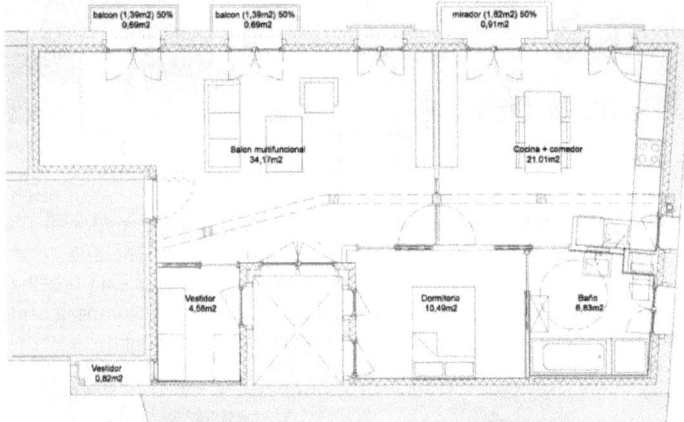

floor plan with room description. (Berger, Nitsch)

Pre-wall with insulation and airtight layer. (Source: Berger, Nitsch)

The main target for the planning and execution of details was to avoid any thermal bridges.

The new windows with triple windows fulfill the required values of thermal insulation and contribute a significant sound insulation. A solar protection was not necessary due to the northern orientation (proved with PHPP-simulation).

The airtight layer was obtained with membranes. The connections to the existing interior wooden load bearing structure were tightened as far as possible.

Technical installations:

For the installation of the ventilation system with heat recovery the positioning of the intake of the exterior air was essential to guarantee good interior air without bothering odor. The intake was placed upon the roof surface of the building. The ventilation machine and distribution was placed in the suspended ceiling and integrated into the architectural design. The expulsion is directed into the existing lightwell. The ventilation system fulfills the existing requirements of forced ventilation of, for example. kitchens, and is solving the existing contradiction in the existing laws between reduced energy consumption and forced ventilation openings.

Ventilation unit and first blower door test. (Source: Berger, Nitsch)

Due to the existing connections on site natural gas was chosen as energy medium for the generation of hot water and the heating system. The special solution exists in a special cabinet – a special insulated and tightness box- for the gas heater with need to be ventilated continuously. It's installed inside of the existing exterior brick walls but being at the same time in the outside of the thermal envelope. To reduce the size of this box special high efficient vacuum insulation panels were used. The tightness access was solved with a normal "exterior" window with an opaque door.

Detail plans and photos of the ventilated gas heater box (Source: Berger, Nitsch)

The final energy demand 12 W/m² (PHPP) is covered – according to the PHPP-Simulation – with only one towel radiator in the bathroom. Additionally there were installed the connection pipes in the floor for additional possible radiators in case that the owner/user would like - against the prevision - to have additional heat sources.

Final of the construction site

The rehabilitation was finished September 2014.

RESULTS

During the construction phase special attention was paid on the planning and execution of details. The tightening was complicated and still limited in the final values by the wooden part of the mixed construction of the building. The results of the Blower-Door-test are staying 10% below the minimal required value of 1 ach of the EnerPHit-standard.

The ventilation system causes on one hand a significant improvement of the interior air quality and on the other hand an important noise reduction in relation to the frequented street outside. The users notice from the beginning an impressive comfort improvement in relation to the former situation.

After some month in winter climate the users use the one (!) installed towel-radiator only punctually.

The heat demand is calculated with the PHPP to 18 kWh/m²a. Higher values have not been able to reach within a convincing overall solution.

CONCLUSIONS

The rehabilitation is considered to be a success due to the satisfaction of the user from the first day on feeling the extreme difference to the situation before, valuating the comfort much more than the energetic aspect. A sensitized client has received a good final product. The energy demand will be observed the following month and is going to be compared with values of other flats in the building.

Although a certification with the Passivhaus/EnerPHit-standard is not intended for singular flats, the application of the method is possible. Highly sophistic architectural solutions are possible to be realized. The PHPP allows a sufficient simulation of a singular flat and the results can be used in the planning process.

Although an elevated effort was necessary to insulate a singular flat – in relation to an exterior rehabilitation of the entire building - the additional costs to fulfill the requirements of the EnerPHit-standard - instead of only the valid construction laws - are resulting as 8% of the complete construction costs. It was possible to show a valid evidence against the common prejudice that such a high standard would be not appropriate or not realizable.

5.9 Casas del Carmen: rehabilitación de viviendas de balance final de energía neta positiva en clima cálido, utilizando el estándar Passivhaus. Autores: S.G. Melgar, J.M. Andújar, M.A. Bohórque, M.J. Carrasco, H. Herrero, J.M. Ruiz

RESUMEN

En este trabajo se presentan los primeros resultados obtenidos en la experiencia de rehabilitación energética de Casas del Carmen: viviendas plurifamiliares pre normativas en clima mediterráneo cálido, representativas de las actuaciones de edificación masiva de barrios residenciales de los años 50, 60 y 70 en Andalucía, la mayoría en situación actual de pobreza energética.

La actuación de Casas del Carmen, financiada por la Consejería de Fomento y Vivienda de la Junta de Andalucía en el marco del proyecto de I+D+I EREBA2020, promueve un modelo de actuación en la rehabilitación energética del parque edificado en los años 50, 60 y 70. Integra soluciones pasivas en la envolvente térmica y estanca con sistemas de ventilación de doble flujo con recuperación de calor de alta eficiencia, sistemas de energía renovable fotovoltaica y micro-eólica en la cubierta del edificio y sistemas de adquisición y análisis de datos (temperatura, humedad, calidad del aire interior, consumo energético y generación de electricidad) de valor científico.

Concierne a una obra construida entre abril y diciembre de 2014 por LAR Arquitectura, realizada en colaboración con el Grupo de investigación TEP 192 Control y Robótica de la ETSI de la Universidad de Huelva.

INTRODUCCIÓN

El proyecto y la construcción de edificios de consumo de energía casi nula (en adelante NZEB), ocupa hoy en día gran parte del interés científico del sector de la edificación. El estándar Passivhaus representa, en nuestra opinión, una aproximación válida al problema de construir edificios de viviendas NZEB [1] que como valor añadido para el arquitecto, el director de obra y el constructor aporta la sencillez y claridad de los principios sobre los que se asienta. Se trata, por tanto de un conjunto de soluciones concretas directamente encaminadas a su puesta en obra que garantizan el funcionamiento adecuado del edificio terminado en su etapa de servicio.

Sin embargo no parece lo más adecuado resolver la toma de decisiones del proyecto a gran escala de NZEB en base únicamente a simulaciones energéticas. Para alcanzar mayor éxito en la reducción del consumo de energía en el sector de la edificación se hace imprescindible recorrer dos caminos hasta ahora casi expeditos:

1. La adquisición y análisis de datos que nos reporten una idea exacta de cuál es el comportamiento real del edificio construido en fase de servicio.

2. La incorporación paulatina de sistemas activos de energías renovables en el edificio, obviando regulaciones normativas coyunturales que, independientemente de su carácter restrictivo o subvencionador, nada tienen que ver con la lógica científica y que -no lo dudemos- más pronto que tarde se terminará imponiendo (también en nuestro país).

Avanzando en el primero de estos caminos estaremos en condiciones de aprender en base a experiencias ya realizadas [2], con resultados muchas veces sorprendentes que se alejan de los valores que cabría esperar en base a las simulaciones realizadas en fase de proyecto.

Implementando las tecnologías propias del segundo, estaremos en condiciones de ir más allá todavía del concepto de NZEB, acercando la realidad de los edificios de balance de energía neta positiva (en adelante +EB) [3], susceptibles de aportar energía el sistema general de distribución de energía basado en el desarrollo de las smart grids [4].

PROYECTO Y EJECUCIÓN DE LA OBRA

El proyecto y ejecución de la obra de rehabilitación energética de Casas del Carmen resuelve la adaptación de los criterios de construcción Passivhaus a la mejora de la calidad de vida (confort térmico, confort acústico y calidad del aire interior) de viviendas tipo VPO de mala calidad constructiva en situación actual de pobreza energética.

Se actuó sobre dos viviendas de una misma planta (la cuarta de cinco plantas totales), en un edificio plurifamiliar entre medianeras de 12 viviendas. Tratándose de rehabilitar, las principales dificultades que nos encontramos durante la ejecución de obra fueron las siguientes:

1. Dificultades para la ejecución del sistema de aislamiento térmico por el exterior del cerramiento (en adelante SATE): imposibilidad de eliminar completamente ciertos puentes térmicos al no dar continuidad al sistema sobre la piel de las viviendas no actuadas, sobre coste de instalación al repercutir el andamiaje exterior hasta cuarta planta sobre las dos únicas viviendas rehabilitadas, aparición de un escalón de 12 cm en el plano de fachada de un mismo edificio, etc.
2. Dificultades para el aislamiento adecuado de la envolvente interior de la vivienda con viviendas colindantes (con toda probabilidad en igual situación de pobreza energética y por tanto no climatizadas), reduciendo lo mínimo imprescindible su altura (suelo y techo con viviendas de 3ª y 5ª planta) y superficie útil (paredes con viviendas medianeras).
3. Fijación con garantías de estabilidad de la nueva carpintería de fachada (vidrio 6/15/6/15/6 muy pesado) a la hoja exterior del cerramiento (citara LH en mal estado de conservación), haciéndola coincidir con el plano del aislamiento para no generar puentes térmicos en las mochetas ni reducir el tamaño final de los huecos sin agrandar la albañilería original.
4. Instalación de la red de distribución de aire del sistema de ventilación de doble flujo con recuperación de calor de alta eficiencia (93%) con conductos de bajo perfil en

una vivienda de altura libre muy limitada (230 cm) sin comprometer su habitabilidad.

5. Reservas de espacio necesario para el alojamiento de equipos en el interior (recuperador) y en el balcón (aerotermo) de la vivienda de 90 m² útiles, así como de los sistemas de instrumentación, control y seguimiento de datos en el cuadro eléctrico.

6. Reservas de espacio necesario para el alojamiento de sistemas de generación de energía renovable en la cubierta: captadores térmicos ACS, captadores fotovoltaicos, aerogenerador, sistema de baterías de acumulación, estación meteorológica y cuadros de mando y protección. Garantías de acceso para mantenimiento y seguridad.

7. Molestias causadas a y por los vecinos del mismo bloque y bloques colindantes, que convirtieron el devenir de la obra en un proceso todavía más complicado como consecuencia de la falta de entendimiento y colaboración.

MATERIAL Y MÉTODO DE LA INVESTIGACIÓN

La investigación que justifica y da soporte a la actuación de rehabilitación energética de Casas del Carmen se encuentra todavía en fase inicial. Para extraer las primeras conclusiones ha sido necesario en primer término establecer con precisión los objetivos específicos y la metodología de la investigación planificada, así como llegar a acuerdos de colaboración con empresas de referencia en el sector de la eficiencia energética determinantes para el éxito final de la actuación.

A continuación ha sido necesario redactar toda la documentación técnica (simulaciones energéticas, proyecto de rehabilitación, valoración económica y desarrollos de ingeniería), así como recabar los preceptivos permisos administrativos y licencias de obras.

Como parte esencial del proyecto debe entenderse igualmente todo el proceso constructivo de ejecución de la obra y ensayos de control (termografías y Blower door test) realizados en estado previo y posterior a la actuación.

Una vez completadas las obras de rehabilitación (obra civil) se procedió a la instalación y tarado de los sistemas de instrumentación, con volcado datos en tiempo real a los servidores del Grupo de investigación TEP 192 Control y Robótica en la ETSI de la Universidad de Huelva.

El sistema está plenamente operativo desde marzo de 2015, por lo que a fecha de elaboración del presente trabajo sólo tenemos disponibles los tres primeros meses de lectura (marzo-mayo 2015), suficientes para extraer las primeras conclusiones con valor científico de la experiencia de rehabilitación energética de Casas de Carmen.

RESULTADOS DE LA INVESTIGACIÓN

A continuación exponemos de manera resumida algunos de los resultados obtenidos en la actuación de rehabilitación energética de Casas del Carmen.

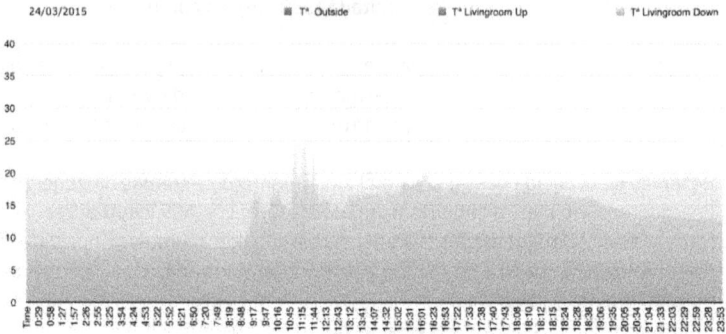

Evolución de temperaturas interiores (salón comedor) y exterior el día 24 de marzo

En la gráfica1, que refleja la evolución de las temperaturas interiores y exteriores de la vivienda el día 24 de marzo, observamos una notable variación de la temperatura exterior a lo largo de todo el día (Δt = 16,36°C), con un mínimo de 8,25°C y un máximo de 24,61°C.

Obsérvese cómo la temperatura interior de la vivienda permanece constante casi sin variación durante todo el día en el entorno de los 18°C, con un máximo de 19,47°C y un mínimo de 17,97°C (Δt = 1,50°C) en la sonda superior (situada a 25cm del techo) y un máximo de 18,88°C y un mínimo de 16,63°C (Δt = 2,25°C) en la sonda inferior (situada a 25cm del suelo).

En la gráfica 2, que refleja la evolución de las temperaturas interiores y exteriores de la vivienda el día 15 de abril, la variación de la temperatura exterior a lo largo de todo el día se ha reducido como corresponde a un mes templado en el ámbito geográfico que nos ocupa (Δt = 7,41ºC), con un mínimo de 13,36ºC y un máximo de 20,77ºC.

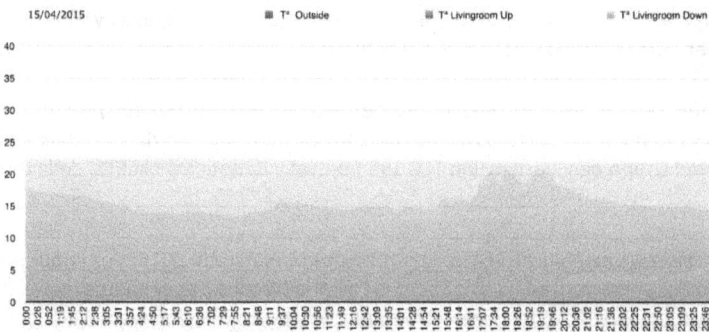

Evolución de temperaturas interiores (salón comedor) y exterior el día 15 de abril

Obsérvese cómo la temperatura interior de la vivienda permanece constante, podríamos decir en este caso sin variación alguna durante todo el día en el entorno de los 22ºC, con un máximo de 22,66ºC y un mínimo de 21,78ºC (Δt = 0,88ºC) en la sonda superior (situada a 25cm del techo) y un máximo de 22,06ºC y un mínimo de 21,25ºC (Δt = 0,81ºC) en la sonda inferior (situada a 25cm del suelo).

DISCUSIÓN Y CONCLUSIONES

La primera conclusión que extraemos de la experiencia de Casas del Carmen tiene que ver con la dificultad de implementar en la práctica de la rehabilitación soluciones constructivas específicas que resultan casi triviales en viviendas Passivhaus de nueva planta. Mucho hemos aprendido de la experiencia y casi todo lo fundamental tiene que ver con que no son posibles recetas a priori, ya que la realidad de lo construido a menudo malogra cualquier solución que no haya sido contrastada *ad hoc*.

Las mediciones de temperatura realizadas durante el mes de marzo, con temperaturas exteriores en torno a los 13-14ºC de media diaria, resultan en una media prácticamente constante de unos 18ºC en el interior de la vivienda, sin aporte de calor sensible de equipo de calefacción alguno. Estos 18ºC podríamos decir que son insuficientes como temperatura de confort durante el día, si bien estarían dentro de lo adecuado durante las horas nocturnas.

La conclusión más importante por el momento tiene que ver precisamente con esta escasa variación de la temperatura interior de la vivienda a lo largo del día y de la noche. Las actuaciones de rehabilitación de la envolvente de la vivienda tanto en parte ciega (SATE 10cm lana mineral) como en huecos (marcos de Uf= 1,2 w/m^{2}ºK y vidrios de U_g= 0,6 w/m^{2}ºK), así como la reducción muy significativa de infiltraciones de aire exterior (valores de h^{-1}= 1 a n50 en el Blower Door test) y la instalación de un recuperador de calor de alta eficiencia (93%) han conseguido mantener la temperatura interior prácticamente constante a lo largo de las 24h del día. A decir de los usuarios de las viviendas, acciones hasta entonces normales como encender los calentadores al volver del trabajo después de permanecer la vivienda desocupada durante el día o colocarse la bata al salir de la cama de madrugada resultan de todo innecesarias.

AGRADECIMIENTOS

The authors would like to thank the ERDF of European Union for financial support via project "EREBA2020" of the "Programa Operativo FEDER de Andalucía 2007-2013". We also thank all Public Works Agency and Regional Ministry of Public Works and Housing of the Regional Government of Andalusia staff and researchers for their dedication and professionalism.

De igual forma a las empresas Soudal y Weber, y especialmente a Isover y Sabán Construcciones por su colaboración en la fase de ejecución de obra.

BIBLIOGRAFÍA

- [1] Y. Sun, P. Huang, G. Huang, A multi-criteria system design optimization for net zero energy buildings under uncertainties, Energy and Buildings, 97 (2015) 196-204.

- [2] C. Becchio, P. Dabbene, E. Fabrizio, V. Monetti, M. Filippi, Cost optimality assessment of a single family house: Building and technical systems solutions for the nZEB target, Energy and Buildings, 90 (2015) 173-187.
- [3] C. Xia, Y. Zhu, B. Lin, Renewable energy utilization evaluation method in green buildings, Renewable Energy, 33 (5) (2008) 883-886.
- [4] A. Ipakchi, F. Albuyeh, Grid of the future, IEEE Power and Energy Magazine, 7 (2) (2009) 52-62.

5.10 Estrategias de rehabilitación Passivhaus en edificios de vivienda colectiva de más de 30 años. Autores: Xabier Rez de Arenaza; Lauren Etxepare

RESUMEN

Estudio del potencial de adaptación al estándar Passivhaus de edificios de vivienda colectiva de la época del desarrollismo (1960-1985). El 50% del parque nacional de vivienda está desarrollado en bloques de vivienda colectiva de este período, construcciones en las que no se tuvo en cuenta el comportamiento energético durante su uso y que hoy en día suponen un gran reto a solucionar. En este estudio se toma un edificio característico como referencia, con soluciones constructivas típicas de esta época y se simulan distintas opciones de rehabilitación para comparar el grado de mejora obtenido con cada solución. Se estudian opciones de rehabilitación con el uso de materiales de origen natural, como la madera y sus derivados, para así reducir la huella de carbono del propio proceso constructivo.

INTRODUCCIÓN

Más del 70% de las viviendas existentes en España datan de antes de 1980, donde no había ninguna limitación de demandas de climatización. Se calcula que cerca de 1/3 del total de la energía consumida en Europa se debe a la edificación, y en las políticas energéticas Europeas se ha definido el sector edificación como aquél en el que mayores avances se pueden obtener con la menor dificultad técnica y plazo de tiempo. Para poder valorar las estrategias adecuadas para afrontar las rehabilitaciones, sin embargo, es necesaria una comprensión integral del comportamiento energético del edificio, por otro lado, la ejecución de las posibles medidas resulta mucho más compleja que en una obra de nueva planta.

| Planeamiento | Fabricación de materiales | Transporte a obra | Montaje en obra | Uso del edificio | Fin de vida |

Todas las fases del proceso de una edificación

Otra de las cuestiones relevantes en el ámbito de la sostenibilidad, tras unos años de andadura en el ámbito de la eficiencia energética durante el uso del edificio, es la puesta en valor del resto de las etapas de la vida de un edificio, donde tiene especial impacto ambiental la fabricación de materiales y el proceso constructivo.

PRECEDENTES

Se han identificado algunas rehabilitaciones realizadas tanto en Alemania como en España donde se ha perseguido el objetivo de reducir la demanda energética hasta acercarse los límites del estándar Passivhaus, hecho que parece posible en climas templados.

Ciudad	kWh/m²año Antes	kWh/m²año Después	Ahorro	Año construcción	Año rehabilitación
Alemania 1	210	21,6	89,71%	1931	2004
Alemania 2	100	40,2	60,00%	1971	2001
Sevilla	42,7	14	67,21%	1965	2012
Granollers	60,1	34,1	43,26%	1972	2012
Santander	74,43	25,73	65,43%	1960-70	2012

Rehabilitación de edificios. Fuente: Un futuro en la rehabilitación, EnOB

JUSTIFICACIÓN DEL CASO DE ESTUDIO ADOPTADO

El edificio analizado es la Torre de Atotxa de Donostia-San Sebastián, obra de los arquitectos J.C. Saralegui y M. Oteiza y data del comienzo de la década de 1970, la superficie útil es de 10624 m².

Teniendo en cuenta las experiencias citadas, y analizando datos sobre la vivienda en Euskadi, se ha seleccionado un bloque de viviendas característico de esta época. Se ha optado por este ejemplo por encontrarse en la zona más edificada del territorio, la costa, por su antigüedad, sus características constructivas, su limpieza formal y su sistema de calefacción.

Además, al tratarse de un edificio con 121 viviendas ocupado prácticamente al 100%, podemos tener una aproximación realista y equipararlo con datos estadísticos sobre uso y consumos.

Torre de Atotxa

METODOLOGÍA

Para poder realizar una aproximación realista al comportamiento del edificio y al impacto de la posible rehabilitación del mismo se han llevado a cabo las siguientes acciones:

- Análisis de los consumos reales de los últimos años

www.plataforma-pep.org

- Análisis de las características constructivas
- Simulación energética, análisis de resultados y propuestas de rehabilitación
- Simulación y análisis de resultados de las propuestas de rehabilitación
- Análisis del impacto ambiental de las soluciones adoptadas

El objetivo final es poder aplicar los resultados obtenidos mediante simulación a los datos reales existentes. De la misma manera, se quiere poner en valor el uso de materiales locales para llevar a cabo estas operaciones, de modo que el impacto ambiental sea menor o neutro.

ANÁLISIS DEL ESTADO ACTUAL

Instalaciones

El edificio cuenta con 2 calderas de gasóleo de 800 kW de potencia que suministran tanto ACS como calefacción, se han obtenido los consumos de los últimos años desglosados de la siguiente manera:

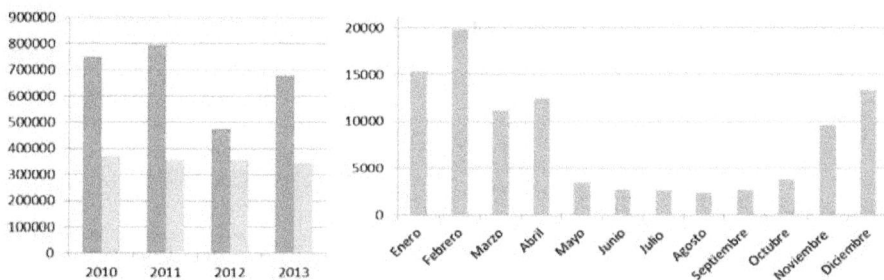

Gráficos de consumo de litros de gasóleo. En verano solo se consume gasóleo para ACS

Con los datos del rendimiento de instalación y la caldera, se ha obtenido una aproximación de lo que sería la demanda normalizada en kWh/m²año para los últimos 4 años. El rendimiento del sistema de calderas es del 92%, el poder calorífico del gasóleo considerado para el cálculo es de 10,28kWh/litro. Se observa que los valores obtenidos están muy lejos de los 15kWh/m²año que tendría una Passivhaus. Por otro lado, se observa que se asemeja a los valores que se han hallado en otros trabajos para latitudes similares, como el caso de Santander enumerado en la Figura de abajo.

Cálculo aproximado de la demanda en kWh/m²a

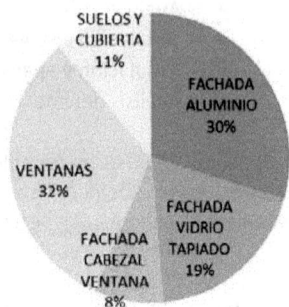

Composición de la envolvente de la torre

Sistema constructivo

Los forjados y el núcleo principal están compuestos por hormigón armado, los cerramientos se realizan mediante doble hoja de ladrillo con cámara y una fachada de paneles prefabricados de aluminio. Se han identificado 3 tipos de fachada de cara al cálculo térmico, descritas en la tabla 2. En el siguiente gráfico se observa el porcentaje de cada elemento en el total de la envolvente.

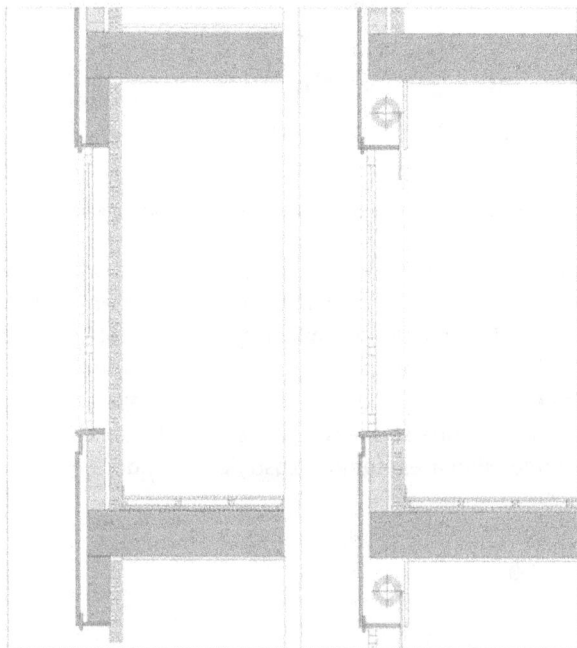

Sección constructiva de la envolvente. Parte de lo que son ventanas al exterior, por el interior resultan estar tapiadas.

SIMULACIÓN ENERGÉTICA

Se ha elegido como herramienta de cálculo el programa Lider-Calener para así poder obtener un análisis desglosado por viviendas, orientaciones y elementos constructivos. Otro dato interesante que se quería obtener ha sido el grado de cumplimiento del CTE actual de cara a una rehabilitación.

Tipo	% sup Total	U (w/m²K)
Fachada Aluminio	30	1,14
Fachada vidrio tapiado	19	1,88
Fachada cabezal ventana	8	2,12
Ventanas	32	3,54

Fachadas existentes

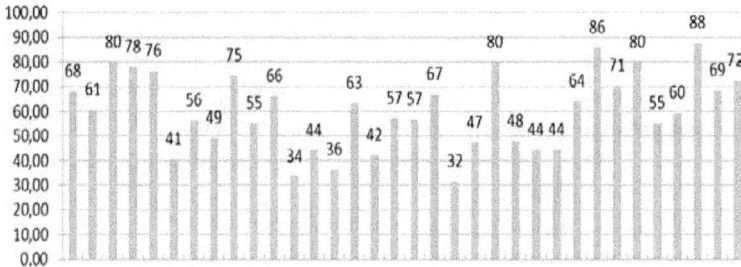

Demanda en kWh/m²a por vivienda tipo

PROPUESTA DE REHABILITACIÓN

Se propone valorar 2 tipos de actuaciones de rehabilitación, una rehabilitación estándar para cumplir el CTE y otra actuación para adaptar la demanda de calefacción a criterios del estándar Passivhaus. La opción para Passivhaus, además, se hace con materiales en base madera para tener un menor impacto ambiental. Las nuevas composiciones de las fachadas se ven en la tabla 3. La estanqueidad hay que resolverla por el exterior para no interferir con los vecinos.

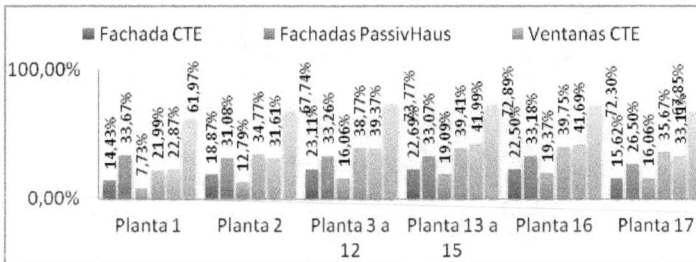

Resultados del porcentaje de ahorro

Resultados del porcentaje de ahorro en la demanda con cada una de las operaciones realizadas según las diferentes plantas tipo (Rehabilitación solo fachadas, sustitución sólo huecos y rehabilitación envolvente completa)

PROPUESTA REHABILITACIÓN FACHADA		
	CTE U (w/m^{2}K)	Passivhaus U (w/m^{2}K)
Fachada Aluminio	0,32	0,17
Fachada vidrio tapiado	0,35	0,19
Fachada cabezal ventana	0,32	0,17
Ventanas	1,8	0,85

Propuesta rehabilitación fachada

IMPACTO AMBIENTAL DE LAS SOLUCIONES ADOPTADAS

Una vez obtenidos los datos de ahorro en la demanda de calefacción, se analizan los materiales empleados para evaluar el impacto ambiental de la solución constructiva. Se valora una solución en base a madera local y otro con materiales de construcción estándar. La madera utilizada es Pino Radiata, el cálculo de la huella de carbono se ha realizado mediante la herramienta HC Wood desarrollada para calcular la huella de la madera aserrada.

FACHADA MADERA	FACHADA ESTÁNDAR
Aislamiento fibra madera (18 cm)	Aislamiento de XPS (18cm)
Membrana transpirable	Membrana transpirable
Subestructura madera	Anclajes de aluminio
Fachada de madera termotratada	Fachada de placas de aluminio
Ventana de madera	Ventana de PVC
Alféizar aluminio	Alféizar aluminio

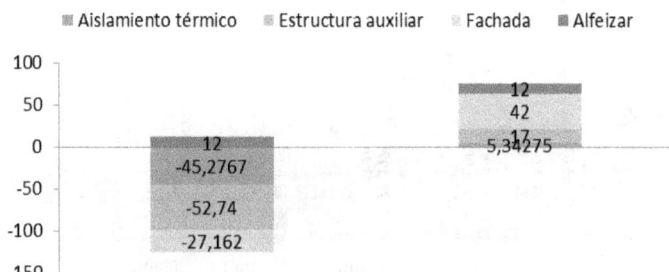

Tabla 4. Comparativa soluciones en KgCO$_2$eq/m^2

Rehabilitación madera	-310649,7
Rehabilitación estándar	162882,4

Huella de carbono total de la actuación en $KgCO_2$ eq.

DISCUSIÓN Y CONCLUSIONES

Desde el punto de vista de la demanda, es posible acercarse, tanto en simulación como aplicando los resultados al consumo real, a los 15Kwh/m2a que nos marca el estándar Passivhaus. La parte más difícil de implementación es, en todo caso, la relativa a la renovación del aire mediante intercambiadores de calor, ya que como en la mayoría de edificios de esta época, no podemos encontrar huecos para pasar los conductos.

El clima medianamente templado que hay en San Sebastián posibilita llegar a una demanda de calefacción relativamente baja, con soluciones que técnicamente son viables. El soleamiento es un gran problema en verano que hay que solucionar mediante elementos móviles que permitan tener sol en invierno-primavera y sombra en verano-otoño. Los materiales utilizados para la solución en base madera han sido todos del entorno local, con madera proveniente de un radio de 100 km. La absorción de carbono durante el crecimiento del árbol hace que este sea el único material de construcción con capacidad de almacenamiento de CO2, posibilitando así una construcción sostenible. Hoy en día existe suficiente información en el mercado para que a través de EPDs se valore la huella de carbono de todas las actuaciones constructivas que se realicen.

Por otro lado, también es importante, el ámbito económico de todas estas actuaciones, ya que con las diferentes medidas adoptadas, el ahorro económico puede ser muy alto. Sin embargo, la inversión inicial también es elevada, y esto puede hacer que los propietarios de las viviendas acaben por no realizar reforma alguna.

Por ello, es imprescindible que desde las administraciones públicas se impulsen este tipo de actuaciones, pues si no es así, el posible inmovilismo hará que cada vez se pague más por la energía y los diferentes países sean más dependientes de sus importaciones energéticas. Sin duda, si los países europeos quieren cumplir con sus objetivos medioambientales y seguir siendo referentes mundiales en este campo, será imprescindible valorar la rehabilitación del parque inmobiliario construido durante la próxima década.

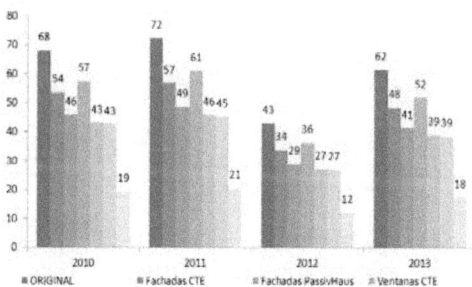

Aplicación de los resultados obtenidos a los consumos de los últimos 4 años

6 Passivhaus en el Mediterráneo

6.1 PatioHaus. La adaptación de la casa patio andaluza a Passivhaus. Autor: Juan Manuel Castaño

RESUMEN

Este proyecto es una aproximación contemporánea al estereotipo de casa patio tradicional andaluza entre medianeras, presente en la mayoría de los centros históricos de las ciudades andaluzas.

Fue elegido por el programa europeo PASSREG por combinar el estándar Passivhaus con estrategias bioclimáticas provenientes de la tradición. Actualmente está en construcción.

El patio es el corazón climático de la casa, la vivienda casi en su totalidad mira a éste, que es un elemento de sombreamiento muy eficiente y que integra elementos de enfriamiento evaporativo, como una fuente que además es lucernario para el sótano, vegetación, y sobre todo, una cubierta retráctil motorizada de vidrio de manera que:

- En invierno está totalmente cerrada, creando el efecto invernadero y ayudando a subir las temperaturas.
- En verano está totalmente abierta, permitiendo la disipación nocturna de la radiación acumulada, y ayudando al efecto "pozo frío".

INTRODUCCIÓN

¿Es posible construir una vivienda en Sevilla, que casi no necesita Aire Acondicionado? ¿Es el estándar Passivhaus adecuado para la tipología tradicional de casa patio andaluza?

Hasta este momento el único ejemplo existente de construcción bajo estándar Passivhaus en Andalucía está situado en Granada, con unas condiciones climáticas muy diferentes a las del Valle del Guadalquivir, donde se sitúa Sevilla.

El objetivo de este proyecto ha sido demostrar que se puede construir bajo estándar Passivhaus a un precio competitivo, y con tecnologías de construcción existentes en Andalucía y con el rigor del clima estival de Sevilla.

GEOGRAFÍA Y CLIMA

La ciudad de Sevilla se encuentra en el Sur Oeste de la Península Ibérica, a 7m de altura sobre el nivel del mar, en pleno valle del Guadalquivir.

El clima es mediterráneo levemente continentalizado, con veranos muy cálidos e inviernos templados, con temperatura media en Enero de 10ºC. La ciudad ha tenido una máxima histórica de 47,4ºC según AEMET, y en el Observatorio de la Universidad de Sevilla se llegaron a registrar 51ºC en 1876, cerca de los dos records mundiales de altas temperaturas: 56,7ºC en el Death Valley (California) y 57,8ºC en Azizia (Libia).

RESPUESTA AL CLIMA. CASA PATIO. PATIOHAUS

La respuesta de la construcción tradicional ha sido fundamentalmente al calor del verano. La traza de los cascos antiguos de las ciudades ha potenciado mucho la sombra, a través de calles estrechas, y toldos que las cubren.

La gran mayoría de los edificios se han construido volcados a un patio interior, garante de la sombra, y que por tanto suaviza las temperaturas estivales. Un patio que suele tener una cubrición de vidrio "montera" con ventanas verticales laterales que se abren en verano y cierran en invierno.

Además, fuentes y vegetación, completan las estrategias de verano de los patios, añadiendo enfriamiento evaporativo.

El resultado son casas frías en invierno y frescas en verano, a pesar de las altas temperaturas.

Esta vivienda se proyecta según un enfoque contemporáneo de una casa patio entre medianeras, tipología muy frecuente en los centros históricos de las ciudades andaluzas, como hemos dicho, combinando el estándar Passivhaus con estrategias bioclimáticas tradicionales.

El patio es el corazón climático al que está volcada la vivienda, sólo el despacho profesional situado en planta primera mira a la calle, el resto de estancias vivideras miran al patio, que les suministra luz, sin radiación directa del sol.

Está coronado por un cerramiento de vidrio "montera" motorizado y retráctil, de manera que en invierno está cerrado aprovechando el efecto invernadero, y en verano abierto creando el efecto pozo frío. En la barandilla de la montera y en el patio está presente vegetación, fuentes, piscinas, que potencian el refrescamiento evaporativo en verano en un clima como el de Sevilla.

Se maximiza la iluminación natural mediante grandes ventanales al patio, que gracias a las exigencias de confort del estándar PH, no tienen el efecto de pared fría en invierno, por lo que podemos tener estancias acristaladas al patio en planta baja, con un altísimo nivel de confort.

La vivienda tiene Plana sótano, baja +2, y azotea. El sótano se dedica a salón secundario, lavadero e instalaciones. En Planta baja, en un único espacio, salón comedor y cocina, con el patio a nivel, que se comporta como una auténtica extensión de la casa. En planta primera dormitorio principal y despacho profesional, única estancia con ventana a la calle y con acceso directo desde el patio a través de una escalera de caracol.

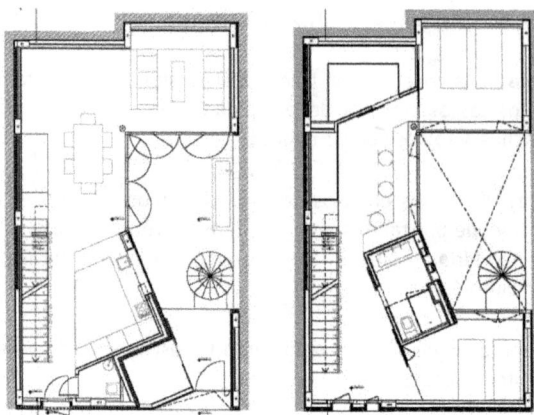

Planta Baja y Planta Tipo

SUPERFICIES / RATIOS

Es una vivienda unifamiliar de 366m2 construidos, 211m2 de SRE, sótano y 3 plantas, con un patio muy acristalado (87m2 de ventanas en total), 740m2 de envolvente térmica y 1252m3 de volumen, con una relación A/V= 0,59. El factor de forma (envolvente/SRE)= 3,5.

CONSTRUCCIÓN

La construcción es masiva. Doble lámina de ladrillo en cerramientos, la exterior de apoyo a un SATE de 12 cm de XPS neopor, y la interior como trasdosado pesado de instalaciones, que protege la capa de hermeticidad, que es un enyesado de 2cm de espesor, aplicado a la cara interior de la citara de ladrillo exterior. 20cm de aislamiento en cubiertas, estructura de hormigón armado, con forjados a base de losa de hormigón armado de 25cm de espesor.

Falsos techos sólo en núcleos húmedos, el resto de losa de hormigón vista. El tipo constructivo hace protagonista a la masa y la inercia térmica.

ESTRATEGIAS DE VERANO

La estrategia fundamental empleada, fue el sombreamiento eficiente proporcionado por el patio. Se orienta al Norte, para evitar al máximo la insolación. Proporciona sombras laterales y de horizonte, y además sombreándolo con un toldo, se sombrean todas las ventanas que dan a él, por lo tanto económicamente es también muy eficiente. Las ventanas a la calle se sombrean con persianas tipo veneciana.

Como ya se ha explicado, la cubierta del patio era retráctil y motorizada, pero el efecto beneficioso tanto en verano como en invierno no se ha podido considerar en PHPP.

Se usa disipación nocturna del calor con ventilación natural a través de las ventanas del patio. Se optó por la opción más conservadora, se abría una ventana de planta baja y otra de la planta alta. El resultado es 0,6 r/h, resultando un sobrecalentamiento del 22,9%. Cabe destacar que con una opción menos conservadora, en la que se abren todas las ventanas del patio de planta baja y de planta alta, tendríamos 2,35 r/h y un sobrecalentamiento del 8,2%... En Sevilla...

Se desechó la idea del pozo canadiense, por ocupar el edificio todo el solar, ser la cimentación a base de losa, y estar compuesto el terreno por arcillas expansivas.

Arriba: Fachada y Patio hacia despacho prof. Abajo: Azotea, salón hacia patio.

RESULTADOS CON PHPP / COMPARACIÓN / ANÁLISIS / AHORROS

CTE		PASSIVHAUS	
120	kWh/(m²a)	13	kWh/(m²a)
5,0	h⁻¹	0,6	h⁻¹
173	kWh/(m²a)	95	kWh/(m²a)
109	kWh/(m²a)	35	kWh/(m²a)
	kWh/(m²a)		kWh/(m²a)
59	W/m²	11	W/m²
	%		%
27	kWh/(m²a)	10	kWh/(m²a)
44	W/m²	16	W/m²

Certificación Energética de Edificios
Indicador kgCO2/m²

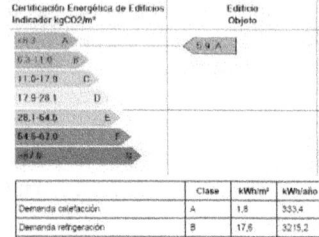

LIDER CALENER

	Clase	kWh/m²	kWh/año
Demanda calefacción	A	1,8	333,4
Demanda refrigeración	B	17,6	3215,2

CTE **PASSIVHAUS** **LIDER CALENER**

El cálculo con PHPP nos sorprende a primera vista, la demanda de calefacción es superior a la de refrigeración, con calidades CTE de antes de la última revisión, y también con calidades Passivhaus. Pero es coherente con lo que nos dice la tradición, casas frías en invierno y Frescas en Verano. Lider y Calener, se desmarcan con resultados opuestos, muy poca calefacción (1,8 kWh/m²a) y bastante más refrigeración (17,6 kWh/m²a)

Los ahorros son enormes, respecto a la normativa en vigor cuando se proyectó esta casa:

- En calefacción 107 kWh/m²a de ahorro.
- El ahorro en refrigeración es de 17 kWh/m²a.
- Eso significa 124 kWh/m²a x 211 m² (superficie de cálculo calefactada) = 26164 kWh/año / 2,5 (eficiencia normal) = 10.465 kWh/año eléctricos x 0,16€ (precio kWh eléctrico)= 1.674€ / año
- La potencia de refrigeración también sorprende: 3,4kW. Por ejemplo un split, para una casa de 366m² de superficie construida… En Sevilla…

INSTALACIONES

En este caso, se proyectó la instalación de ventilación para evitar falsos techos, para mostrar las losas de hormigón visto, y buscar un ahorro económico además de maximizar la inercia térmica del conjunto. Las impulsiones de aire se suben por el muro medianero, y las extracciones por el núcleo de cuartos húmedos situados en una posición central de la casa.

Se instala un recuperador de calor Paul, NOVUS 450, con una eficiencia del 86%, que elige alternativamente el aire con la temperatura más favorable, del patio o de la calle.

La climatización es muy pequeña, la potencia es casi 10 veces inferior a los edificios convencionales, 3,4kW, lo que nos ahorra maquinaria y mantenimiento.

En este proyecto se exploró la posibilidad de climatización radiante mediante activación de forjados. Introducimos conducciones de agua dentro de las losas de hormigón de la estructura, agua que se calentaba o enfriaba mediante una bomba de calor aire/agua, con una eficiencia de 4,5 para calefacción y de aproximadamente 4 para refrigeración. Con las potencias del sistema VARIOTHERM, necesitábamos 30m² de forjado activo para calefacción y 100m² para refrigeración. Un concepto altamente eficiente, muy confortable, pero impensable para una casa que no sea pasiva. Este tipo de climatización multiplicaría los ahorros calculados más arriba casi por dos.

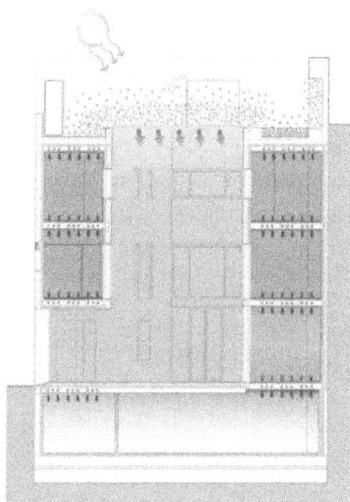

Esquema energético e impulsiones por medianera, extracciones por núcleos húmedos

DISCUSIÓN Y CONCLUSIONES

Los resultados de simulación con PHPP, en una casa patio como la mostrada, no dejan lugar a dudas. El concepto tipológico está totalmente adaptado al clima, se trata de evitar el rigor del verano, y lo consigue con una demanda de refrigeración inferior a la de calefacción. Incluso con una estrategia contundente de ventilación nocturna a través de las ventanas del patio, se podrían llegar a sobrecalentamientos por debajo del 10%. Se optó por una estrategia conservadora, ya que la comentada depende excesivamente del comportamiento del usuario.

REFERENCIAS BIBLIOGRÁFICAS

* Capel Molina, José Jaime. «Un siglo de observaciones térmicas en Sevilla: 1871-1970».
* Departamento de Geografía, Facultad de Filosofía y Letras, Universidad de Granada, España. (ed.).

6.2   Consciousness in energy efficiency: the Italian experience. Autor: Ileana Lannone, Francesco Nesi

SUMMARY

This paper describes the Italian experience as example of implementation of the Passivhaus standard in a Mediterranean country. It aims to represent the state of the art of the Italian Passivhaus network focusing on on-going and future projects.

INTRODUCTION

The Passivhaus standard is supported by many years of theoretical and practical studies carried out in the Central European climate, it has proved to be one of the few building concepts able to achieve the highest levels of energy efficiency and living comfort. What happens when we try to apply this standard to the Mediterranean climate?

Is Passivhaus the right standard to achieve the 2020 requirements in the Mediterranean areas?

Is it possible to build Passivhaus, i.e. dwellings which can be kept within the comfort range simply by heating, cooling, and/or dehumidifying the supply air, in the Mediterranean climate? [1]

The building physics laws behind the Passivhaus building methodology remain always the same all over the world in all climates, however the specific building tradition of every country and the specific climatic boundary conditions in every region characterize the environment diversity that have to be faced when bringing Passivhaus worldwide.

Same physical equations and different boundary conditions means that specific solutions, suitable for Passivhaus, must be studied for each region.

In this scenario territorial cooperation is a key option to improve energy efficiency of buildings in the Mediterranean space, by:

- Benchmarking and performing comparative analysis between different territories.
- Sharing solutions and measures, and integrating the achieved experience-based knowledge.
- Generating and sharing common approaches to overcome common barriers.
- Achieving economies of scale in investment and efforts development.
- Developing more dynamic markets in quantitative and qualitative terms.

SECTIONS

The Passivhaus standard has been gradually spreading in Italy, starting from the northern area where the climate is more similar to the central European one. ZEPHIR

Passivhaus Italia is the only official PHI affiliate whose responsibility is to disseminate and foster the standard in Italy. Networking is the principal mean of spreading that is used by ZEPHIR to disseminate Passivhaus concept around the country. The Network is formed by regional organizations called IG Passivhaus (Informations-Gemeinschaft Passivhaus) that have the role to enhance the dissemination of Passivhaus knowledge at local level, helping the spreading of the nearly zero energy building concept. In addition, these organizations represent a meeting point for designers, manufacturers, tradespeople and other stakeholders interested in the Passivhaus world. In this sense these regional groups foster the connection among people and have a positive impact on the diffusion of energy efficiency concepts. Finally the involvement of IG Passivhaus members in the local activities helps to create connections with local organizations such as municipalities, Professional Chambers/Associations of designers and tradespeople, Universities and so on. Four regional organizations in Italy are currently affiliated to ZEPHIR: IG Passivhaus Veneto, IG Passivhaus Lombardia, IG Passivhaus Piemonte e Valle d'Aosta, IG Passivhaus Calabria.

In the next years this Network will be enlarged and extended to other regions. At present there is an ongoing activity to set up 2 new IG Passivhaus in the following regions: Emilia Romagna and Puglia.

After four years of dissemination, training and constant commitment, Italy is gathering plenty of great results, about 30 Passivhaus buildings has been certified or are under certification process. More than 300 people have been trained through the CEPH course and the Tradesperson course. Moreover lots of articles have been written and, hundreds of talks given to chambers and municipalities, about 20'000 people informed per year. These great results, registered among designers, local companies and building contractors, have been reached thanks to a very well structured dissemination plan.

Lately ZEPHIR is focusing on another line of action: to inform ordinary people, to assist customers from their first choice when making decision on how to invest their money on buildings, let them know that their investment is going to be valuable, make them understand they are investing on a house that will guarantee comfort, well-being and energy saving.

A bottom-up approach is the strategy to be adopted in order to encourage the interest of the end users, among which, investors such as public administrations and funding agency should also be included.

Specifically speaking, public buildings are among the biggest energy consumer buildings in Italy and this is causing problems as public bodies are having a lot of economical and/or financial issues in the last years (crisis). For example school buildings on the Italian territory occupy a surface area of 64 million square meters, and energy costs in 2012 were around 12.5 billion euro [2].

Thankfully Italy is acting in the right way: last year the first Passivhaus elementary school has been built in Frazione Raldon San Giovanni Lupatoto (VR) (Veneto, Italy): a school built with a prefabricated concrete system and equipped with a decentralized ventilation, which permits to save in running, construction and maintenance costs and adjusts in real time to environmental needs.

**Ground Passivhaus school in Frazione Raldon San Giovanni Lupatoto (VR) (Veneto, Italy).
Source: Passivhaus database**

Additionally, municipalities are responsible for two relevant areas in the building sector: state heritage and private building permits. At present ZEPHIR cooperated with the municipalities of Muzzano (BI) and Botticino (BS) leading them to become the first municipalities adopting the PH standard in their regulations.

These municipalities decided to reduce the fees for obtaining the construction permit if the highest energy saving measures are implemented in the work, considering the case of: renovations, change of use, extensions of existing buildings, new buildings.

The document was written by ZEPHIR together with some experts in the field of energy efficiency and with the mayor and his deputies.

The idea to start from the regulations and prior to this from public funding is due to their ability to inform and communicate, to foster citizens' awareness and motivate all the stakeholders of the building sector to take part of the change for a better life quality.

As far as the private funding sector is concerned, Hotel industry is certainly the most interesting field to work with. Tourism has always been one of the pivot elements of the Italian economy, as a matter of fact, despite the economic crisis, there has been an average increase in the presence of tourists in Italian hotels in the last three years.

The hotel industry is made up of several social economic features that extend the range of results achievable: firstly, traditional hotels are characterized by extremely high running costs that makes it even more difficult for owners to guarantee a high level of services offered to the clients. Maximize the energy saving level means the availability of a bigger amount of money to be invested by the owner to renovate his building, due to a short payback period.

Moreover, a zero energy or Passivhaus hotel has a considerable social side effect: it is a powerful indirect educational instrument, it gives the possibility to people to personally experience the living comfort. In this way clients have a chance to understand what is the meaning of living in a Passivhaus and they can compare this level of well-being to the one they have in their own houses.

The above has been recorded as direct result after the realization of the first Passivhaus Hotel in Italy, the second worldwide: Ecohotel Bonapace located in Nago,Torbole (TN).

It is a wooden structure building, with external insulation made from recycled materials, low-emissivity triple-glazed windows, and is the result of accurate computer design process in order to ensure energy efficiency, home comfort, indoor air quality, attention to the details and a particular philosophy of hospitality.

Ecohotel Bonapace located in Nago,Torbole (TN). Source: Passivhaus database

With a deep belief in the social and economic development potential of the hotel sector, ZEPHIR keeps investing efforts in this direction. Among others (besides the EU-funded project EuroPHit), the most recent upcoming project is called "LEAF" (Low energy action for Hotel/B&B), which consists on a long term plan of action in the sector of Hotels and B&B, aiming the refurbishment of a large percentage of the hotel buildings at a regional and national level. The very first step is the energy audits of hotels, with the aim of identifying potential savings that can be pursued through energy efficient measures, following the implementation of step-by-step refurbishment in order to face the challenge of a big initial investment for the owners. Finally, every single project can be monitored in order to demonstrate the great results and to make this protocol replicable in subsequent projects.

This program will start in Apulia with the ambition to be extended to national level.

DISCUSSION & CONCLUSIONS

In conclusion, the Italian experience teaches that the key to the success is shearing knowledge and be eager to contribute to the sustainable growth of our countries.

Then going back to the original question: "Is Passivhaus the right standard to achieve the 2020 requirements in the Mediterranean areas?", the answer is certainly "Yes", Passivhaus standard is a guarantee of scientific validity, proved by plenty of real case studies widely distributed across the Mediterranean area.

REFERENCES & BIBLIOGRAPHY

[1]   Passipedia
[2]   ENEA, "Lay-out di progetto di riqualificazione energetica di un edificio della PA ad uso scuola" Report RdS/2013/152

PLATAFORMA
EDIFICACIÓN
PASSIVHAUS

6.3   Una casa orgánica pentagonal de Bioterre. Autor: Gabriel Barbeta

RESUMEN

Obra de alta inercia basada en el uso de doble hoja de BTC, bloque de tierra cruda estabilizada, con cámara de alto aislamiento de fibra de madera. La vivienda está caracterizada por su forma pentagonal y el hecho de tener parte de la cara norte semienterrada. La inercia se incrementa con bóveda catalana en planta baja. Los muros en dirección sur no disponen de aislamiento, trabajan totalmente por captación directa. Los sistemas de control estival se basan en los grandes aleros, efecto Camini lucerna central, persiana mediterránea, pérgola y uso de sistemas de evaporo-transpiración. La biomasa y los colectores solares complementan las necesidades energéticas del edificio.

El objetivo principal del proyecto era conseguir una vivienda de tierra cruda saludable y armónica integrada Al riquísimo entorno natural al pie del Parque Natural del Montseny, a unos cincuenta kilómetros al norte de Barcelona, en una zona residencial exterior de la pequeña villa de Sant Esteve de Palautordera.

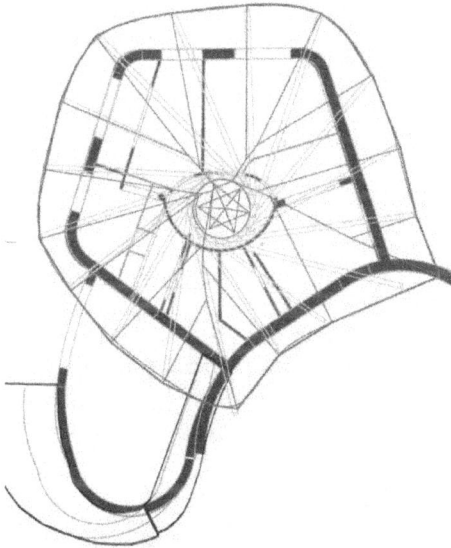

Planta de distribución de la vivienda

EL PROYECTO

La ubicación del proyecto se encuentra a unos 300 metros de altitud, y al estar al lado del macizo del Montseny, da unas condiciones más severas invernales que en la zona litoral. A este nivel tuvimos que contar con el hándicap de tener buenas vistas en cara norte. La zona es de viviendas unifamiliares aisladas, y en el lado sudoeste hay un parque infantil. El acceso es por lado sudeste, y la parcela de 600 m² no queda realmente orientada a sur perfectamente. Ello propició que el juego de orientaciones del pentágono nos generada una doble orientación hacia sur por medio de dos caras de la casa.

Para minimizar la fricción del viento y evitar una excesiva concentración de energía en las esquinas, éstas se redondearon o se prolongaron hacia unos contrafuertes que se convirtieron en los articuladores del espacio exterior y puntos de recogida de las aguas pluviales de la cubierta. Así también se anexiona el taller-sala de instalaciones en cara nordeste y que a su vez integra una rampa para ir desde el huerto a la primera planta de habitaciones. Esto genera un mejoramiento bioclimático en base a semienterrar esta zona norte de la casa, aumentando el aislamiento y la inercia, y disminuyendo la exposición al viento y al frío. La rampa es también una manera de mejorar la accesibilidad y generar una continuidad entre la cubierta ajardinada del taller con el huerto.

El un vestíbulo de la casa también hace las funciones bioclimáticas de invernadero y así minimizar las perdidas térmicas al entrar y salir. La despensa y cocina se encuentran en la cara más fría y hacen de espacios tapón al no disponer de calefacción. La distribución general interior gira alrededor de la escalera el lucernario central y la estufa de biomasa, para así distribuir la energía calorífica y lumínica homogénea centrípetamente.

LA CIMENTACIÓN

La obra se asienta sobre una base cuaternaria muy resistente de bolos, arenas y arcillas. Se soluciona de manera simple con una zapata rígida y un mínimo armado de reparto de tensiones en su base. Para evitar en éstas las alteraciones del campo magnético o las concentraciones de carga errantes es básico no emplear armados metálicos. Una alternativa es utilizar barras de fibra de carbono o de vidrio, pero su alto impacto ambiental de fabricación y al ser derivados de recursos no renovables hacen que nos decantemos por un armado de bambú de diámetro 20 mm, técnica que he estado utilizando e investigando durante los últimos 20 años. Un factor fundamental es la adherencia entre el hormigón y las cañas, ya que los módulos elásticos no son tan semejantes como con el acero.

De la misma manera se refuerza el arranque del muro de contención de BTC.

Zócalo muros armados de bambú, zona taller semienterrado, ejecutado en doble hoja de BTC interior y piedra local

MUROS

La composición y las características de los muros responden a un buen diseño bioclimático y eficiente de la envolvente del edificio. La tecnología utilizada es el BTC Bioterre (Bloque de Tierra Comprimida). En base a toda la amplia experimentación y métodos expuestos en la tesis doctoral de Gabriel Barbeta (http://www.tdx.cat), podemos afirmar que hoy en día es factible tener un material de calidad y estandarizable ejecutado con tierra. El uso de la tierra minimiza el consumo energético en fabricación , transporte y reciclaje, genera una mejor permeabilidad del muro, que además debido al alto intercambio catiónico de las arcillas naturales crudas se confiere una enorme capacidad de regular la humedad y de absorber tóxicos presentes en el ambiente. Además su plasticidad facilita la absorción acústica y sísmica, a la vez que confiere un enorme aislamiento e inercia térmica, originados por su estructura de filosilicato. No hay que obviar que contienen capas de sílice, la celda fundamental del cuarzo, de interés por su alta capacidad de retener información.

Los muros de las fachadas orientadas a sur son de 30cm macizos de BTC dispuestos en dos hojas separadas, para así aprovechar las máximas prestaciones de acumulación térmica. En cambio en los muros norte se combina la inercia con el aislamiento ejecutándose una hoja interior de 15cm, cámara de aire de 3 cm, aislamiento de 10cm de fibra de madera (Pavatex) y hoja exterior de BTC de canto (9,5 cm) -ambas hojas unidas por conectores de acero galvanizado marca Murfor-.

BTC COMO ELEMENTO BIOCLIMÁTICO

Para calefactar las habitaciones de la planta primera se utiliza la tecnología de muro radiante, embebiendo los tubos de polietileno en los revestimientos interiores de tierra.

A nivel de captación pasiva también se han generado una serie de muros trombe en los muros SE y SO de la planta primera, ubicados en los antepechos de las ventanas. Se han realizado mediante BTC de grosor 10 cm con un acabado exterior de estuco a la cal con color oscuro e interiormente con el mismo revoco de tierra del resto de la vivienda. El color es para incrementar el coeficiente de absorción solar a un 70%. Según la tabla de la página siguiente podemos ver que por cálculo nos da un desfasaje en la onda térmica de unas 8 horas, lo cual nos da aportes durante las primeras horas de la noche.

La insuficiencia térmica del BTC en algunos casos se hace palpable en el cumplimiento de los requisitos de ahorro de energía que rigen el Documento Básico HE del Código Técnico de la Construcción. En los diseños donde la tierra es el único elemento que configura el cerramiento y no se incluyen trasdosados, los índices de aislamiento proporcionados con grosores normales entre 30 y 60 cm, suelen estar en el orden entre 0,6 (1) y 1,2 W/mK, también en función a la densidad conseguida, cantidad de arcillas y tipo de suelo, tal como se puede ver en los cálculos en base a los diferentes tipos cristalográficos de la tabla siguiente.

Así si comparamos los índices estandarizados de conductividad de los principales materiales de construcción convencionales y los fabricados de tierra, los del tapial se mantienen en una posición intermedia.

material/fuente		densidad	conductividad λ
tierra apisonada, adobe, bloques de tierra comprimida	*fuente: (5)	1770 - 2000 kg/m³	1,10 W/mk
tapial	.(2)	1400 kg/m³	0.60
	.(3)	1600 kg/m³	0.80
		1800 kg/m³	1.00
		1900 kg/m³	1.20
		2000 kg/m³	1.60
BTC	.(1)	1700 kg/m³	0,81 W/m³
BTC reciclado C UdG BTC UNE 92	.(4)	1960 kg/m³	0,41 W/mk
BTC reciclado 1 UdG BTC UNE 92	.(4)	1710 kg/m³	0,54 W/mk
adobe	.(1)	1387 kg/m³	0,46 W/mk
BTC Bioterre (Fitxa tecnica Bioterre)		1790 kg/m³	0,48 W/mk
Cannabrick (Fitxa tecnica cannabirck)		1171 kg/m³	0,19 W/mk
hormigón armado		2300 - 2500 kg/m³	2,3 W/mk
hormigón en masa in situ		2000 - 2300 kg/m³	1,65 W/mk
Arcilla cocida para piezas de albañileria (Catalogo CTE)		1700 - 2000 kg/m³	0,59 / 0,74 W/mk

Valores comparativos aislamientos técnicas en tierra (10)

Para poder cumplir con la transmitancia térmica máxima U, que está en 0,74 a 1,22 en W/m² K de cerramientos y particiones interiores de la envolvente térmica, según las zonas climáticas, deberíamos tener muros casi de un metro. Por ello la inclusión de aislantes internos o elementos aligerantes en la composición habitual de la tierra, es una práctica que habiéndose testado en diferentes estudios similares parece generar mejoras significativas en este aspecto, aunque ello requiera un especial control de la perdida de otras atribuciones como la resistencia a compresión.

CARPINTERÍA

La carpintería es de madera de roble y castaño, priorizando las maderas locales como concepto básico de sostenibilidad, a su vez por el incomparable aislamiento en frente al aluminio. Se colocan a mitad del muro y se esconde el premarco por la cara exterior, efectuando un escalón, de la misma forma en que se utilizaba en las masías tradicionales catalanas y evitando el puente térmico o el uso de substancias selladoras contaminantes. Los vértices interiores del muro se biselan para mejorar la entrada de luz y ampliar el radio de abertura de las carpinterías. Para ello se corta el bioterre mediante radial.

	Factor de conductividad con árido estándar		Resultados con una densidad de 1,7	Ce J/Kgr°K	Kcal/Kgr °C
Caolinita	$\lambda=0,065\times10^{0,605ds}$		0,69	820	0,20
Clorita	$\lambda=0,145\times10^{0,566ds}+0,15$		1,48	891	0,21
Illita	$\lambda=0,098\times10^{0,548ds}$		0,98	818	0,20
Montmorillonita .	$\lambda=0,193\times10^{0,438ds}$		1,07	815	0,19
Caolinita+clorita+8%C.P	$\lambda=0,145\times10^{0,366ds}$		1,33		
Mon+8%C.P	$\lambda=0,076\times10^{0,566ds}-0,22$		0,75	Calor específico	

CSTB. Proprietes thermiques du materiau terre. Jean Paul Laurent. Paris 1987

Cálculo de la onda de desfasaje en base al espesor, densidad.

C (capacidad calorífica)= 900J/Kgr °C 0,25wh/kgr°C =Ds.0,83.10^{6}J/m³°K

C=	0,25	
e=	0,3	espesor
Dm aparente	1,85	Tn/m³
T=	8	invierno
λ=	0,415	W/m °C a 0 °C

ϕ Desfase térmico= T/2.e/λ. Vλcδ/π T   7,99 horas

μ factor de amortiguamiento= exp(-e.Vπcδ/λT   0,82

λ=	0,85	0,96	Factor a 0°C		* (tapial)
λ=	0,6	K=	1,13	W/m2 °C	* (adobe)
λ=	0,925	0,760	Factor a 0°C		

*La terre matériau d'avenir. Les caractéristiques thermiques de la terre: du mythe à la réalitéRevue de l'Habitat Social. U.N.HLM Paris 1981

Cálculos térmicos

Detalle del muro trombe y el estuco de cal oscuro

ESTRUCTURA

La estructura en forjados y cubierta es de vigas de madera de castaño de sección 17x17 cm. En la cubierta se disponen para formar una estructura recíproca con encajes diseñados y efectuados mediante 3D. Este método estructural derivado de las antiguas construcciones hopi y de los templos japoneses permite cubrir grandes luces con pequeños elementos. Cada viga apoya en la anterior. Ello permite tener una planta libre interior, precepto de la Arquitectura racionalista por el que tanto se ha justificado ingentes cantidades de acero y hormigón en nuestros hogares.

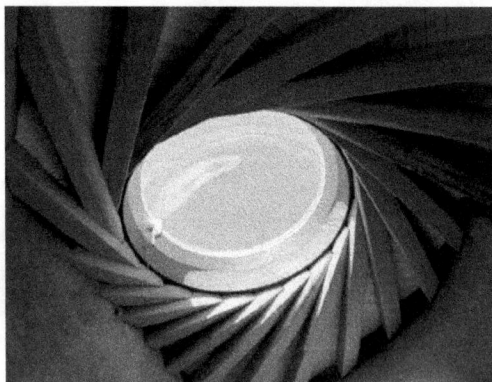

Cubierta recíproca, parte central con lucernario

La disposición en espiral de las vigas genera un lucernario central de 2,6 metros de diámetro. Las cargas se distribuyen muy homogéneamente y se derivan primordialmente a las esquinas que van reforzadas con contrafuertes.

El lucernario central había sido concebido como un elemento importante para recibir la luz solar a través de un dodecaedro de cristal, para inundar la casa de fotones con una determinada información. Al final se realizó con un lucernario bivalvo de metacrilato motorizado, para permitir el efecto Camini en verano.

REVESTIMIENTOS

El revoco exterior se ha realizado en 3 capas con cal aérea para mantener una de las propiedades fundamentales de la bioconstrucción, la transpirabilidad.

El color de la arena nos dio un color de acabado óptimo sin necesidad de pintar posteriormente. Exteriormente se aplicó un tratamiento consolidante con una dilución de silicato potásico y una protección hidrófuga en base a aceite de siliconas, hran hidrorepelente y muy bajo índice de emisión de COV (compuestos orgánicos volátiles). Para evitar fisuras en las zonas de cambio de material se ha utilizado también malla plástica para retracciones diferenciales.

Interiormente se han ejecutado revocos de tierra en tonos naturales. Estos revestimientos aumentan la inercia interior trabajando acorde con la tecnología del muro radiante, y ayudan a regular la humedad del ambiente gracias a las propiedades higroscópicas de las arcillas, por no nombrar también las propiedades terapéuticas del barro. La ejecución se hizo en 2 capas trabajando con una arcilla local del Empordà, suministrada por la empresa "Argiles colades". La primera capa contiene un porcentaje de paja triturada para aminorar las retracciones y la segunda es la de acabado con diferentes posibilidades cromáticas. Esta primera capa se realizó con máquina de proyectar en húmedo para agilizar los trabajos

Fotografías exteriores lado noroeste

BIBLIOGRAFÍA

- Domínguez M. Propiedades térmicas de los adobes. CSIC. Arquitectura de tierra. Monográfico MOPT Madrid 1998
- Bauluz, Gonzalo- Bárcena. Pilar. Bases para el diseño y construcción con tapial. Edit.: MOPU, Madrid 1991
- Walker, Peter- Keable, Rowland, Rammed Earth. Design and construction guidelines.
- Álvarez Vázquez, José Manuel - Potrony Serret, Enric. P.F.C, Anàlisi d'envelliment, i millora del bloc de runa comprimida. Universidad de Girona. 2001
- Instituto Eduardo Torroja de Ciencias de la Construcción, colabora CEPCO y AICIA. Catálogo de elementos constructivos del CTE. Madrid, 2010.
- González Sánchez, B. P.F.G Informe de las propiedades térmicas y mecánicas del sistema modular S-Low de construcción con estructura de madera y envolvente de tapia. Escola Tècnica Superior d'Arquitectura de Barcelona. Barcelona, 2013.
- Barbeta Solà, G. Tesis Doctoral. Mejora de la tierra estabilizada en el desarrollo de una arquitectura sostenible hacia el siglo XXI. Escola Técnica Superior d'Arquitectura de Barcelona. Barcelona, 2002.
- Sancho Porcell, F. P.F.C. Mur de terra estabilitzada aïllant. Universitat de Girona, Girona, 1997.
- Hutcheon, N.B and WH. Ball. Thermal conductivity of Rammed Earth. Aut. Edit. C. Engineering University of Saskatchewan. September 1949.
- Barbeta Solà, G., Massó Ros, F.X. Mejora térmica del tapial por inclusión de virutas de corcho natural. Versus 2014. Edit. Taylor & Francis Group London 2015.

PLATAFORMA
EDIFICACIÓN
PASSIVHAUS

7 Control, domótica, inmótica, y monitorización

7.1 Comfort and Passivhaus in the Mediterranean summer - monitorization of 2 detached homes in Spain. Autor: Micheel Wassouf

SUMMARY

Passivhaus have been proved to function excellent in cool temperate climate. In the actual phase of diffusion of the standard, it's important to analyze real behavior of these buildings in different climates. This paper analyses two Passivhaus in Mediterranean summer and shows that even light weight buildings with residential use are able to guarantee a perfect interior climate under extreme weather conditions.

INTRODUCTION

Functioning of Passivhaus in cool temperate climate has been proved extensively in different theoretical and practical research studies in the last twenty years. The very good results of these living experiences have contributed essentially to the success of the standard worldwide. With the actual phase of diffusion of the standard in different climates, the question arises whether the standard set of solutions elaborated for central European climate also guarantees this excellent functioning in different climates all over the globe.

The present contribution gives a first insight into the real functioning of two residential Passivhaus in Mediterranean summer, where the author has been involved as a Passivhaus designer. This findings are understood as a small part of a puzzle that should respond to the often heard doubt of Mediterranean experts, stating that Passivhaus are not the right building standard for the Mediterranean summer.

Left: MZ House, architects: Calderon-Folch-Sarsanedas / Right: Palau House, architects: E.Jordan & M.Wassouf

MZ HOUSE

Description of building, site and user behavior

MZ House is a mid of terraced house in a northern district of Barcelona. The district is characterized by low density, urban structure. The one story terraced house is situated closely to a busy highway. The beach of the city is about 6 km away. Typical Mediterranean climate of Barcelona has an average temperature of 24-25 ºC in August, combined with an average relative humidity of 60-70 %.

MZ House is the result of a retrofit process finished in 2012, based on Passivhaus criteria. The original building dates from 1918, and has been converted from very basic thermal conditions in winter time (heating demand 171 kWh/m²a calculated with PHPP) to an almost Passivhaus (17,5 kWh/m²a). The calculated summer comfort in both cases (before and after retrofitting) remained at 10% overheating frequency, with 26ºC as reference, and 14,7% with 25º C as reference temperature.

The building has about 70m2 of treated floor area, being the garden and living side oriented toward northeast, meanwhile the street side have only two small openings, with large shadowing. To reach the Passivhaus criteria, a new roof light has been designed, with a south-western orientation. Insulation of walls between 14-18cm, roof 28cm and floor slab 6cm has been added. Simple wooden window frames (90mm; 1,1 W/m²k) and double low emission glasses (1,1 W/m²k; g-value 0,58) has been installed suitable to Med-climate comfort conditions. The resulting thermal inertia has been estimated as very low, as the envelope components are composed by wooden beam structure (garden side and roof) and interior insulation (street side and laterals). A Passivhaus certified HRV-ventilation system guarantees the fresh air requirements. Due to complex constructive conditions, the building airtightness reaches "only" an n50 value of 2,3/h.

The user of the building is a four person family, highly aware of energy saving measures. In both of the analyzed years, 2013 and 2014, the family left the building unused during 6 weeks of summer (middle of July till end of August), so the comfort analysis has been concentrated during occupancy of the building: June, first mid of July and September. Concerning the ventilation strategy, the mechanical ventilation has been kept running through all the occupancy time with standard intensity rate (30 m³ per hour and person). Further, due to highly usage of the garden, the children kept open during large time of the day (school holidays) the big opening toward the garden. In summer night, an intensive natural cross ventilation has been performed. The above mentioned roof light, until now without any external sun protection, has been covered temporarily. No active air conditioning has been installed.

Measured results and analysis of data

Two years of monitorization have been registered: Next to internal and external temperatures, also relative humidity and CO_2 concentration. No radiation data was available. The CO_2 concentration never exceeded 1000 ppm of CO_2. Internal air quality is not matter of this analysis.

The following questions are discussed concerning summer comfort, always regarded during usage phase of the dwelling:

- Overall summer behavior (overheating frequency)
- Adaptive comfort model
- Time constant in summer

Overall summer behavior

Average exterior temperature of summer 2013/14 had been 22,60 / 23,28 ºC, meanwhile the PHPP official data for Barcelona is 23,6ºC. The measured average indoor temperature is 25,2ºC for 2014 and 25,5ºC for 2013. The correspondent overheating frequency above 25ºC during usage phase is 13,0% in 2014, and 14,3% in 2013. PHPP calculated 14,7% with a typical Barcelona summer. This result shows that the building is performing beyond the allowed level of comfort after Passivhaus design principals. Curiously, the owner didn't complain about the high temperatures, but rather a too humid indoor climate.

Adaptive comfort model

The collected data have been organized and compared following the ASHRAE RP-884 study outcomes. This study uses more than 22.000 data sets from 160 buildings in different climate zones, most of them situated in hot climate. As a conclusion, the study concluded in the following formula, resulting in an acceptability of 90% (buildings without AC):

$$T_{conf} = 18,9 \text{ ºC} + 0,255 * \text{outside temperature} \pm 2,5$$

Different comfort parameters, as clothing, metabolic activity or air velocity are not known for this comparison, so the presented figures have to be analyzed with a certain caution. In Imagen 3-62, room temperatures depending on exterior temperatures are shown, also upper and lower ASHRAE-RP-884 limits and the proposal of the PHI for the upper comfort limit. A very good behavior of temperatures of the dwelling is stated. Only very view hours have crossed the critical 26 ºC. The same situation is detected for summer 2014, in Imagen 3-63.

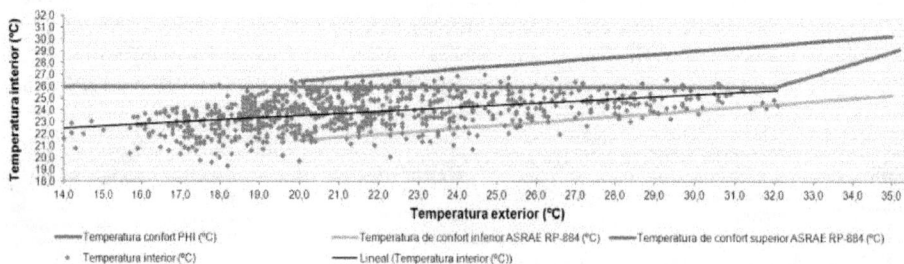

Registered room temperatures in summer 2013, during occupancy of the dwelling

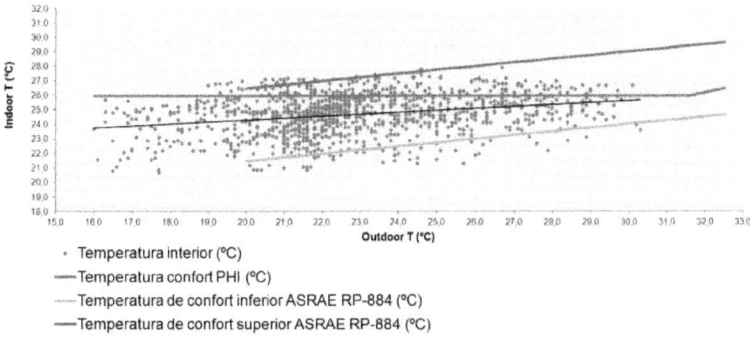

· Temperatura interior (°C)
——Temperatura confort PHI (°C)
---- Temperatura de confort inferior ASRAE RP-884 (°C)
——Temperatura de confort superior ASRAE RP-884 (°C)

Registered room temperatures in summer 2014, during occupancy of the dwelling

Time constant in summer

What happens during a heat wave during summer? The building has no thermal mass, as stated above. Following ISO-EN-13790, a lightweight envelope is assumed with a 20 hour time constant. Therefore we look closer at two weeks in summer 2013 and 2014:Figure 4 shows that the phase displacement of temperatures are about 5 hours, quiet low compared to what EN-ISO-13786 suggests as minimum value of 10 hours. During the studied period, we notice that the building responds to sudden temperature changes within less than 20 hours. The same phenomenon is repeated for the year 2014, see Imagen 3-59: 13th September.

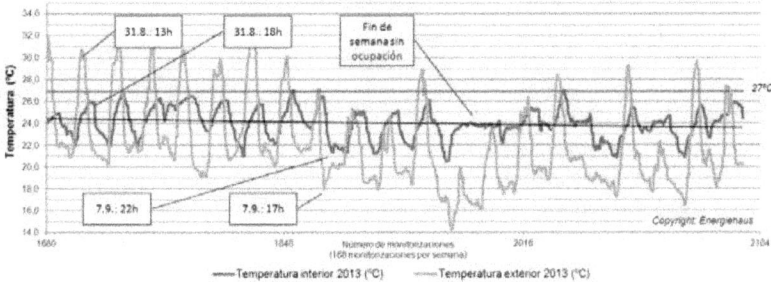

——Temperatura interior 2013 (°C)   ——Temperatura exterior 2013 (°C)

Room temperatures during two weeks in summer 2013

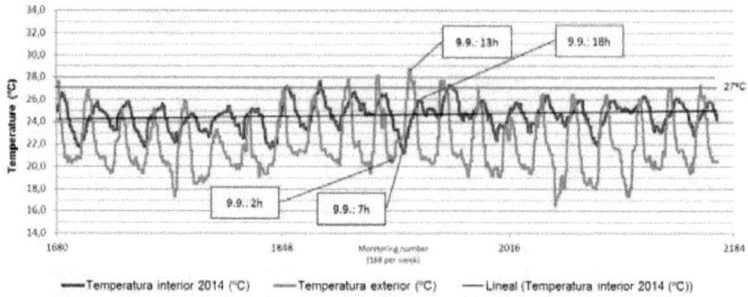

Room temperatures during two weeks in summer 2014

PINEDA HOUSE

Description of building and site and user behaviour

Pineda House is a one story detached house situated in Palau, a small city close to Barcelona, with a distance of 17 km to the beach. The weather is similar to Barcelona, even though daily temperature oscillation are more pronounced, dropping down till 14-15 ºC (in Barcelona 17-18 ºC). High humidity rates are stated, due to a close small river. The building has been certified as a Passivhaus in 2014. The passive building solution are very similar to the MZ House, but no roof light has been designed. All windows have efficient sun shading blinds. Thermal inertia due to wooden beam structure is unavailable.

The user of the building is a 2-person family, highly aware of energy saving measures. Similar to MZ House, the user left the building during August, so the comfort analysis has been concentrated during rest of summer time. During occupancy, the mechanical ventilation has been reduced during daytime (people at work) at a minimum rate (15 m³ per hour and person). Being at home, the user switched to standard ventilation rate and opened the windows at night for natural cross ventilation. The installed Air Conditioning has not been used this first summer 2014.

Measured results and analysis of data

Overall summer behavior

Average outside temperature of summer 2014 has been 23,70 ºC, meanwhile the PHPP official data for Barcelona is 23,6 ºC. The measured average indoor temperature has been 24,7 ºC. The measured overheating frequency during total summer period is 18% (including August !). PHPP calculated 26,8% (with Barcelona climate data set).

Adaptive comfort model

In Image 3-66, a very good behavior of temperatures of the dwelling is stated. Only very few hours have crossed the critical 26 ºC

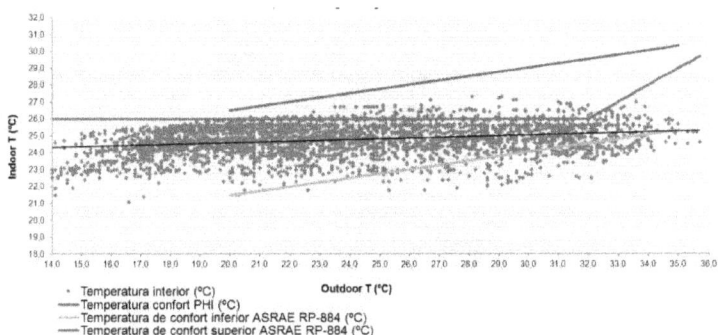

Temperatura interior (ºC)
Temperatura confort PHI (ºC)
Temperatura de confort inferior ASRAE RP-884 (ºC)
Temperatura de confort superior ASRAE RP-884 (ºC)

Registered room temperatures in summer 2014, during occupancy of the dwelling

Time constant in summer

Similar to MZ house, a closer look into one week in summer 2014 (during occupancy) Imagen 3-67 shows curiously very constant temperatures of the building, due to an optimal behavior of the occupants (blinds consequently closed during daytime). On the other hand, punctual observed phase displacement of temperatures are very low (only 3 hours).

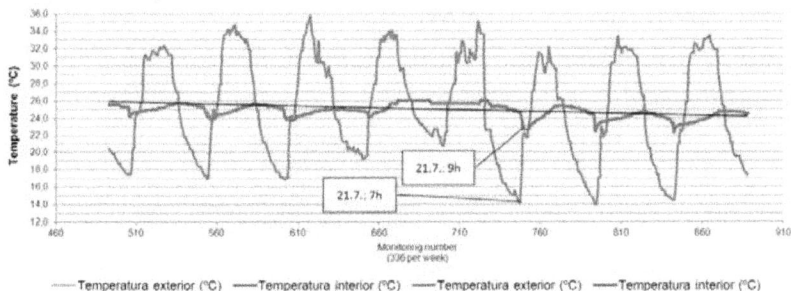

Temperatura exterior (ºC)   Temperatura interior (ºC)   Temperatura exterior (ºC)   Temperatura interior (ºC)

Room temperatures end of July 2014

CONCLUSIONS

Although time constant for the studied light weight dwellings is not higher than one day in summer, and the phase shifting of temperatures are quiet low (3-5 hours), curiously the 2 dwellings perform excellently on means of comfort. Figure 8 shows that temperatures only exceed during very few hours the 27 ºC frontier. However, it is interesting to further study whether a higher thermal mass could damp better weather oscillations and improve the behavior of such buildings. Also relative humidity seems to be an issue that should be studied with more detail, as shown in the lower graph, with a certain amount of hours in MZ house beyond the extended comfort limits. This is confirmed by the users, stating too high humidity inside of the dwelling. Anyway, this issue is not a specific Passivhaus problem.

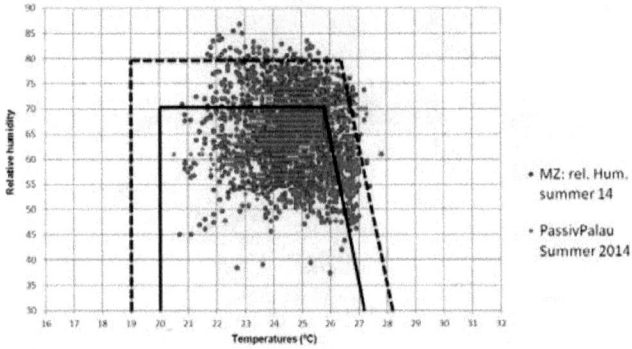

Comfort limits as a function of internal temperatures and relative humidity

REFERENCIAS BIBLIOGRÁFICAS

- Schnieders, J., 2009, Passivhaus in South Western Europe. Passivhaus Institut, Darmstadt
- Wassouf, M., 2013, De la Casa Pasiva al Estándar Passivhaus. Editorial Gustavo Gili, Barcelona

7.2 Análisis de la calidad del aire interior en la casa EntreEncinas. Monitorización realizada en una casa certificada bajo el estándar Passivhaus. Autores: Iván González y Alicia Zamora

RESUMEN

Presentación de los datos de monitorización recogidos durante los tres primeros años de vida de la casa EntreEncinas, certificada bajo el estándar Passivhaus en 2013 y construida con criterios de bioconstrucción. Se han recogido datos de temperatura exterior e interior, humedad relativa, CO_2 e ionización. La vivienda ha funcionado temporadas como primera residencia y otros periodos como segunda residencia, lo que nos permite conocer su funcionamiento en dos situaciones bien diferentes.

INTRODUCCIÓN

La Casa EntreEncinas es una vivienda unifamiliar aislada ubicada en una zona rural del pueblo de Villanueva de Pría, en el concejo de Llanes (Asturias). Su construcción finalizó en agosto de 2012 y fue certificada por el Instituto Passivhaus en la primavera de 2013. La monitorización realizada desde entonces, aporta datos del comportamiento térmico y confort desde hace casi 3 años.

Se trata de una casa pasiva construida según criterios de bioconstrucción, resultado de la búsqueda de una vivienda autosuficiente en cuyo diseño se integran, por un lado, los conceptos de eficiencia energética del estándar Passivhaus y la arquitectura bioclimática, que garantizan un edificio de consumo de energía casi nulo, y por otro, los principios de bioconstrucción, que exigen el uso de materiales y sistemas constructivos de bajo impacto ambiental. La forma y ubicación del edificio, así como la distribución interior, buscan el máximo aprovechamiento de los recursos naturales del clima, y por tanto un menor consumo energético. La vivienda está formada por dos volúmenes, uno de planta baja, semienterrado aprovechando el desnivel del terreno, y otro volumen de dos plantas abierto hacia el sur como un captador solar. Tomando como modelo la arquitectura popular asturiana se sitúa una galería en todo el frente sur de la planta 1ª; con lo que se consigue mejorar el comportamiento térmico de la vivienda en invierno al actuar como un invernadero que acumula el calor en los materiales con inercia térmica, como el pavimento de piedra caliza. En verano este espacio funciona como un espacio exterior.

La elección de los materiales es esencial para el bienestar de los habitantes de la casa y para el equilibrio del medio ambiente. Entendemos la envolvente de la vivienda como nuestra tercera piel. Por todo ello, se opta por una utilización de materiales de bajo impacto ambiental, con reducciones importantes de los consumos de CO_2, reciclables, no contaminantes y también con propiedades más saludables. Técnicamente, se busca una combinación equilibrada de materiales aislantes y acumuladores de calor, materiales lo más abiertos posibles a la difusión de vapor de agua e higroscópicos, asegurando al mismo tiempo la estanqueidad al aire y al viento.

Para ello, se optó por una estructura de paneles macizos de madera contralaminada, aislados por el exterior con 16cm de corcho y acabado mediante una fachada ventilada. La cubierta inclinada se resolvió de una manera similar, incrementando el aislamiento mediante un panel de fibras de madera y el aumento en el grosor de la estructura de madera. La cubierta ajardinada se aísla mediante 12cm de aislamiento de corcho granulado y un panel de fibras de madera. La cimentación se resuelve mediante una losa de cimentación aislada por el exterior con 10cm de vidrio celular.

Las características constructivas y los resultados obtenidos en el cálculo energético realizado con el PHPP, se recogen en la siguiente tabla:

ELEMENTOS CONSTRUCTIVOS	U (W/m²K)	Desfase térmico
Pared exterior	0,20 W/m²K	13h
Pared contra terreno	0,27 W/m²K	15h
Cubierta inclinada	0,16 W/m²K	19h
Cubierta ajardinada	0,23 W/m²K	13h
Cimentación	0,24 W/m²K	
Forjado galería	0,21 W/m²K	
Ventanas "Uw" (Ug=1,1 W/ m²K / Uf=1,3 W/ m²K)	1,20-1,46 W/m²K	

RESULTADOS DEL PHPP

Demanda de calefacción	14 kWh/m²a
Demanda de refrigeración	0 kWh/m²a
Carga para calefacción	12 W/m2
Carga para refrigeración	0 W/m2
Consumo energía primaria	103 kWh/m²a
Sobrecalentamiento ≥ 25ºC	0,4%
Hermeticidad al aire n50	0,39 h-1
Recuperador de calor	79%

Desde Noviembre de 2012, se está llevando a cabo un trabajo de recogida de datos de temperatura y humedad, tanto del exterior como de diferentes espacios del interior de la vivienda. Hemos colocado 8 datalogers, que recogen datos cada 15min. En el presente artículo, por su corta extensión, se recoge una selección de los gráficos obtenidos tras la monitorización y correspondiente estudio. Para complementar el análisis de la calidad del aire interior, durante el año 2014, se llevó a cabo en colaboración con la Universidad de Oviedo y el Instituto Universitario de Tecnología Industrial de Asturias, un estudio centrado en dos aspectos específicos: la variación de concentración habitual de CO_2, y el balance de iones positivos y negativos en el aire del ambiente interior que pudieran producirse por el uso de instalaciones de climatización de aire a través de conductos.

5-8 ENERO 2013

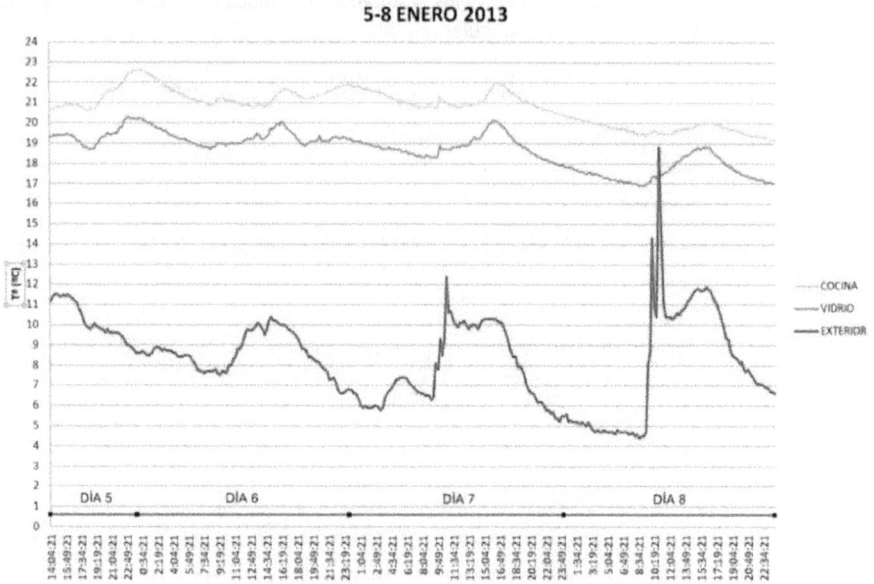

MONITORIZACIÓN DE LA CALIDAD DEL AIRE INTERIOR

El ambiente interior viene determinado por los siguientes factores climáticos: aire, temperatura, humedad y electroclima, con sus múltiples aspectos específicos que repercuten unos en otros en mayor o menor grado, y dependen a su vez de los materiales y métodos de construcción, de las instalaciones, del mobiliario y del entorno residencial. El confort térmico del usuario está condicionando principalmente por dos factores: la Tª interior y la humedad relativa. Respecto al primer factor, se busca que la temperatura interior sea uniforme para evitar que se produzcan corrientes de aire que empeorarían la sensación térmica del usuario. Las diferencias de temperatura entre los distintos paramentos del cerramiento y el aire del ambiente interior han de ser menor a 3,5ºC. En una casa pasiva, las temperaturas superficies de los elementos opacos son prácticamente similares y no varían en más de 1ºC respecto a la Tª del ambiente interior. Igualmente ocurre en los vidrios, consiguiendo temperaturas en la superficie del vidrio cercanas a la del ambiente interior, como se muestra a continuación en un gráfico que muestra los datos de Tª recogidos por tres sensores: uno colocado sobre la superficie interior del vidrio de la ventana de la cocina (orientada a norte), otro sensor que recoge la Tª del ambiente interior de la cocina, y un último sensor con la Tª exterior:

A continuación se exponen gráficos que representan las temperaturas interiores y exteriores de la vivienda durante el invierno, cuando la casa funciona principalmente como segunda residencia:

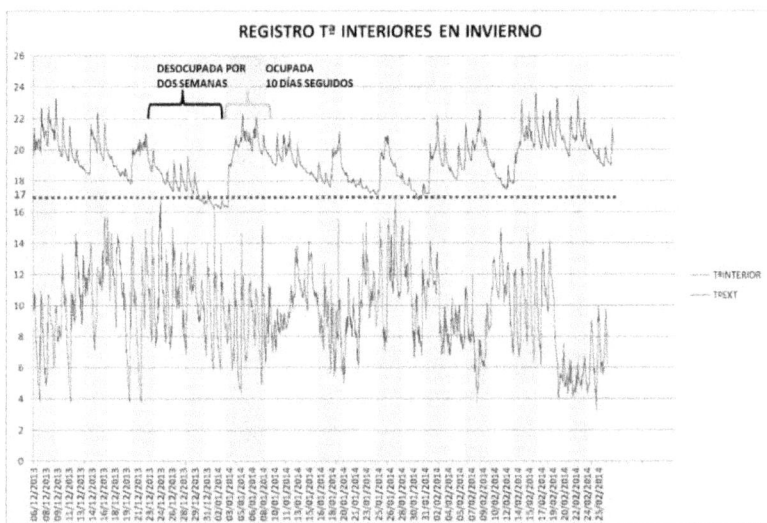

REGISTRO Tª INTERIORES EN INVIERNO

REGISTRO Tª INTERIORES DURANTE 10 DÍAS DE INVIERNO CON LA CASA OCUPADA

Observamos cómo tras dos semanas en la que la vivienda estuvo desocupada, las Tª interiores no descendieron prácticamente de los 17ºC con Tª exteriores bajas. Este hecho permite que en un tiempo reducido de 3 horas y mediante el encendido de la estufa de leña, la casa recupere rápidamente la Tª de confort de 20ºC, manteniéndose esta constante y sin apoyos de energía extra durante los días de vacaciones de navidad en la que se ocupó de manera continua. Comprobamos como una casa pasiva no solo funciona bien con una ocupación permanente, sino que permite su uso como segunda residencia con un coste de energía mínimo.

Durante el periodo estival, las temperaturas interiores se mantienen por debajo de los 25ºC en todo momento, incluso durante días muy calurosos en los que la Tª nocturna no descendió de los 20ºC. A continuación se muestra unos gráficos de temperaturas del interior de la casa EntreEncinas (línea verde), del exterior y también del interior de una vivienda convencional situada en las proximidades y en la cual se colocó un sensor durante el verano:

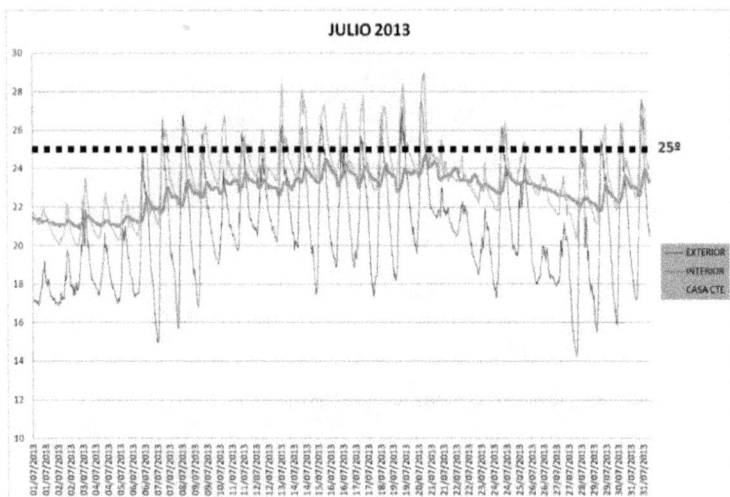

JULIO 2013

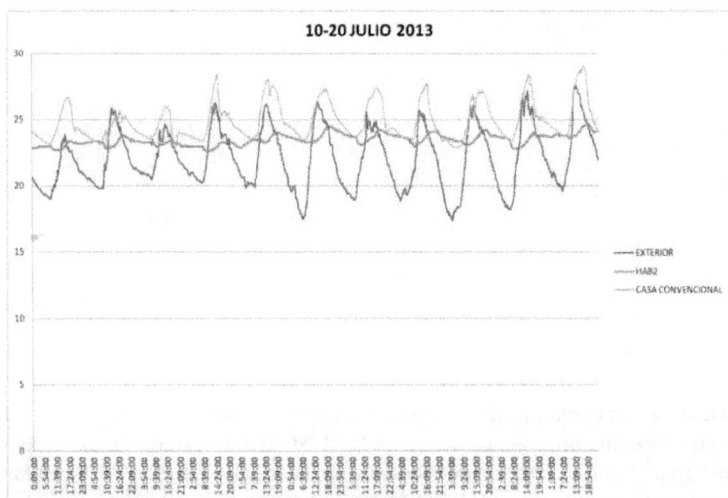

10-20 JULIO 2013

El segundo factor que interviene en la calidad del ambiente interior es la humedad relativa. En Asturias, es uno de los factores más críticos dado los niveles de humedad tan altos durante todo el año. La ventilación es el principal factor para regular la humedad atmosférica. Una renovación insuficiente del aire da pie a un aumento de la humedad atmosférica interior y con ello a la proliferación de moho, bacterias, virus, ácaros, problemas constructivos... En la casa EntreEncinas, ya sea verano o invierno, los valores recogidos oscilan siempre entre el 50 y el 60% de humedad, condiciones óptimas para la salud de las personas.

8DIC. 2012 A 3 MARZO 2013

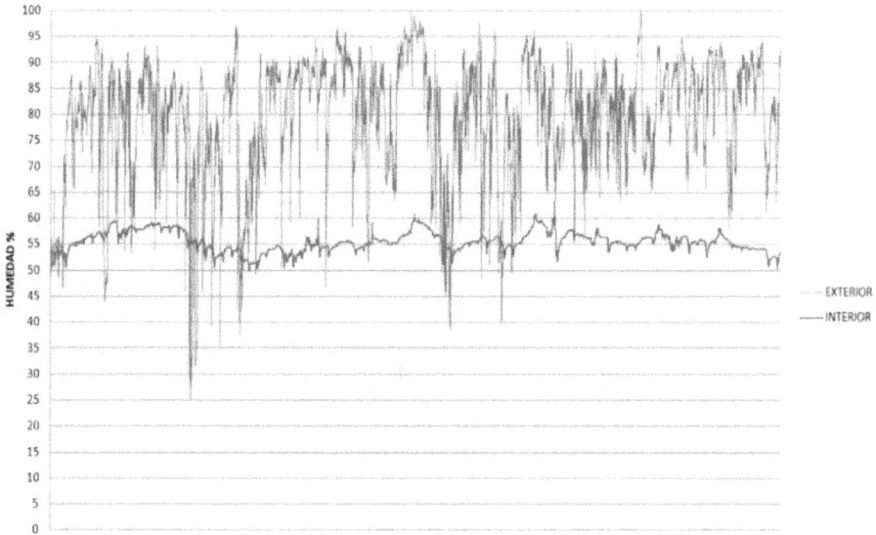

Concentración de CO_2 y niveles de ionización del aire:

1- Medición de concentración de CO_2. El rango de medición es de hasta 2000ppm. El medidor se colocó en las zonas de descanso. La respiración genera en espacios cerrados un aumento de la concentración de dióxido de carbono y una disminución de oxígeno. Si escasea el oxígeno y hay un exceso de CO_2, primero se destruyen las neuronas que son las células más sensibles del organismo, si el CO_2 aumenta aparecen síntomas de fatiga, pérdida de rendimiento, dolor de cabeza...Según la OMS los niveles de concentración de CO_2 no deberían de sobrepasar de manera duradera los 1000ppm. Según la norma técnica de medición Baubiologie, una de las más estrictas, recomienda no sobrepasar los 700ppm. Se muestra un gráfico con los datos recogidos durante el mes de noviembre de 2014. Durante los días laborables el medidor se ubicó en un piso convencional, y el fin de semana se trasladaba a la casa EntreEncinas, pudiendo comparar las diferentes concentraciones de CO_2 en ambas situaciones.

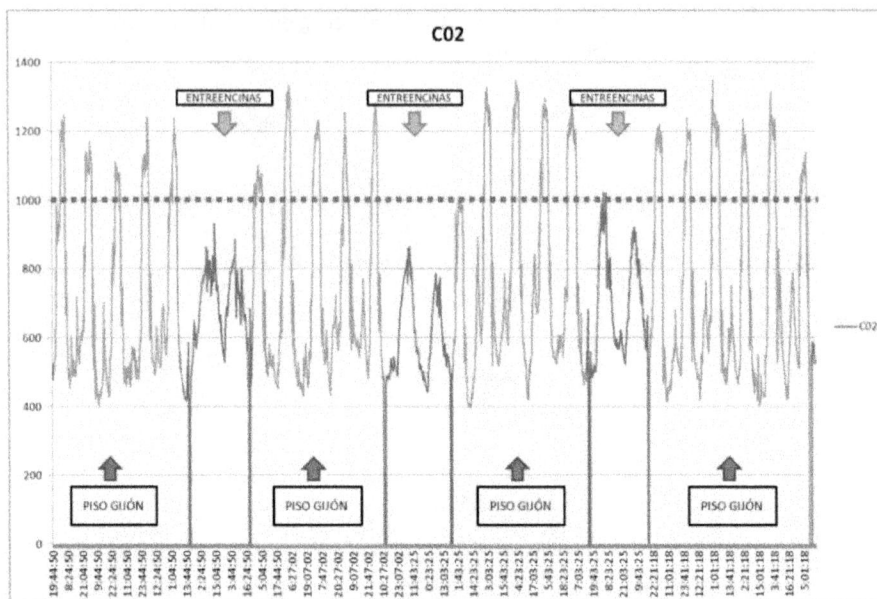

2- De concentración de aniones y cationes por cm³. Se colocó en las bocas de impulsión de aire de la ventilación. El efecto de la perturbación de la ionización en el aire se ha de evitar. Tendiendo siempre a buscar un equilibrio entre aniones y cationes, o sino un mayor número de iones negativos. La ionización del aire predominantemente positiva produce presión en la cabeza, cansancio, bajada de tensión, dificultades respiratorias. Cuando el aire interior se carga de CO_2, la ionización puede anularse del todo. En cambio, los iones negativos tienen un efecto positivo en la salud. Los datos recogidos muestran un equilibrio entre los aniones y los cationes independientemente de la velocidad del aire. Y en cualquier caso, es interesante ver como en ningún momento los iones positivos se disparan.

CONCLUSIONES

Los resultados obtenidos son muy satisfactorios, y tras casi tres años de experiencia de vivir en la casa, la sensación térmica del usuario es muy confortable. Se alcanzan unos niveles de confort interior muy altos con un coste energético muy bajo. El primer año, el coste en calefacción fue de 200 euros y el segundo de 150 euros.

Además de las características constructivas de una casa pasiva, es importante el uso de materiales de acabado interior que no emitan sustancias nocivas, que sean permeables al vapor de agua e higroscópicos, generando un espacio interior saludable para el ser humano.

7.3 Domótica y Automatización aplicada en edificios Passivhaus. Autor: Joan Carles Reviejo.

RESUMEN

En el proceso de diseño de un nZEB intervienen distintos factores que convergen en el objetivo de conseguir un edificio eficiente. La combinación de un buen proyecto arquitectónico que considere criterios de diseño pasivo, la elección de materiales, una correcta ejecución y también la incorporación de sistemas activos, permite alcanzar los objetivos fijados por el estándar Passivhaus.

La domótica permite integrar las instalaciones de un edificio y el control de sus sistemas activos, aportando los recursos y mecanismos necesarios para que un edificio funcione de forma automática, dinámica, eficiente y transparente para el usuario. Una vivienda domotizada y en general cualquier edifico automatizado puede ser monitorizado fácilmente, recopilando la información que permitirá analizar el comportamiento del edifico. La incorporación de un sistema domótico en las viviendas también permite mejorar los estándares de confort y de calidad de vida de sus usuarios, adaptando su funcionamiento a los cambios en el programa de necesidades que se producirán a lo largo de la vida útil del edificio.

INTRODUCCIÓN

Para conseguir un edifico nZEB alcanzando los objetivos fijados por el estándar Passivhaus es fundamental un buen proyecto arquitectónico que incorpore criterios de diseño pasivo, una correcta prescripción de materiales y el control de su correcta puesta en obra.

Los edificios se implantan en un entorno que es cambiante, en el que variables ambientales como la posición del sol, la inclinación e intensidad de los rayos solares varían a diario. También son variables los condicionantes de uso, como pueden ser los horarios y los niveles de ocupación del edificio. En entornos urbanos su diseño también está condicionado por la trama urbana, los edificios colindantes y las ordenanzas urbanísticas. Estas variables pueden hacer necesario la incorporación de sistemas activos, que nos permitan gestionar la piel del edificio (huecos y protecciones solares), gestionar el sistema de ventilación y cuando sea necesario el control de sistemas de climatización de soporte.

El consumo de energía eléctrica (sin calefacción ni refrigeración) es un factor importante que incide en la huella de carbono que generan nuestros edificios. Una gestión eficiente de los sistemas de iluminación y de control, por ejemplo de motores o bombas de recirculación, puede reducir significativamente el consumo eléctrico de una vivienda y de cualquier tipo de edificio, con el consecuente ahorro que incidirá positivamente en el balance energético y en la economía del usuario.

La monitorización es muy importante para poder analizar el comportamiento de un edificio y también los hábitos de sus usuarios. El análisis de estos datos permitirá verificar si el edificio se comporta según los criterios de proyecto, y en caso necesario, realizar ajustes en su funcionamiento para cumplir con los objetivos fijados.

Incorporar domótica en un edificio permitirá integrar todas las instalaciones y el control de sus sistemas activos como por ejemplo geotermia de baja potencia (pozos canadienses o provenzales), sistemas de renovación de mecánica de aire y el control de la fachada. La domótica proporciona los recursos y mecanismos necesarios para que un edificio funcione de forma automática, dinámica, eficiente y transparente para los usuarios. La incorporación de domótica en nuestros edificios aporta sin duda numerosos beneficios.

MONITORIZACIÓN

El sistema domótico permite visualizar y registrar las lecturas de temperatura, la señal de demanda de los sistemas de climatización, tiempos de funcionamiento de los circuitos de iluminación, consumo eléctrico total (instantáneo, diario, semanal, mensual, etc.). También permite registrar el consumo de agua mediante contadores de pulsos y monitorizar el nivel de de cisternas y pozos pluviales.

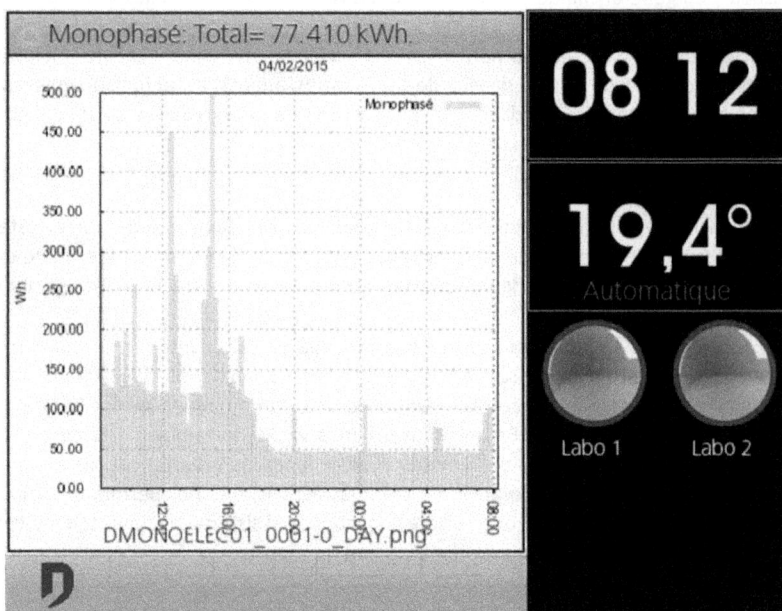

También es posible registrar datos relacionados con el comportamiento térmico del edificio como la temperatura exterior, temperatura interior, humedad relativa, CO_2. Esta información permite actuar instantáneamente sobre el sistema, por ejemplo sobre ventiladores, trampillas de recirculación de aire o sistemas de protección solar motorizados.

Los sistemas domóticos también permiten la integración y control de materiales inteligentes, modificando sus propiedades físicas en función de las necesidades técnicas del edificio y de confort del usuario.

El registro de estas informaciones, almacenadas en local o en la nueve, permitirá realizar un análisis y seguimiento del edificio, verificar su funcionamiento en base a los objetivos fijados en el proyecto y definir estrategias que permitan mejorar su comportamiento. También permite estudiar los hábitos de comportamiento de los usuarios y facilitarles pautas en pro de conseguir un mayor ahorro energético.

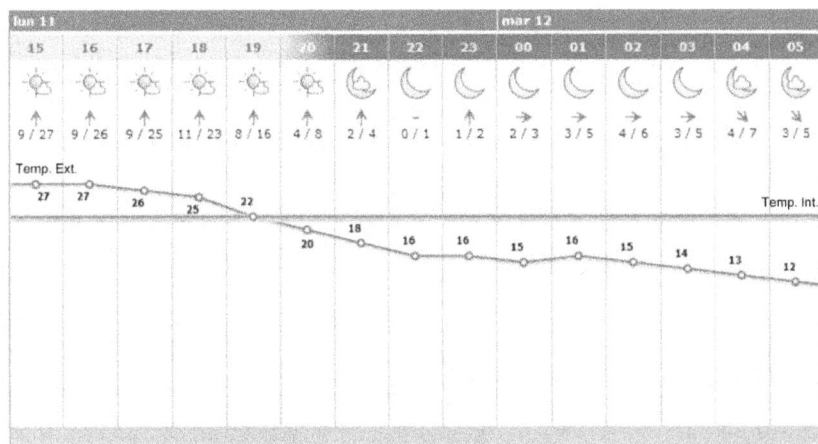

CONTROL SISTEMAS ACTIVOS Y PASIVOS

Los sistemas de ventilación y los sistemas de climatización, por ejemplo geotermia de baja potencia y los muros Trombe, precisan de una serie de mecanismos activos (motores, válvulas y trampillas motorizadas) que precisan ser automatizados.

Como se muestra a modo de ejemplo en la imagen 3, el aire recirculado a través de un pozo canadiense puede enfriarse o calentarse utilizando como apoyo el agua fría o caliente almacenada en un depósito de aguas pluviales o en el acumulador de un sistema de placas solares.

El sistema domótico se ocupa de controlar la velocidad del ventilador, las válvulas motorizadas y las bombas de recirculación que permitirán calentar o enfriar el aire.

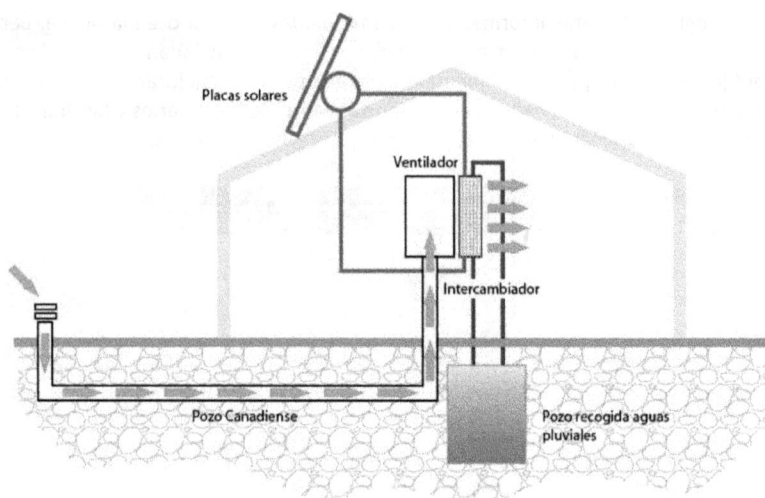

Placas solares
Ventilador
Intercambiador
Pozo Canadiense
Pozo recogida aguas pluviales

CONTROL DE LA PIEL DEL EDIFICIO

Los sistemas de automatización permiten integrar el control de la piel de nuestro edificio, incidiendo espacialmente en la gestión mecánica de los huecos y de las protecciones solares móviles.

Para realizar el control automatizado se relacionan variables estacionales, lecturas mediante sensores y uno de los condicionantes más importantes, si la vivienda está ocupada en cada momento. En función de estas variables el sistema actuará de una u otra forma.

FLEXIBILIDAD Y CAMBIOS EN LOS CRITERIOS DE USO

La incorporación de sistemas de domótica, como los que propone Domintell, flexibilizan las instalaciones eléctricas de un edificio, permitiendo adaptarla fácilmente a cambios en los criterios de uso o del programa de necesidades, por ejemplo en una vivienda.

Las tecnologías basadas en bus de datos permiten intercambiar la posición de pulsadores dentro del edificio y también cambiar las funciones asociadas a cada pulsador. Apoyado en un buen proyecto previo, la topología de este tipo de instalaciones permite separar y agrupar líneas de encendido fácilmente.

INTEGRACIÓN DE INSTALACIONES

Algunas de las aplicaciones que hemos presentado hasta el momento pueden encontrarse en el mercado, pero se trata de soluciones autónomas que no pueden relacionarse. Uno de los principales valores de la domótica es su capacidad de integrar sistemas. Con ello conseguimos simplificar las instalaciones, su funcionamiento, el manejo por parte del usuario y a la vez conseguir un ahorro económico.

CONFORT Y FACILIDAD DE USO

Uno de los principales objetivos de un proyecto arquitectónico es crear espacios útiles y confortables para sus usuarios. La domótica debe incidir especialmente en aspectos como el confort y la usabilidad permitiendo a la vez, especialmente cuando trabajamos en viviendas, disponer de un hogar conectado con el que el usuario pueda interactuar en función de diferentes programas de necesidades.

CONCLUSIONES

Al igual que en un edificio "convencional", en un edificio Passivhaus es necesario encontrar el equilibrio que satisfaga las necesidades técnicas del proyecto y las programáticas. La domótica permite integrar las instalaciones, facilitando el manejo por parte del usuario y su posterior mantenimiento. También nos permitirá evitar recurrencias con el consiguiente ahorro económico.

La domótica en sí no es un producto, es un concepto basado en la integración de instalaciones y sistemas en viviendas y en todo tipo de edificios.

Existen distintas tecnologías y sistemas de domótica en el mercado. Los sistemas basados en cable bus son los más extendidos proporcionando máxima fiabilidad sin prácticamente mantenimiento. Existe una tecnología adecuada para cada proyecto, primando la facilidad de instalación, configuración, mantenimiento y de uso para el usuario.

La monitorización es un aspecto importante. Recopilar, analizar y compartir datos permite mejorar el funcionamiento de los edificios en fase de explotación y utilizar esta experiencia para introducir mejoras en futuros diseños.

7.4 Caso práctico del comportamiento en verano de una vivienda Passivhaus en el País Vasco. Autores: Juan María Hidalgo, César Escudero, Iván Flores, Carlos García, José Antonio Millán, José María Sala.

RESUMEN

A menudo se pregunta si las viviendas pasivas tienen problemas de sobrecalentamiento. En este estudio se realiza un análisis detallado del nivel de confort térmico en una casa pasiva unifamiliar construida en 2012, y con él se muestra el procedimiento para verificar en un Caso Práctico si existe o no este problema. Se realiza un análisis cuantitativo basado en las normas ISO 7730 y EN1525, identificando los periodos de riesgo por zonas y horarios. Se realiza un análisis cualitativo del comportamiento semanal en la vivienda, tanto por orientaciones como por tipos de actividad. Se demuestra que la vivienda no presenta un problema de sobrecalentamiento, superando en menos del 2% del horario las temperaturas máximas admisibles según la norma EN 15251. Finalmente, se propone mejorar el sombreamiento y la ventilación, para futuros diseños y en el uso actual de la vivienda construida.

INTRODUCCIÓN

En los últimos años se han multiplicado los ejemplos construidos de viviendas de bajo consumo con un alto nivel de aislamiento y un control ajustado de la ventilación. Dentro de estos ejemplos, el estándar Passivhaus (PH) establece un marco de diseño claro y con años de experiencia en el centro y norte Europeo. Estudios de la última década han analizado el comportamiento de dichos diseños en climatologías templadas. Sin embargo, estos estudios suelen basarse a menudo en simulaciones y los que sí presentan datos de mediciones suelen ser de periodos reducidos o con poco nivel de detalle; de manera que se pierden muchos detalles del comportamiento del edificio y su potencial.

Los estudios más recientes de viviendas pasivas y de bajo consumo energético en climas cálidos muestran que estas viviendas pueden alcanzar un confort térmico interior adecuado, siempre y cuando los usuarios estén habituados con unos procedimientos básicos de sombreamiento y ventilación nocturna (Mlakar J., Štrancar, J., 2011). El mismo estudio muestra que, sin estas medidas, pueden darse periodos de disconfort relevantes.

En Reino Unido, se han monitorizado 25 apartamentos construidos bajo el estándar Passivhaus durante tres veranos y se ha demostrado que los propios usuarios son el factor más decisivo para evitar el sobrecalentamiento en verano (Sameni S. et al, 2015). Han comprobado que el estándar PH tiene un riesgo alto frente al sobrecalentamiento, y por ello se requiere utilizar los sistemas de acondicionamiento pasivos de modo eficaz.

Otro estudio más detallado realizado en Wales (Reino Unido) sobre dos viviendas gemelas ha comprobado el riesgo de sobrecalentamiento, siendo dos viviendas con geometrías similares, pero con diferentes niveles de acristalamiento, electrodomésticos y usuarios (Ridley,

I. et al, 2014). El estudio muestra que las ganancias internas por electrodomésticos son mayores que las previstas por el PHPP (la herramienta de cálculo térmico de PH), algo que perjudica a las comprobaciones en verano. Así mismo, el uso insuficiente o inadecuado de elementos de sombra y la ventilación natural inciden notablemente en el confort interior y el consumo.

Por lo tanto, aunque el estudio de un único caso práctico no pretende ser representativo para todos los casos o climatologías en España, dado que el número de viviendas pasivas es todavía reducido, estamos a tiempo de concienciar sobre la importancia del diseño y la adecuación de los sistemas activos o de apoyo a estos edificios de bajo consumo energético. Si bien el dimensionado de los sistemas puede ser reducido, al tener que cubrir una baja demanda energética, en ningún caso debería olvidarse la implementación de sistemas adicionales para el control del confort y dar así respuesta a las necesidades cambiantes de la climatología y la forma vida actuales.

OBJETIVO

Comprobar si la Vivienda presenta un problema de sobrecalentamiento, analizar el confort térmico en el periodo intermedio e identificar las principales ventajas e inconvenientes.

DESCRIPCIÓN DEL CASO DE ESTUDIO Y SISTEMA DE MONITORIZACIÓN

La vivienda objeto de estudio se describe ampliamente en una publicación anterior sobre el comportamiento en invierno (Hidalgo, J.M. et al, 2013); también se recogen más detalles del sistema de monitorización empleado, durante su primer año y medio de ocupación.

METODOLOGÍA

Para valorar el comportamiento de la vivienda en época cálida, se han seleccionado tanto el periodo no climatizado (4 Junio - 12 Noviembre), como los meses intermedios de primavera y otoño, detectando los potenciales problemas de sobrecalentamiento (15 Abril– 14 Noviembre). Además, para analizar las diferencias de comportamiento entre el conjunto de la casa y las distintas habitaciones, se han agrupado según sus distintas orientaciones (Norte, Sur, Este y Oeste) o su nivel de actividad (zona de día, zona de servicios y zona de descanso), como puede verse en la Imagen 1. Para reflejar fielmente las dimensiones reales de las estancias, se ha aplicado una ponderación en función del volumen interior de una de ellas. De este modo, se han establecido dos niveles de análisis: cuantitativo y cualitativo.

El análisis cuantitativo emplea los índices de Confort Térmico, combinando el análisis de PMV de la ISO 7730:2005 y el Confort Adaptativo de la EN 15251:2007. En ambos métodos se computan únicamente las horas en que la vivienda ha estado habitada; se ha establecido un horario tipo en base a un estudio estadístico del 20% de las semanas y se han descartado los periodos de vivienda vacía. Se diferencian dos periodos: los tres meses más calurosos (Julio, Agosto y Septiembre) y un periodo ampliado a mitad de primavera y otoño (de Mayo a Noviembre). Los límites de cada norma son distintos y los resultados diferentes permiten valorar en detalle el confort térmico. Los valores de Temperatura Operativa se han obtenido a partir de las Temperaturas del Aire de cada estancia, por medio de ensayos realizados en distintas habitaciones y momentos del año. Se han aplicado los métodos tanto al conjunto de la vivienda como a las distintas orientaciones y tipos de actividad.

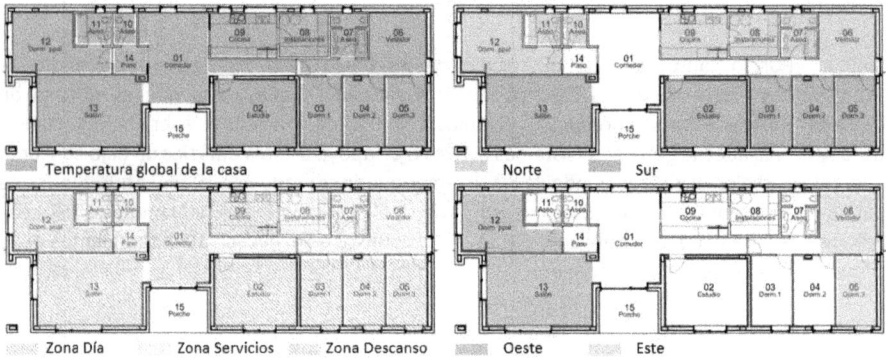

Temperatura global de la casa   Norte   Sur

Zona Día   Zona Servicios   Zona Descanso   Oeste   Este

Esquema de la casa y zonas analizadas por orientación y actividad

RESULTADOS DEL ESTUDIO DE CONFORT TÉRMICO

Considerando el tiempo de ocupación del edificio en la vivienda completa, se observan valores de sobrecalentamiento con temperaturas por encima de la T admisible según la ISO 7730 (T.o.>26ºC) en el 15% de la temporada de verano (15 jun. -14 sep.). Este valor se reduce al 10% si consideramos el periodo ampliado (15 abril a 14 de nov.). Es destacable el 10% del tiempo en el que se producen T inferiores a la T admisible en verano y el 16% de todo el periodo. En la Imagen 2 se observan grados de confort por colores, aplicados a cada Zona y periodo.

Periodo, disconfort T.	Zona-Día	Z.Servicios	Z.Descanso	Zona Norte	Zona Sur	Zona Oeste	Zona Este	Casa global
Verano, T.alta	14,7%	10,6%	9,5%	11,2%	11,4%	13,2%	4,9%	11,4%
Pri-Oto.,T.alta	10,2%	6,7%	5,8%	6,9%	7,8%	8,5%	3,7%	7,4%
Ver., T.baja	10,5%	11,1%	13,3%	10,1%	12,4%	10,5%	16,5%	11,2%
Pri-Oto.,T.baja	15,8%	19,4%	26,3%	23,4%	17,4%	17,2%	25,4%	17,0%

Porcentajes de disconfort térmico según ISO 7730, por periodos y zonas de la casa

Conviene recordar dos aspectos: En primer lugar, pese a que la norma indica que se apliquen los horarios de ocupación, si se considerase todo el horario completo los niveles de disconfort aumentarían notablemente debido especialmente a las primeras horas de la tarde, por las temperaturas exteriores altas y el soleamiento. En segundo lugar, los resultados han de considerarse como una orientación o diagnóstico y no tanto como porcentajes reales de disconfort, ya que pese a ser la norma de aplicación vigente, los límites de la ISO 7730 fueron desarrollados en general para ambientes acondicionados, por lo que en el caso de que se admitieran como indicadores, han de contrastarse con la EN 15251 para edificios sin sistema de acondicionamiento (en verano).

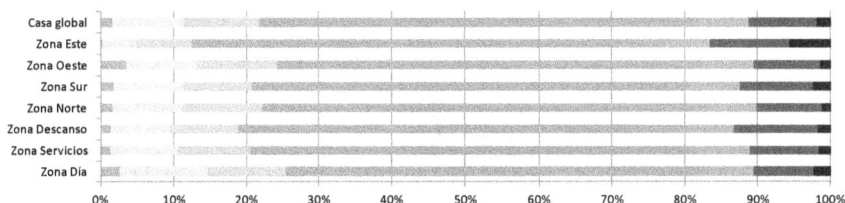

Imagen 7-1: Imagen 2. Confort térmico según ISO 7730. Periodo de verano: 15 Jun. – 14 Sep.

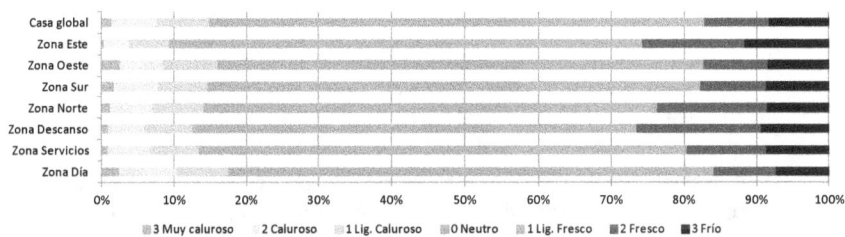

Imagen 2. Confort Térmico de Casa Pasiva según ISO 7730. Periodo ampliado: 15 Abr. – 14 Nov.

Según la EN 15251, los límites no son fijos sino adaptativos en base a la temperatura de los días precedentes (Mean Running Temperature, Trm). En la Imagen 3 se observa que en verano no se sobrepasan los límites en el horario ocupado, mientras que algunas horas del otoño suponen el 0,2% de todo el periodo analizado. Sin embargo, si se considerase el horario completo (sin deducir las horas sin presencia a primera hora de la tarde), se alcanzaría el 1,9% de las horas con T altas. Esto indica que el mayor riesgo de sobrecalentamiento en la vivienda se localiza en dicha franja horaria; debido al soleamiento más horizontal del Oeste combinado con altas T ambientales. Por último, aunque su impacto es reducido, el 0,2% de todo el periodo, presenta T por debajo del límite adaptativo, especialmente en los días fríos de otoño

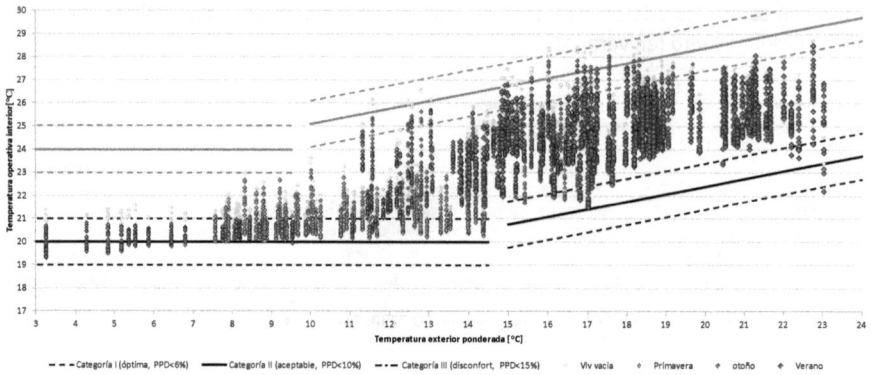

Imagen 3: Confort Térmico de Casa Pasiva según EN 15251, por estaciones.

RESULTADOS DEL ANÁLISIS CUALITATIVO

Se han seleccionado dos semanas cálidas, por ser representativas del verano y del otoño, para comprobar la evolución de las T en los dos periodos en los que se han detectado más horas de temperaturas altas y fenómenos locales de disconfort. En ambos casos, cabe destacar el funcionamiento de la ventilación y su potencial de refrigeración nocturna mediante bypass y la Unidad de Recuperación de calor, como se aprecia en la Imagen 4.

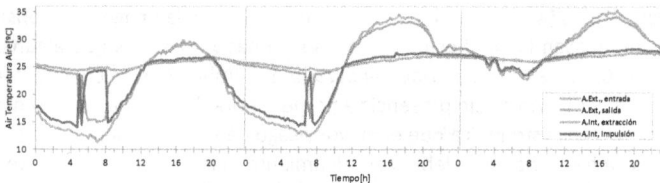

Imagen 4: Funcionamiento de la VMC-RC y Bypass en verano.

En la Imagen 5, se observa una semana cálida de Julio, en la que se han detectado diferencias considerables entre las habitaciones del Sur (frías) y del Norte (calurosas); no es casualidad, ya que se ha comprobado que en este periodo el ángulo solar y el alero cumplen la función de sombreamiento, mientras que en los laterales NE y NW se recibe considerable radiación, tanto de mañana como de tarde. Por el mismo motivo, las T más altas se encuentran en la zona Oeste, por tener acristalamientos amplios sin alero de protección. Se observan periodos de ventilación natural en las últimas horas del día, con bajadas rápidas en toda la casa.

En la Imagen 6, se observan las diferencias con el otoño: Temperaturas más homogéneas y moderadas a lo largo de todos los días, incluso los no soleados. En los días soleados, la zona de día mantiene T más elevadas que el resto gracias a la actividad interna. No se aprecian periodos de ventilación natural.

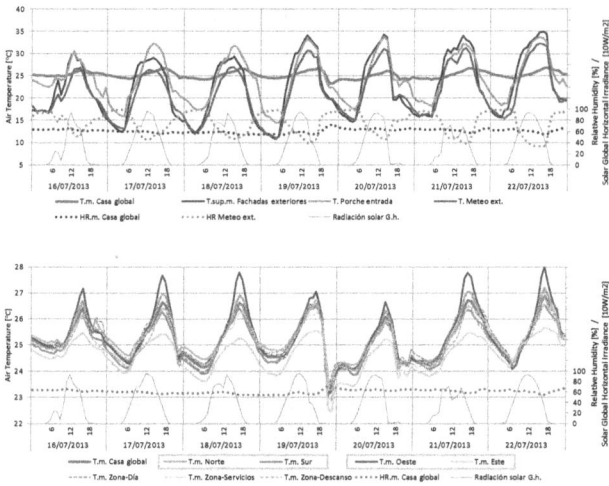

Imagen 5. Comportamiento de la casa y contexto climático, en semana cálida de verano.

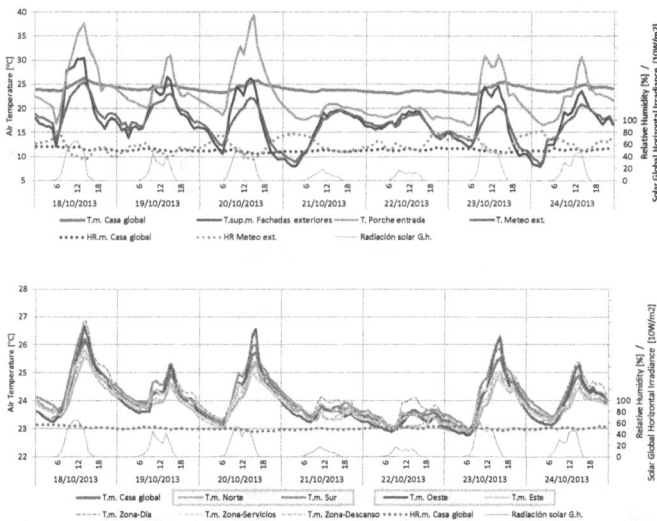

Imagen 6. Comportamiento de la casa y contexto climático, en semana cálida de otoño.

DISCUSIÓN Y CONCLUSIONES

La vivienda no presenta un problema de sobrecalentamiento, con menos del 2% del horario con T. altas según la norma EN 15251, incluso considerando todo el horario para cubrir todas las posibilidades. La norma ISO 7730 ha permitido identificar los periodos de riesgo por zonas y horarios, para proponer mejoras localizadas. Quedan abiertas futuras líneas de investigación con otras normas como la TM52 de CIBSE y cuantificar el disconfort local por estancias.

Los principales riesgos de sobrecalentamiento se han detectado en el periodo intermedio de otoño; el diseño solar se muestra más eficiente para la protección del soleamiento de verano y en primavera no se han detectado problemas de sobrecalentamiento debido probablemente a la inercia del edificio, que mantiene bajas las T interiores.

Por orientaciones, las habitaciones al sur están correctamente protegidas del soleamiento directo pero las laterales Este y Oeste no. No se ha podido comprobar si se aprovecha el potencial del porche como colector solar como espacio colchón.

Se propone reforzar en futuros diseños la protección solar de la orientación Oeste o disponer de medidas de sombreamiento adicionales, que combinadas con la ventilación natural mejoren las condiciones en días puntuales.

En el caso de la vivienda ya terminada, es posible mejorar el confort actual de la vivienda, reforzando la ventilación nocturna en verano y otoño, aumentando el caudal nocturno todo lo posible y beneficiándose de las horas de bypass.

AGRADECIMIENTOS

Los autores desean agradecer especialmente a la familia de A. Uriarte Gonzalo-Bilbao por su colaboración y ayuda durante toda la monitorización de su casa; así como a Construcciones Urrutia y CLIM-Estudio de arquitectura por facilitar toda la información del edificio; al Departamento de Ingeniería Civil de la Aalborg University (AAU) por la asistencia y herramientas facilitadas, a Per Heiselberg y Teophanis Ch. Psomas por su colaboración en el estudio del confort térmico; y a los compañeros del Área Térmica del Laboratorio de Control de Calidad en la Edificación por el apoyo continuo en el desarrollo de la monitorización y estudios realizados. Este estudio ha sido posible gracias al Programa de Formación de Investigadores del DEUI del Gobierno Vasco; con su soporte económico como becario pre doctoral.

REFERENCIAS BIBLIOGRÁFICAS

- Mlakar J., Štrancar, J., Overheating in residential Passivhaus: Solution strategies revealed and confirmed through data analysis and simulations, *Energy and Buildings,* 2011, núm. 43, pág. 1443 - 1451.
- Sameni S, Gaterell M, Montazami A, Ahmed A, Overheating investigation in UK social housing flats built to the Passivhaus standard, *Building and Environment*, 2015, doi: 10.1016/j.buildenv.2015.03.030
- Ridley, I., Bere, J., Clarke, A., Schwartz, Y., Farr, A., The side by side in use monitored performance of two passive and low carbon Welsh houses, *Energy and Buildings,* vol. 82, 2014, pág. 13 – 26.
- Guerra-Santin, O., Tweed, C., Jenkins H., Jiang S., Monitoring the performance of low energy dwellings: Two UK case studies, *Energy and Buildings*, vol. 64, 2013, pág. 32 – 40.

- Hidalgo, J.M., Escudero-Revilla, C., García-Gáfaro, C., Odriozola, M., Millan, J.A., Uriarte, A., Monitorización y seguimiento del comportamiento energético de una vivienda con certificación Passivhaus, Libro de comunicaciones de la 5ºConferencia Española Passivhaus, 2013, Gijón.
- Norma ISO 7730:2005. Ergonomics of the thermal environment -- Analytical determination and interpretation of thermal comfort using calculation of the PMV and PPD indices and local thermal comfort criteria.

PLATAFORMA
EDIFICACIÓN
PASSIVHAUS

8 BIM y la integración de los equipos de diseño en proyectos Passivhaus

8.1 Planificación, gestión y control de calidad en un proyecto Passivhaus. Autor: Javier Siles

RESUMEN

El éxito final de todo proyecto de edificación basado en el estándar Passivhaus requiere de, además de un exquisito diseño, de una no menos óptima labor de planificación, gestión y control de la calidad en todos los procesos del ciclo de vida de dicho proyecto. Desde el modelado con PHPP, pasando por la ejecución material hasta la entrega final del proyecto a su destinatario. La necesaria puesta en valor de la figura del "Certified Passivhaus Tradesperson" como responsable adecuado para dicha tarea.

INTRODUCCIÓN

Me van a permitir dar cuerpo a esta introducción proponiendo un escenario entiendo bastante reconocible para cualquiera que haya participado en un proyecto de edificación, y sobre todo en aquellos que requieren un esfuerzo extra de reflexión técnica multidisciplinar, alrededor de una disciplina en particular, como la eficiencia energética en nuestro caso. ...

Y por fin el proyecto con el que estábamos trabajando desde tiempo atrás ha tomado forma, tangible y medible. Atrás quedan las innumerables simulaciones energéticas con el software oficial, a la par de con el específico del estándar (PHPP, DesignPH), ó viceversa. Atrás quedan los estudios en detalle de puentes térmicos, las soluciones para garantizar la estanqueidad a infiltraciones no deseadas, las innumerables fichas técnicas para escoger una u otra ventana siempre de máxima eficiencia, y como no, los mil y un presupuestos para hacer encajar el sistema de ventilación con la confianza puesta en que su elevado aunque siempre relativo coste, valdrá la pena,.... Y con un poco de suerte, la obra no habrá dado todavía comienzo formal.

Y digo suerte, porque el anterior nivel de reflexión y exigencia previa, totalmente inherente a un proyecto basado en el estándar Passivhaus, requiere un tiempo considerable, tiempo que aun siendo absolutamente necesario disponer para un proyecto de estas características, absorbe en un gran número de casos gran parte del que viene siendo habitual para el proyecto en su totalidad, estrechando más de lo que sería deseable los tiempos destinados a la ejecución material y sus auxiliares, forzando a que se optimicen estos con las herramientas adecuadas.

Mal llamadas auxiliares, aquellas disciplinas que deben garantizar el nivel de satisfacción prefijado tanto para el objeto material del proyecto, como para el uso final del mismo, sin dejar relegados en modo alguno a los procesos que facilitarán todo lo anterior, con la máxima omnipresente del Safety First, (seguridad y salud), y dentro de los límites de coste prescritos y aprobados por la propiedad.

Creo lo mejor será analizar esto por partes...

1.- HABLEMOS DE PLANIFICACIÓN Y COORDINACIÓN:

Con permiso del profesor de la UPC D. Marcos Serer Figueroa, cito una definición que encaja perfectamente a mi entender con el significado esencial de todo proyecto:

<< *Operación científica que lleva a conseguir, como objetivo fundamental, un producto o servicio que incluye otros objetivos específicos con el relacionados y predeterminados, por modificaciones de la realidad exterior mediante unas acciones humanas que han sido seleccionadas y ordenadas con anticipación de acuerdo a unos criterios* >>.

Proyectos que en edificación persiguen como bien reconoce la anterior definición un producto final, generalmente de carácter único e irrepetible, y más si cabe tratándose de la construcción de un espacio habitable totalmente adaptado a las circunstancias micro-climáticas del emplazamiento concreto al que se ha destinado. De carácter único en lo estrictamente técnico, aunque también en los planos temporal y personal.

En lo temporal porque está inevitablemente condicionado a unos plazos de tiempo prefijados para poder constituirse en proyecto y no quedarse en el "limbo" de las ideas, así como también condicionado en lo personal porque los equipos de participantes implicados en cada proyecto, suelen también ser únicos y no reproducibles al 100% en el tiempo la gran mayoría de las veces. Todo esto obliga a establecer las pautas necesarias y procedimientos para diseñar tareas, asignar responsabilidades y establecer plazos posibles, entre otros, con la mayor concreción y sentido práctico; adoptando los modelos organizativos que nos vienen impuestos por la legislación vigente (Ley Orgánica de la Edificación), y aquellos que siempre complementando los anteriores sean necesarios dada la naturaleza específica de la que trate el proyecto en cuestión.

Centrándonos ahora en los proyectos de edificación de nueva planta y/ó rehabilitación de alta eficiencia energética, basados en un estándar de muy alta exigencia, como es el caso del estándar Passivhaus, requieren de una especial atención a todas estas consideraciones de cara a sentar unas bases sólidas que marquen una senda clara hacia el éxito final, tanto en proyectos de modesto tamaño, como en las infraestructuras más ambiciosas. De no poner en práctica una adecuada planificación y coordinación, bien estructurada y formalizada sobre el papel, con toda probabilidad se sufrirán retrasos, descoordinaciones e incluso defectos técnicos muchas veces insalvables, que desembocarán en graves consecuencias para los distintos agentes participantes.

Disciplinas ampliamente reconocidas como la dirección integrada de proyectos (Project Management) muchas veces relegada sólo a proyectos de "gran entidad", pueden considerarse perfectamente válidas en proyectos de alta exigencia técnica como los candidatos a Passivhaus certificados; ya que no requerirá la gran mayoría de veces de oficinas técnicas especializadas en Project y dedicadas a tiempo completo, sino del auxilio en forma de consultoría – colaboración en un gran número de casos, aunque de forma preferencial con la participación activa de uno los agentes participantes desempeñando estos cometidos, con las atribuciones bien definidas y los conocimientos suficientes y específicos del estándar para el caso que nos ocupa.

2.- HABLEMOS DE GESTIÓN:

Con el paso del tiempo va resultando cada vez más práctico acceder a profesionales, empresas y productos certificados que facilitan la ejecución material de lo diseñado con el PHPP. Aún con esto, debido a lo relativamente reciente de la presencia del estándar en nuestro país, para muchos de los "ejecutores" la construcción de un edificio Passivhaus supone un esfuerzo considerable, ya que en esencia reclama de un mayor grado de exigencia en la custodia y gestión de la documentación crítica del proyecto selección de proveedores, en la formalización de contratos, en la preparación de presupuestos con mucho más detalle en la definición y justificación, ó incluso en lo relativo a la búsqueda de financiación para estos proyectos.

Los ciudadanos europeos en particular, vivimos un momento de especial impulso institucional para la mejora en el consumo energético final de las edificaciones. Impulso institucional que facilita la creación de fondos financieros de gestión pública y público-privada como los programas PAREER (Idea) y Fondo JESSICA-F.I.D.A.E, entre otros, de los que puede participar si cumple con los requisitos objetivos de cada programa, una intervención de mejora energética basada en el estándar Passivhaus. Es en estos casos cuando este actúa como verdadero facilitador, por hechos demostrados y merecido reconocimiento en consecuencia en el sector, lo cual no quita de la necesaria argumentación, cálculo y justificación documental que se precise formalizar en cada caso. Tarea esta nada sencilla en todo caso.

Todo lo anterior vuelve a poner de manifiesto la necesidad de contar con el personal suficientemente formado y especializado para desempeñar las tareas de gestión enumeradas.

3.- HABLEMOS DE CONTROL DE CALIDAD:

Calidad en el resultado final, tanto en aquello específico del estándar como en el resto de variables consideradas para el proyecto, técnicas y/ó administrativas y de gestión. Cualquier proyecto de construcción en nuestro país está sometido a unos procedimientos de control estandarizados en materia de ejecución de obra e instalaciones, los cuales necesitan de la incorporación de los específicos del estándar con miras al mejor resultado final del global de la obra. A ello se le debe que ensayos no destructivos como la técnica termo-gráfica infrarroja y el test de la puerta soplante (Blower Door Test) se incorporen al habitual proceso de control de calidad exigido por la normativa vigente.

Aún con lo anterior, queda mucha tarea por hacer en el desarrollo e implementación de procedimientos específicos para la consecución de un proyecto Passivhaus, ya que el progresivo aumento de entidad de los proyectos a realizar bajo el estándar, hará ciertamente inviable el control de recepción y ejecución del total de materiales y de las soluciones constructivas consideradas en toda su extensión.

De forma previa a la realización de los ensayos específicos impuestos por el procedimiento de certificación, se necesitará cada vez más de la figura encargada de la puesta en práctica de los procedimientos específicos anteriores para el control de calidad del producto final. Figura esta que debe poseer conocimientos previos de control de calidad además de la especialización en las materias propias del estándar.

CONCLUSIONES

En el ordenamiento profesional español, gozamos de la figura del técnico en ejecución de obras e instalaciones (arquitecto técnico, ingeniero de edificación y/o ingeniero especialista), con amplia formación en planificación y coordinación, en gestión, en seguridad y salud, así como en control de la calidad, además de una adecuada claridad en sus competencias y atribuciones. Dicha figura, con la adecuada formación en los requisitos específicos del estándar, resulta una combinación muy completa y optimizada para cuantas tareas se necesite en la ejecución material de los proyectos.

La formación y certificación como técnico de ejecución (Certified Tradesperson) puede ser muy positiva de cara a la obtención del perfil específico que necesita el estándar para garantizar el éxito en todas sus realizaciones.

A la vista de los profesionales que nos dedicamos a la ejecución material de los proyectos, tal y como se ha introducido en este artículo, las potenciales áreas de especialización son muy amplias a la par que necesarias, por lo que anuncian un futuro más que prometedor y positivo para todo el colectivo, siempre y cuando, insisto, este último respalde y fomente las mismas, equilibrando el entendemos demasiado peso específico que se le otorga hoy día a las materias propias del diseño y proyecto.

REFERENCIAS BIBLIOGRÁFICAS

* Biafore , Bonnie., 2007, Gestión de Proyectos con MS Project, Anaya Multimedia, Madrid.
* Serer Figueroa, Marcos., 2006, Gestión Integrada de Proyectos, Edicions UPC, Barcelona.
* VVAA 1996, Project Management, Gustavo Gili, Barcelona

9 Patrocinadores Oro de la 7ª CEPH

9.1   Schlüter Systems

DESMONTANDO MITOS

MITO Nº1: *LOS EDIFICIOS PASSIVHAUS NO NECESITAN CALEFACCIÓN*

Como bien sabemos, un edificio Passivhaus tiene unas demandas de calefacción y refrigeración muy bajas. Muy muy bajas. Pero las tiene. Y no podemos olvidar las de refrigeración en las zonas cálidas, es decir, en gran parte del país.

Schlüter Systems, es conocido en nuestro mercado por diferentes soluciones, en especial por las de perfilería, juntas de dilatación e impermeabilizaciones en combinación con cerámica y piedra natural. Sin embargo, en el entorno de los edificios Passivhaus hay una solución de Schlüter Systems que nos interesa especialmente y que vamos a analizar: el suelo radiante.

El habitual dimensionamiento de las instalaciones que se hace en nuestros edificios "convencionales" es, sin lugar a dudas, un despropósito en Passivhaus.

El suelo radiante Schlüter-BEKOTEC, nos permite una distribución óptima del calor que llega a todas las estancias. Aumentar o disminuir el paso en la colocación de tubo (cada 7,5 cm; cada 15; cada 22,5 o cada 30 cm) nos permite ya un primer ajuste en función de nuestra demanda; en edificios Passivhaus el ajuste será también económico, ya que aumentamos la distancia entre tubos y disminuimos la cantidad del mismo. Pero además, dado que el suelo radiante funciona a temperaturas muy inferiores a los sistemas convencionales, supone en sí mismo un ahorro de energía: no es lo mismo calentar agua a 30ºC que a 70ºC, ya que los rendimientos de las fuentes bajan. Además el suelo radiante permite circular agua fría en verano, de manera que con un único sistema tenemos solucionada la calefacción y la refrigeración. Es decir, es un sistema de climatización. En comparación con el resto de sistemas, nos "ahorramos" el sistema de refrigeración. Incluso si no lo necesitamos, podemos disponer de él y mejorar nuestro confort.

Pero... ¿Qué ventajas ofrece SCHLÜTER SYSTEMS frente a otros? Pues bien, una vez que hemos visto que el suelo radiante es una opción muy interesante para edificios PASSIVHAUS, y sin duda rentable si también necesitamos refrigeración, vamos a analizar otros puntos de interés.

La inercia. Uno de los inconvenientes que solemos detectar enseguida cuando hablamos de suelo radiante-refrescante, especialmente en viviendas, es la elevada inercia del mismo. Sobre todo en esta vida moderna en la que pasamos muchas horas fuera de casa y cuando llegamos queremos calor o frío inmediato. Aunque esto puede importar menos si se trata de una PASSIVHAUS, porque la casa apenas se enfría o calienta durante nuestra ausencia. No obstante, aquí aparece una de las grandes ventajas del sistema de suelo radiante de SCHLÜTER SYSTEMS: tan solo 8 mm de recrecido de mortero sobre los nódulos son suficientes. Esto supone un ahorro de mortero y de humedad en la obra, pero sobre todo implica reducir los tiempos de respuesta del sistema. ¡Ah! Y es un mortero convencional, sin aditivos. La reducción de esta capa de recrecido es también muy interesante en rehabilitación, cuando tenemos problemas de alturas interiores o limitaciones de cargas (se ahorran entre 6 y 7 toneladas por cada 100 m2). Así, ahorramos peso y dinero.

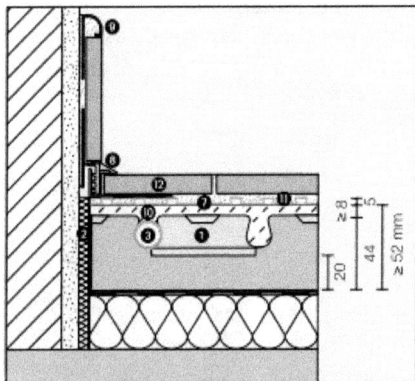

Sección constructiva con Schlüter-BEKOTEC con tubo de 16 x 2 mm

A estas ventajas del sistema Schluter-Bekotec, habría que añadir la garantía que ofrece el sistema sobre los recubrimientos, protegiendo el pavimento de futuras patologías provocadas por los fraguados, dilataciones, retracciones y fisuras del mortero que pueden dañar dichos recubrimientos.

Al reducir el espesor del recrecido, además de acortar el tiempo de respuesta del sistema podemos impulsar el agua alrededor de 30ºC en lugar de hacerlo a 45ºC, lo que supone un ahorro energético de entre un 20% (en parquet) y un 25% (en cerámica)[1]. Cuando nuestra carga de calor y refrigeración es de 10 W/m2 esto es muy importante, no tanto por el ahorro como por el hecho de que si impulsamos a 45ºC no será raro que acabemos pasando calor y necesitando abrir las ventanas.

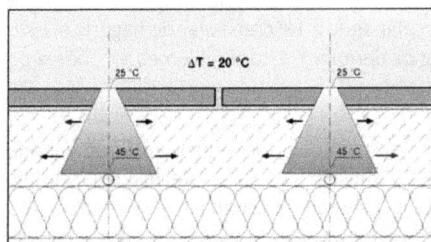

Esquema de comportamiento suelo radiante tradiconal   Suelo radiante Schlüter-BEKOTEC

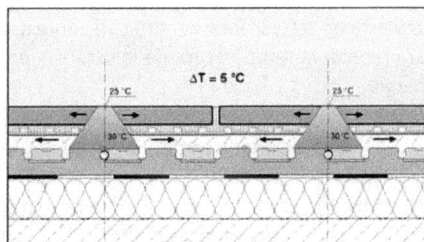

Es más fácil ajustar la potencia dada a las cargas necesarias con menor temperatura. Y más fácil conseguir una buena regulación cuando la potencia está bien ajustada y cuanto menor es la inercia del sistema.

[1] Este dato se ha calculado según DTIE, Documento Técnico de Instalaciones en la Edificación, 9.04 para cálculo de suelo radiante, según UNE-EN 1264-3.

El sistema de suelo radiante de SCHLÜTER SYSTEMS BEKOTEC necesita aproximadamente un tercio del tiempo que uno convencional para conseguir calentar la estancia. Y cuando el termostato pare, se enfriará antes, permitiendo así una regulación por parte del usuario mucho más sencilla.

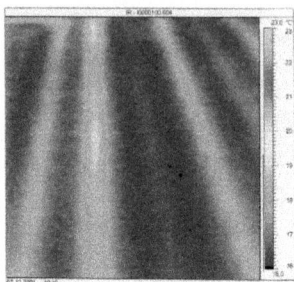

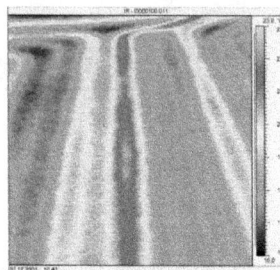

Inicio de la fase de calentamiento con una temperatura superficial de 16 ºC. Imagen tomada a los 10 min. Temperatura superficial media sobre el tubo de calefacción: 18,5 ºC

Imagen tomada tras 40 min. Temperatura superficial media sobre los tubos de calefacción: 22,5 ºC. La distribución del calor dentro de la lámina de desolidarización Schlüter®-DITRA produce una temperatura en la superficie del pavimento regular y por consiguiente una alta homogeneidad de la temperatura.

Conclusión:
- Muy alta homogeneidad térmica entre los tubos de calefacción.
- Rápido aumento de la temperatura superficial entre los tubos de calefacción.
- Cumplimiento de la Normativa para el ahorro energético EnEV en cuanto a sistemas de reacción rápida
- El pavimento cerámico climatizado demuestra un comportamiento de regulación rápido, confortable y con ahorro energético.

De la misma manera y por las mismas razones, este suelo radiante que en verano se convierte en refrescante, tendrá suficiente con circular agua a 18ºC en lugar de hacerlo a 16ºC para rebajar la temperatura de la estancia en menos tiempo. Y esto también es un ahorro de energía.

Al funcionar a temperaturas bajas, posibilita su combinación con fuentes de energía renovables de manera muy eficiente. Conseguir 30ºC con sistemas de aerotermia o geotermia resulta fácil y optimiza el rendimiento de estos sistemas, que sin embargo bajan su rendimiento si deben calentar el agua a 60-70ºC. Y aunque podríamos pensar que eso no ocurre con las calderas de gas, no es así. El RITE nos obliga a poner calderas de condensación. En este tipo de calderas, nos interesa ir a bajas temperaturas de impulsión para que se produzca la condensación, de lo contrario el sistema, aunque funciona bien, no se optimiza.

En el caso de la refrigeración, si se hace mediante geotermia, nos permite devolver a la tierra al menos una parte del calor robado durante el invierno, evitando así el agotamiento de nuestra fuente.

- Por cada centímetro de recrecido que se aumenta, la temperatura de impulsión debe aumentar aproximadamente un 5%, (el aumento es exponencial)
- El menor tiempo de reacción del sistema implica menor inercia y mayor facilidad de regulación (y por tanto, mayor confort)
- Al reducir el espesor del recrecido, se reduce el peso.
- El recrecido es un mortero convencional y por tanto su reducción es un ahorro económico. Y por supuesto es un ahorro ecológico (menos material, menos residuos, menos CO_2)
- Menor espesor de recrecido implica menor temperatura del agua en invierno y mayor en verano, y eso supone un ahorro energético adicional.
- El suelo radiante, con su aislamiento, facilita cumplir el DB-HR de protección frente al ruido
- Al funcionar a temperaturas bajas, posibilita su combinación con fuentes de energía renovables de manera muy eficiente.
- Si el suelo es además refrescante, con un único sistema cubrimos las dos demandas

Schlüter además dispone de otro sistema de calefacción de suelos y paredes radiantes con alimentación eléctrica en combinación con cerámica o piedra natural. El sistema Schlüter-DITRA-HEAT-E permite el calentamiento de zonas reducidas (estratégicas) dentro de la vivienda y baños. De esta forma se eliminan aparatos adicionales que suponen un mayor consumo y menor rendimiento. Schlüter-DITRA-HEAT-E facilita confort y ahorro energético.

9.2   Zehnder

Comfosystems
Ventilación con recuperación de calor
para un hábitat confortable y saludable

Certificados

PLATAFORMA
EDIFICACIÓN
PASSIVHAUS

always
around you **zehnder**

Ahorro energético

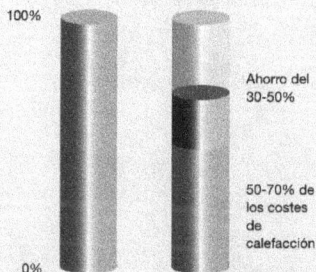

100%

Ahorro del
30-50%

50-70% de
los costes
de
calefacción

0%

Costes de calefacción
de los sistemas de
ventilación tradicionales

Costes de calefacción
con Zehnder
Comfosystems

Techos; 4%
Suelo; 3%
Puentes
térmicos; 8%

Muros; 12%

Ventilación
(infiltración); 52%

Ventanas; 21%

Distribución estándar de las cargas térmicas de
Climatización según el CTE' 07

La recuperación del calor de ventilación,
de hasta el 95% y el uso de energías
renovables permiten un ahorro significativo
tanto en lo económico como en emisiones:
- Ahorro energético de hasta el 50%
- Recuperación del calor del 95%
- Uso de energías renovables

Confort

- Suministro permanente de aire
  fresco y limpio:
  - Sin olores
  - Sin polvo exterior
  - Sin ruido exterior

Salud

- Nivel de CO_2 óptimo
- Antialérgico; filtra la entrada de polen
  y otros alergénicos
- Expulsa sustancias nocivas (VOC's)
- Previene la formación de moho

runtal y **zehnder** son marcas de Zehnder Group

Más información en T 902 106 140. www.zehnder.es

Climatización Radiante
Zehnder Nestsystems

Salud

- Sin resecar el ambiente
- Sin corrientes de aire
- Sin arrastre de polvo
- Sin ruidos

always
around you **zehnder**

Ahorro energético

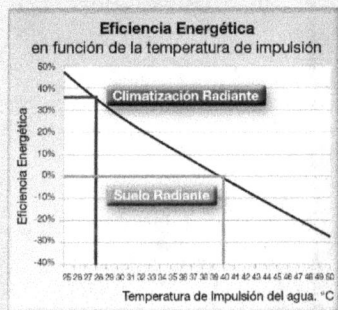

Eficiencia Energética
en función de la temperatura de impulsión

Climatización Radiante

Suelo Radiante

Temperatura de Impulsión del agua. °C

En invierno:
Zehnder Nestsystems es un 36% más eficiente
(Menor consumo)

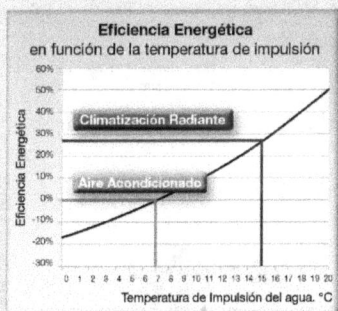

Eficiencia Energética
en función de la temperatura de impulsión

Climatización Radiante

Aire Acondicionado

Temperatura de Impulsión del agua. °C

En verano:
Zehnder Nestsystems es un 28% más eficiente
(Menor consumo)

Confort

En invierno: Confortable como el calor del Sol

En verano: Fresco como una Catedral en agosto

Seguro

Potencias certificadas:
- EN 14037 (calefacción)
- EN 14240 (refrigeración)

runtal y **zehnder** son marcas de Zehnder Group

Más información en T 902 106 140. www.zehnder.es

9.3   Ventaclim

La ventana **"Superconfort"** es el modelo líder preferido por los profesionales españoles. *(Uw=0,83 W/m2K)*

Carpintería de triple cristal con gas argón de madera y madera+aluminio

Sobresaliente
en eficiencia energética

Ventaclim ✓

w w w . v e n t a c l i m . c o m

La ventana es uno de los elementos claves para cumplir el estándar PASSIVHAUS.

Como tal hay que tratarlo, ya que es el eslabón más débil de la envolvente.

La estanqueidad del edificio depende en un 70% de una buena ventana y su instalación.

La madera como elemento natural aislante es el material adecuado para las exigencias del estándar PASSIVHAUS

Carpinteria Llodiana S.A. con su gama de productos **VENTACLIM** cumple las mayores exigencias que exige el mercado actualmente.

Para climas templados:

- ## VENTACLIM 70-77

  Uf 1.2 (W/m2k) / Ug 0.6 (W/m2k) / Uw 1.02 (W/m2k)

- ## VENTACLIM SUPER-CONFORT

  Uf 1.0 (W/m2k) / Ug 0.5 (W/m2k) / Uw 0.83 (W/m2k)

Para climas frios y polares:

- ## VENTACLIM INTEGRADA

  Uf 0.63 (W/m2k) / Ug 0.5 (W/m2k) / Uw 0.68 (W/m2k)

VENTACLIM INTEGRADA Uw 0.631 W(m2K)

Ventaclim Ⓥ

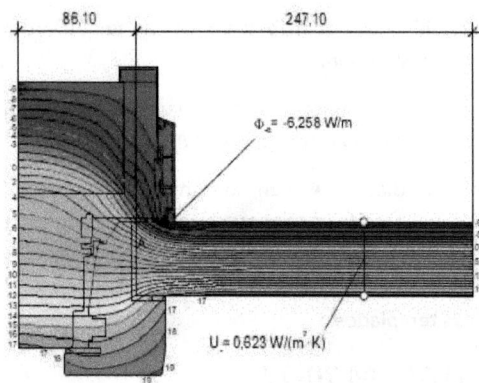

$\Phi_a = -6,258$ W/m

$U = 0,623$ W/(m^2·K)

20,0 °C
5,0 °C
-10,0 °C

$$U_{TAB} = \frac{\dfrac{\Phi}{\Delta T} - U_p \cdot b_s}{b_i} = \frac{\dfrac{6,258}{30,000} - 0,623 \cdot 0,247}{0,086} = 0.634 \ W/(m^2 \cdot K)$$

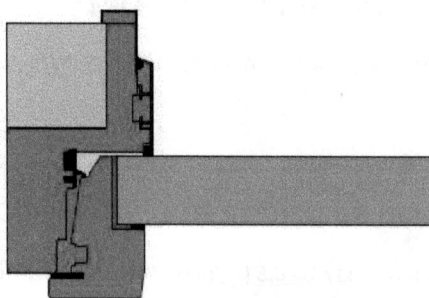

Material	λ[W(m·K)]	r
Aluminium (Si Alloy)	160.000	0,900
EPDM (ethylene propylene diene monomer)	0,250	0,900
GUTEX Thermofloat (t)	0,09	0,900
PU (polyurethane) foam	0,050	0,900
Panel	0,035	0,900
Slightly ventilated air cavity	anisotropic	
Softwood 400, typical construction timber	0,120	0,900
Undefined Material	0,010	0,900
Unventilated air cavity	anisotropic	

Nuestra experiencia nos avala como instaladores en obras certificadas

9.4 Onhaus

Especialistas en
hermeticidad y sistemas
de construcción
Passivhaus

www.onhaus.es   www.facebook.com/www.onhaus.es   onhaus   @on_haus

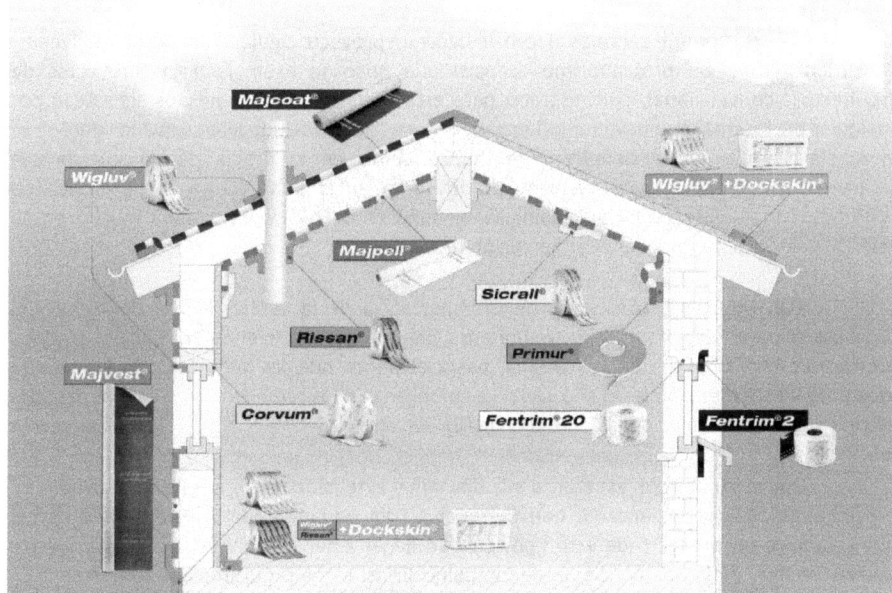

9.5   Kömmerling

Reflexiones a la hora de elegir la ventana, pieza clave en la envolvente pasiva

KÖMMERLING®
Sistemas de ventanas

La ventana en el proyecto Passivhaus

INTRODUCCIÓN

Cuando nos enfrentamos al reto de hacer un proyecto siguiendo criterios Passivhaus, la ventana cobra un protagonismo esencial que poco se asemeja a los proyectos de arquitectura convencional, por desgracia para este último tipo de proyectos. Es sabido por cualquier profesional que haya tenido experiencia en proyectos Passivhaus que la ventana es pieza clave tanto en la definición del hueco como en la propia descripción de sus características, la experiencia ha demostrado cómo en la arquitectura convencional (no confundir con arquitectura tradicional), la ventana se ha tenido en cuenta mucho en su vertiente estética, pero poco en su definición técnica.

KÖMMERLING, consciente de la importancia de la ventana en la definición del proyecto, lleva en España más de treinta años intentando incluir en la edificación, criterios prestacionales y técnicos en la ventana, hasta el punto que las ventanas con las que se incorporó a este mercado en el año 1982, ya cumplían con los requisitos que 25 años después exigiría el Código Técnico de la Edificación (CTE).

Hoy asistimos con esperanza a la difusión y extensión de los criterios Passivhaus en proyectos de edificación pensando que, quizás algún día, podamos decir que los requisitos que hoy establece un proyecto de este tipo, puedan llegar a ser mañana los que exija nuestro Código Técnico de la Edificación, haciendo coincidir así estos requisitos con lo que será un Edificios de Consumo de Energía Casi Nulo "EECN".

En este escenario, las marcas y la industria tenemos la responsabilidad de estar a la altura de las circunstancias y ofrecer al mercado productos que cumplan sobradamente con estas exigencias. Muy conscientes de ello, KÖMMERLING se ha venido preparando desde hace tiempo para que sus carpinterías se conviertan en el aliado perfecto en un proyecto Passivhaus. El objetivo de este texto es aportar algunos detalles relevantes, en ocasiones poco tenidos en cuenta, que puedan ayudar al profesional en la toma de decisiones a la hora de la elección de la ventana para su proyecto Passivhaus.

UN ADECUADO EQUILIBRIO ENTRE PRESTACIONES

En los últimos años, se ha entrado en una carrera por mejorar la capacidad de aislamiento de los perfiles y vidrios utilizados en la fabricación de las ventanas. Es de sobra conocido que los perfiles que mejores valores de aislamiento térmico obtienen, por sus propias características físicas, son los perfiles de PVC. El perfil de PVC incorpora en su interior un refuerzo de acero que es el que le aporta la rigidez e inercia adecuada para el correcto funcionamiento de la ventana. Para mejorar su capacidad de aislamiento, en los últimos años se han ido incorporando perfiles que sustituyen el refuerzo de acero interior por otras alternativas. KÖMMERLING cuenta en su gama de producto con este tipo de perfiles, en concreto su sistema **KÖMMERLING 88plus** (fig. 1) es un sistema de perfiles **certificados por el Instituto Passivhaus**, llegando alcanzar un valor U_f de 0,79 W/m²K.

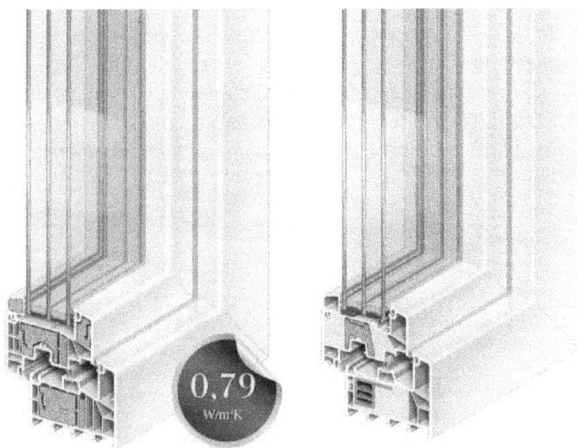

Fig.1. SISTEMA KÖMMERLING 88PLUS PASSIVHAUS

Ahora bien, esta carrera de las marcas de PVC por incrementar los aislamientos, tiene que ser equilibrada con el resto de prestaciones y, en ningún caso, que reducir la inercia de los refuerzos metálicos o incluso eliminarlos para disminuir el valor U pueda poner en riesgo prestaciones como su permeabilidad al aire, estanqueidad al agua o resistencia al viento. Cuando se prescinde de los refuerzos, las dimensiones de fabricación de esa ventana han de limitarse para poder garantizar su correcto funcionamiento. Si el prescriptor no tiene en cuenta estas limitaciones porque no dispone de esta información, se puede encontrar con una ventana que cumple con los requisitos de aislamiento del proyecto y que funciona el día de su instalación, pero con el uso de la misma y a la hora de soportar sus cargas, especialmente cuando se incorporan vidrios de elevado peso, se vayan produciendo mermas en otras prestaciones que afectan directamente a la eficiencia energética del proyecto, como es la permeabilidad al aire. Desgraciadamente para los proyectos convencionales, las infiltraciones de aire incontroladas se resuelven girando el potenciómetro de la calefacción para mantener la temperatura de confort, con el consiguiente incremento de la demanda energética. En un proyecto Passivhaus, este hecho tiene consecuencias nada deseadas por su creador, pues en esa circunstancia no queda garantizado en su proyecto la limitación de la demanda en 15 kWh/m²a.

SOLUCIONES ADAPTADAS A CADA PROYECTO

Con esta reflexión, ventanas fabricadas con perfiles de PVC obtienen los mejores valores de aislamiento térmico, por lo tanto son los sistemas que mejor se adaptan a los requisitos Passivhaus, pero debemos utilizar sistemas que nos garanticen que el diseño de nuestra ventana cuenta con la inercia adecuada. Limitar el diseño de huecos a las limitaciones de la carpintería es una merma para la creatividad del proyecto, debemos por lo tanto ofrecer al mercado productos que se adecuen a estas necesidades.

El sistema **KÖMMERLING 76** (figura 2) con refuerzo de acero normales alcanza valores en el perfil de U_f de 1,0 W/m²K, con un refuerzo de mayor inercia el valor sube hasta 1,1 W/m²K, pero con este perfil y un adecuado vidrio, se han obtenido para proyectos reales Passivhaus valores de ventana U_w global de 0,86 W/m²K y cerramientos de grandes dimensiones (hasta 8232 x 2500 mm) al mismo tiempo que sus prestaciones físicas, resistencia al viento, permeabilidad al aire y estanqueidad al agua, se mantienen en los niveles más altos de clasificación.

Fig 2. SISTEMA KÖMMERLING 76

Estos valores han permitido a sus creadores alcanzar los requisitos de un proyecto Passivhaus en aislamiento térmico y estanqueidad, al mismo tiempo que se garantizan el correcto funcionamiento de la carpintería a lo largo del tiempo.

LA IMPORTANCIA DEL CAJÓN DE PERSIANA

Los sistemas de protección solar son tradicionales de nuestra arquitectura por el clima y nuestra cultura de la privacidad, hasta el punto que el 70% de las carpinterías en España están dotadas de persiana. Ante el reto de un proyecto Passivhaus, el prescriptor duda de la posibilidad de incorporación del cajón de persiana. Se dice que si el elemento débil de la fachada es la ventana, el elemento débil de la ventana es el cajón. Esta afirmación se ha consolidado en nuestra industria como consecuencia de la pésima calidad que se ha venido utilizando en el cajón de persiana. Ssu importancia se ha obviado haciendo pensar que se trataba de un complemento de la carpintería, nada más lejos de la realidad cuando el cajón de persiana influye en todas y cada una de las prestaciones de una ventana.

Hoy existen en el mercado soluciones para el cajón de persiana que ofrecen respuesta a las exigencias de un proyecto Passivhaus. El sistema de **persiana RolaPlus** (fig. 3) tiene incluso mejores prestaciones técnicas que las ventanas sobre las que van instaladas, contradiciendo así la expresión de que el cajón de persiana es el elemento débil de la ventana.

Fig 3. SISTEMA ROLAPLUS DE KÖMMERLING

9.6   Griesser

Título: El párpado inteligente

Autor: Arkaitz Aguirre de Juan

La envolvente como primer filtro

La fachada o envolvente de un edificio representa la primera barrera térmica entre el exterior y el interior de una edificación y juega un papel clave en la regulación de los niveles de luz natural, ventilación y confort. Su diseño y adaptabilidad en función de la orientación son determinantes en la cantidad de energía necesaria para calentar o enfriar el edificio.

La Agencia Internacional de la Energía destaca la importancia del control solar dinámico en la evolución de la construcción a ECCN - Edificios de consumo casi nulo. El alto grado de aislamiento y estanqueidad derivado del perfeccionamiento de los materiales de aislamiento y las nuevas técnicas de construcción han incrementado la necesidad de "enfriar" el edificio incluso en invierno. Los informes sobre calentamiento global y la EPBD (Directiva de eficiencia energética en edificios) confían en los sistemas de control solar como una de las soluciones más eficientes para mejorar el rendimiento energético del edificio.

Un balance equilibrado: ganancias y pérdidas a voluntad

En este sentido lo sistemas de control solar sobre la parte acristalada de la fachada colaboran activamente para reducir la demanda energética de calefacción en invierno y de refrigeración en verano: en invierno, durante el día, la radiación directa sobre las ventanas nos ayuda a calentar el edificio mientras que por la noche, con los sistemas cerrados se reducen las pérdidas de calor; en cambio en verano el sistema de control solar actúa de filtro evitando el sobrecalentamiento a la vez que permite el paso de la luz natural al interior. La homogeneización de la temperatura interior elimina los consumos pico de los sistemas de climatización.

Maximiza el uso de luz natural con persianas graduables

El uso automático e inteligente de persianas graduables permite regular el paso de luz natural reduciendo así la necesidad de uso de sistemas de iluminación artificial, alargando la vida útil de éstos.

El diseño de un edificio con persianas graduables reduce el consumo eléctrico del mismo. Estos sistemas "conducen" la luz solar al interior del edificio a la vez que evitan la radiación directa sobre las ventanas. La posibilidad de orientar las lamas regulando el flujo de luz natural garantiza un alto grado de confort visual con consecuencias directas sobre la productividad, la salud y el confort de los usuarios.

Un capialzado perfecto

El sistema constructivo de las persianas graduables prescinde de la necesidad de registros interiores o exteriores. De este modo la estanqueidad acústica y térmica de la ventana no se ve afectada por la permeabilidad de los clásicos cajones de persiana enrollable. Un sistema perfecto, sin puntos débiles, que mejora notablemente el rendimiento energético de la parte más débil de la envolvente. Sistemas que además permiten reducir el espesor del muro o complementarlo con más aislamiento. El diseño de los productos permite realizar la instalación y mantenimiento de forma fácil, rápida y cómoda.

La integración de las persianas graduables en los proyecto de obra nueva o renovación se desarrolla de forma natural, sin complicaciones. En el caso de la rehabilitación energética de edificios existentes juega un papel esencial: su diseño apilable y su funcionalidad resuelven en gran medida la complicación de mejorar la eficiencia energética del conjunto de la ventana y la persiana respetando la fachada original.

La huella ecológica más desequilibrada

Un reciente estudio del Instituto Schweinfürt de Würzburg en Alemania determina que las persianas graduables, motorizadas y automatizadas, ahorran hasta 57 veces su coste de producción durante sus 20 años de vida útil. Este impactante estudio deja claro el compromiso de Griesser por el respeto al medioambiente, optimizando la sostenibilidad de la edificación y logrando Edificios de Consumo de Energía Casi Nulo (EECN).

GRIESSER

La envolvente: el primer filtro

La fachada o envolvente de un edificio representa la primera barrera térmica entre el exterior y el interior de una edificación y juega un papel clave en la regulación de los niveles de luz natural, ventilación y confort. Su diseño y adaptabilidad en función de la orientación son determinantes en la cantidad de energía necesaria para calentar o enfriar el edificio.

La Agencia Internacional de la Energía destaca la importancia del control solar dinámico en la evolución de la construcción a ECCN - Edificios de consumo casi nulo. El alto grado de aislamiento y estanqueidad derivado del perfeccionamiento de los materiales de aislamiento y las nuevas técnicas de construcción han incrementado la necesidad de "enfriar" el edificio incluso en invierno. Los informes sobre calentamiento global y la EPBD (Directiva de eficiencia energética en edificios) confían en los sistemas de control solar como una de las soluciones más eficientes para mejorar el rendimiento energético del edificio.

Datos de contacto:

www.griesser.es

info@griesser.es

Tel: 937777370

Un balance equilibrado: ganancias y pérdidas a voluntad

En este sentido lo sistemas de control solar sobre la parte acristalada de la fachada colaboran activamente para reducir la demanda energética de calefacción en invierno y de refrigeración en verano: en invierno, durante el día, la radiación directa sobre las ventanas nos ayuda a calentar el edificio mientras que por la noche, con los sistemas cerrados se reducen las pérdidas de calor; en cambio en verano el sistema de control solar actúa de filtro evitando el sobrecalentamiento a la vez que permite el paso de la luz natural al interior. La homogeneización de la temperatura interior elimina los consumos pico de los sistemas de climatización.

Un capialzado perfecto

El sistema constructivo de las persianas graduables prescinde de la necesidad de registros interiores o exteriores. De este modo la estanqueidad acústica y térmica de la ventana no se ve afectada por la permeabilidad de los clásicos cajones de persiana enrollable. Un sistema perfecto, sin puntos débiles, que mejora notablemente el rendimiento energético de la parte más débil de la envolvente. Sistemas que además permiten reducir el espesor del muro o complementarlo con más aislamiento. El diseño de los productos permite realizar la instalación y mantenimiento de forma fácil, rápida y cómoda.

La integración de las persianas graduables en los proyecto de obra nueva o renovación se desarrolla de forma natural, sin complicaciones. En el caso de la rehabilitación energética de edificios existentes juega un papel esencial: su diseño apilable y su funcionalidad resuelven en gran medida la complicación de mejorar la eficiencia energética del conjunto de la ventana y la persiana respetando la fachada original.

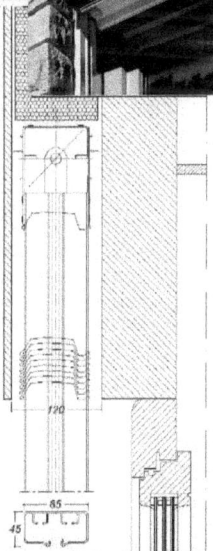

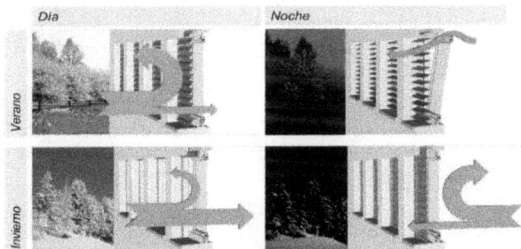

Maximiza el uso de luz natural con persianas graduables

GRIESSER

El uso automático e inteligente de persianas graduables permite regular el paso de luz natural reduciendo así la necesidad de uso de sistemas de iluminación artificial, alargando la vida útil de éstos.

El diseño de un edificio con persianas graduables reduce el consumo eléctrico del mismo. Estos sistemas "conducen" la luz solar al interior del edificio a la vez que evitan la radiación directa sobre las ventanas. La posibilidad de orientar las lamas regulando el flujo de luz natural garantiza un alto grado de confort visual con consecuencias directas sobre la productividad, la salud y el confort de los usuarios.

10 Patrocinadores Plata de la 7ª CEPH

10.1 Knauf

KNAUFINSULATION

Sistema de fachada ligera
AQUAPANEL + SATE

La necesidad de conseguir edificios de energía casi nula, hace plantearse soluciones cada vez más eficaces, con envolventes que ofrezcan unos niveles de aislamiento como el estándar Passivhaus. **El sistema Knauf W322.es desarrollado por Knauf y Knauf Insulation, ofrece un aislamiento excelente en la envolvente para cualquier tipo de obra**, tanto nueva, como en rehabilitación para los casos en que se sustituya la fachada existente. Con esta innovadora solución constructiva, Knauf da un paso más hacia los edificios nZEB, siempre comprometida con una arquitectura sostenible.

Fachada ligera	<71 Kg/m²
Mínimo espesor	<300 mm
Aislamiento acústico	>50 dB(A)
Transmitancia Térmica	U<0,15 W/m² K

Con espesor <300 mm

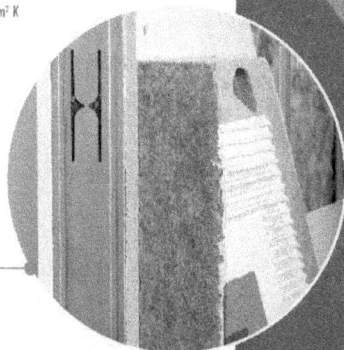

COMPONENTES

1. Canal Knauf exterior 100x40 mm
2. Montante Knauf exterior 100x50 mm
3. Banda acústica 90 mm
4. Lana mineral Ultracoustic R (interior montante)
5. Placa Knauf Aquapanel Outdoor
6. Tornillos Aquapanel Mx si TN 39 mm
7. Placa Knauf A
8. Placa Knauf A FAC
9. Tornillo TN 25 mm (en la cara interior no visibles)
10. Tornillo TN 45 mm (en la cara interior no visibles)
11. Cinta de juntas de malla 10 cm
12. Mortero de juntas Aquapanel
13. Mortero superficial AquapaneLe=5 mm
14. Fijación Mecánica
15. Lana Mineral para SATE de Knauf Insulation
16. Malla Superficial
17. Fondo (Imprimación)
18. Mortero de acabado acrílico

KNAUF | BLUE SYSTEM

› Respuesta idónea a las actuales exigencias del Código Técnico de la Edificación y a los edificios de energía casi nula.

› Niveles de aislamiento térmico y acústico muy superiores que los cerramientos de fachadas tradicionales, con menor peso con el que se podría reducir los costes de estructura y con menor espesor ofreciendo mayor superficie útil.

› Mejora de la eficiencia energética del edificio a través de su envolvente, gracias a sus elevadas prestaciones térmicas, minimizando las pérdidas de calor, mejorando el confort de los usuarios, la demanda energética y consecuentemente los costes derivados

› Se crea una envolvente térmica continua, eliminando puentes térmicos lineales, como frentes de forjado, pilares, contornos de ventanas...

› Minimiza el riesgo de condensaciones intersticiales, transfiriendo el punto potencial de condensación fuera de la estructura del edificio y evitando patologías por humedades

› Sistema aplicable en casas pasivas de acuerdo al estándar alemán Passivhaus, al conseguir reducir la transmitancia del muro de cerramiento a valores inferiores a 0,15 $W/m^2.K$

› Permite una gran variedad de acabados de fachada gracias a la estabilidad y a la elevada temperatura de servicio de la Lana Mineral, así como una amplia flexibilidad en el diseño

› Mejora el aspecto del edificio, revalorizándolo estética y económicamente

› Se reducen los costes de mantenimiento, alargando la vida útil del edificio.

› Rápido de ejecutar.

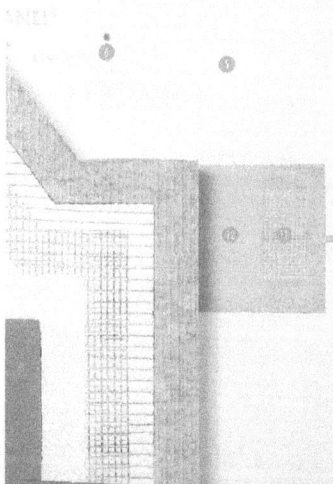

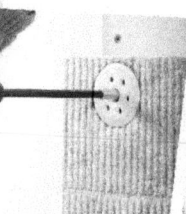

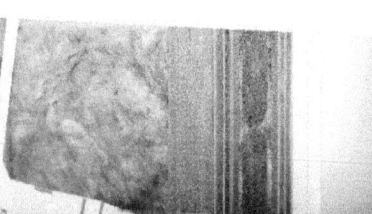

11 Patrocinadores Bronce de la 7ª CEPH

11.1 AIS-AVUÁ

ISO-Chemie Passivhaus

MÁXIMA EFICIENCIA DE SELLADO EN CASAS PASIVAS

Aislamiento térmico de alta eficiencia unido a la optimización de puentes térmicos y a los sistemas de ventilación y recuperadores de energía son todos factores decisivos en las casas pasivas. El manejo de las fuentes y recursos energéticos tienen la prioridad. Cuanto mejor se correspondan entre sí los componentes de la envolvente del edificio, más fácil es conseguir los objetivos de ahorro energético. Junto a sus componentes altamente aislantes térmicamente, las casas pasivas se caracterizan por tener una envolvente del edificio extremadamente hermética. La prueba que determina la estanquidad del edificio es el "test Blower door" y consiste en someter al edificio a una presión diferencial de 50 Pa entre el interior y el exterior. El valor n_{50} resultante nos muestra las renovaciones de aire por hora que será de 0.60 en climas fríos y 1 en climas mediterráneos.

La estanquidad prescrita sólo se logra a través de la interacción entre todos los componentes de la envolvente del edificio, tales como ventanas, puertas y juntas de conexión. De este modo se consigue la eficacia requerida de consumo de energ

NUESTRO SISTEMA DE COMPONENTES PARA CASAS PASIVAS

ISO-CONNECT VARIO SD ,,FIX"

La instalación de ventanas y puertas en los sistemas con térmico (SATE) hacen necesario el uso de membranas de estanquidad como ISO-CONNECT VARIO SD ,,FIX". El valor sd variable de ISO-CONNECT VARIO SD ,,FIX" promueve siempre el secado de las juntas , dependiendo de las condiciones estacionales. El valor sd está comprendido entre 0.2m (difusión-permeable) y 15m (difusión-impermeable). ISO-CONNECT VARIO SD ,,FIX" se fija fácil y rápidamente directamente a una base mineral gracias a una tira adhesiva especial integrada. Esto ahorra tiempo y dinero, ya que no requiere la utilización de otros adhesivos.

CARACTERÍSTICAS DE CALIDAD

- Aumento de la adherencia del enlucido gracias a la práctica malla de fijación de enlucido, dos tiras auto-adhesivas y una superficie adhesiva superior de la cara lanosa.
- Fácil instalación incluso en superficies difíciles como cemento, madera o ladrillo y mamposterías de piedra caliza.
- Un solo producto para interior y exterior.
- Alto efecto de secado de las juntas gracias al mecanismo funcional de regulación de humedad.

ISO TOP WINFRAMER

La instalación frontal de puertas y ventanas en los sistemas de aislamiento térmico exteriores (SATE) es muy complicado. El nuevo sistema de instalación ISO-TOP WINFRAMER hace que la instalación, la fijación mecánica y el sellado sean significativamente más fáciles. El sistema de soportes de 80 mm a 200 mm ofrece una proyección con muy buen aislamiento térmico y estabilidad. El núcleo de aislamiento térmico está conectado mediante un mecanismo de bisagra que garantiza una integración fiable en el SATE. La instalación de ISO-TOP WINFRAMER permite el uso óptimo de las cintas multifuncionales de sellado.

CARACTERÍSTICAS DE CALIDAD

- Instalación precisa en sistemas de aislamiento térmico.
- Reducción de los puentes térmicos estructurales gracias a los excepcionales valores térmicos de sus componentes.
- Para proyecciones hasta 200 mm.

ISO-BLOCO ONE

La característica de producto único de estanquidad absoluta y un valor de 0.00 incluso supera los valores de estanquidad requerido en el test "Blower door". Lo que antes solo era posible hacerlo láminas ahora se puede hacer con la cinta multifuncional ISO-BLOCO ONE. Los beneficios de una rápida instalación con plena eficacia.

CARACTERÍSTICAS DE CALIDAD

- 3 niveles de sellado en un solo producto.
- Sellado de un amplio rango de juntas diferentes con unas pocas dimensiones de cintas.
- Adecuado para casas pasivas.

ISO-CONNECT OUTSIDE EPDM

La norma DIN 18195 prescribe el sellado con láminas EPDM de al menos de 1,2 mm de espesor para la parte inferior, conexión de puerta con el exterior y elementos a nivel de suelo.

CARACTERÍSTICAS DE CALIDAD

- Sellado exterior permanente.
- Alta capacidad de estiramiento, compensa los movimientos de las juntas.
- Extremadamente resistente a la temperatura y al agua.
- Sellado conforme al estándar DIN 18195

Más información en www.aisavua.com – info@aisavua.com

11.2 Energiehaus

ENERGIEHAUS
EDIFICIOS PASIVOS

ENERGIEHAUS ARQUITECTOS es una entidad pionera en el diseño y la certificación de edificios de muy bajo consumo energético, con una amplia experiencia como arquitectos siguiendo el protocolo internacional Passivhaus. Figuramos como líderes en la aplicación del estándar Passivhaus en climas cálidos como primera entidad española homologada para certificar edificios bajo este estándar a través de nuestro director, Micheel Wassouf.

Passivhaus está reconocido internacionalmente como el estándar más exigente en eficiencia energética y confort térmico para los usuarios, siendo así el equivalente a los edificios de Energía casi Nula (edificios nZEB), estándar obligatorio en los estados de la Unión Europea a partir del 2019.

En ENERGIEHAUS ARQUITECTOS tenemos en plantilla a varios expertos con el título de Certified Passivhaus Designer y disponemos de destacada experiencia en la certificación medioambiental de edificios. Además, disponemos de un evaluador acreditado de la herramienta de certificación medioambiental Española VERDE, y de un experto certificado en LEED-AP.

PASSIVE HOUSE
CERTIFIER
Passive House Institute accredited

DESIGNER
CERTIFIED
PASSIVE HOUSE
DESIGNER

En ENERGIEHAUS ARQUITECTOS llevamos desde su creación en 2008 una destacada labor en la adaptación y el desarrollo de este estándar de construcción para los climas de la Península Ibérica: gran parte de los edificios certificados en Passivhaus en España han pasado por nuestro despacho.

A través de Micheel Wassouf, director de Energiehaus Arquitectos SL y socio fundador de la asociación Española Passivhaus (PEP-Plataforma Edificación Passivhaus), llevamos además una actividad destacada en la docencia y difusión del estándar. Organizamos desde 2011 los cursos llamados Certified Passivhaus Designer, junto con los exámenes oficiales del Passivhaus Institut para obtener el título oficial que da nombre a este curso.

GBCe
EA
VERDE

Micheel Wassouf también es evaluador acreditado (VERDE-EA) para el sistema VERDE, que es el sistema Español de certificación ambiental (equivalente a LEED en EE.UU). Está desarrollado por Green Building Council España (GBCe). La Certificación GBCe – VERDE supone el reconocimiento por una organización independiente tanto del promotor como del proyectista de los valores medioambientales de un edificio a través de una metodología de evaluación internacionalmente reconocida.

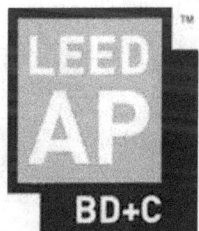

LEED
AP ™
BD+C

A través de nuestro experto LEED AP desarrollamos la certificación LEED (Leadership in Energy & Environmental Design), que es el sistema de certificación en construcción verde más usado a nivel mundial. LEED controla y verifica de modo científico los parámetros de sostenibilidad en el diseño y la construcción de edificios o barrios enteros, incluyendo los parámetros económicos, sociales y medioambientales. Así se reducen los gastos en recursos naturales, se ahorra en consumo energético, y a la vez se entregan a los usuarios edificios sanos con un alto confort térmico y social.

ENERGIEHAUS ARQUITECTOS - DISEÑO Y FORMACIÓN DE EDIFICIOS PASIVOS S.L.
C/Ramón Turró 100-104, 3-3 08005 Barcelona | +34 931 280 955 | info@energiehaus.es

www.energiehaus.com

11.3 House Habitat

Estem construint habitatge unifamiliar a Castelldefels

ESTÀNDARD
PASSIVHAUS

Habitatge unifamiliar a Tossa de Mar (Girona)

Edifici unifamiliar a Barcelona

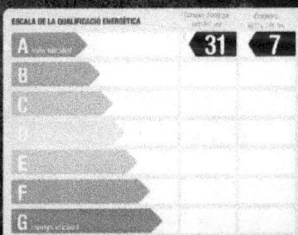

house habitat

CASAS PASIVAS BIO

11.4 Rothoblaas

11.5 Siber

Cuida de ti, y del medio ambiente

Primera Passivhaus certificada de la Comunidad de Madrid

Siber está presente en la primera casa Passivhaus certificada de la comunidad de Madrid. La vivienda unifamiliar cuenta con un **sistema de ventilación con recuperación de calor individualizado de alto rendimiento.**

Para que una vivienda obtenga el certificado Passivhaus Institut de Alemania, se tienen que cumplir una serie de exigentes estándares sobre eficiencia energética, que aseguran un alto nivel de confort interior ya sea en verano o en invierno y reducir hasta el 90% del consumo energético de la vivienda.

La promotora **100x100 Madera**, son especialistas en la construcción ecológica y pasiva, es por eso que han decidido realizar esta vivienda showroom para dar a conocer a sus clientes el sistema constructivo, donde su principal misión es conseguir el **máximo ahorro energético** utilizando materiales naturales y con un diseño personalizado.

El **sistema de ventilación VMC DF Siber** colocado en la vivienda, está compuesto por un equipo de ventilación mecánica controlada de doble flujo con **recuperación de energía de hasta el 95%**, además se ha incluido una batería con efecto enfriamiento/calentamiento que permite atemperar el aire que entra en la vivienda dependiendo de las condiciones climáticas en las que se encuentre en el exterior.

Todo ello unido a la red de conductos y accesorios termoplásticos Siber® Safe Fix tanto en insuflación de aire nuevo en estancias secas como extracción de aire en estancias húmedas, permite un efecto barrido en toda la vivienda para conseguir una temperatura uniforme.

Gracias al sistema de ventilación con recuperación de calor, la vivienda tiene una excelente calidad del aire interior además de cuidar la salud de las personas que habitan en ella, eliminando así la presencia de multitud de contaminantes y reduciendo los efectos adversos de la producción de gases por el efecto invernadero.

VENTILACIÓN DE CONFORT, SALUD Y EFICIENCIA ENERGÉTICA

☑ Aire limpio con una ventilación higiénica
☑ Renovación del aire en ausencia
☑ Evitar la aparición de humedades
☑ Filtrado del aire de admisión evitando la entrada de partículas
☑ Recuperación energía térmica (hasta 95% confort térmico)
☑ Refrescamiento nocturno (bypass incorporado 100% automático)
☑ Disminución de la demanda en calefacción y refrigeración
☑ Aislamiento acústico y red de conductos estancos

ESTANQUEIDAD GARANTIZADA, REDES DE VENTILACIÓN SIBER

Para garantizar el correcto funcionamiento del sistema, la red de ventilación debe cumplir con la máxima estanqueidad para garantizar el mínimo consumo energético y el correcto equilibrado del sistema de ventilación de la vivienda.

En la vivienda se ha incluido conductos aislados Siber® Air Isolante para reducir las pérdidas térmicas y la condensación en los conductos. Además para la red de distribución de aire interior se ha ejecutado con los conductos y accesorios Siber® Safe Fix, sistema totalmente patentado gracias a sus **juntas de EPDM** que garantizan una fijación perfecta y evita cualquier tipo de fugas (**UNE-EN 12237 Classe D**).

MAS INFORMACIÓN:
www.siberzone.es ó siber@siberzone.es
93 861 62 61

11.6 Weru

weru
Ventanas y puertas *para toda la vida*

Descubra con Weru los sistemas de ventanas y puertas que se adaptan a sus necesidades como ningún otro a los estándares de construcción PassivHaus.
Fabricamos completamente la ventana, desde el vidrio hasta el cajón de persiana, ofreciendo sistemas completamente desarrollados y testados

Niveles de aislamiento térmico en ventanas hasta Uw=0,67 W/(m²K) y en puertas hasta Ud=0,47 W/(m²K)

Sistemas en PVC, PVC-Aluminio y Madera-Aluminio

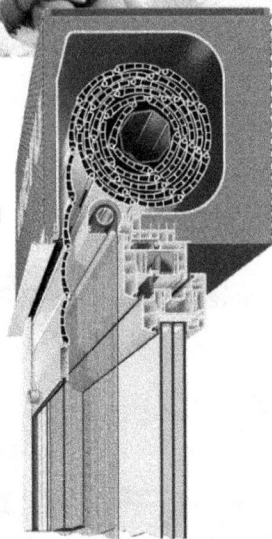

Sistema de cajón Frío-Stop
Coef. U_{sb}=0,45 W/(m²K)

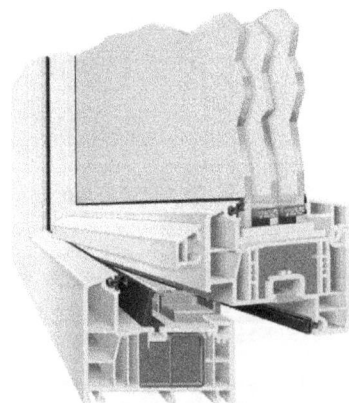

Características técnicas de AFINO-tec
Perfil
   Perfil de 6 cámaras
   Profundidad 86 mm
Aislamiento térmico
   Coef. U de la ventana hasta U_w=0,67 W/(m²K)
   Coef. U del vidrio hasta U_g=0,4 W/(m²K)
Aislamiento acústico
   Insonorización de la ventana hasta R_w=47 dB
Juntas
   Juntas de EPDM extremadamente resistentes
Seguridad
   Seguridad hasta clase WK3 / RC3 según EN EN 1627-1630
Dimensiones máximas de hoja
   Ventana 1600 mm x 1700mm
   Balconera 1300 mm x 2600 mm

Sistema de PVC AFINO-tec MD

**Sistema de madera-aluminio
UNILUX DesignLine 0.7**

Con más de 150 años de experiencia, el grupo
WERU, fabrica en Alemania cada año más de
600.000 ventanas. Todo acorde a la normativa
RAL y certificación ift.

www.weru.es

UNILUX®
Ventanas y puertas
CALIDAD PARA SU HOGAR

11.7 Roto Frank

WECO WINDOWS II by Roto Frank

La Mejor ventana de madera del Mundo

WECO abre la ventana a las vistas y la luz. Desarrollada por un equipo de arquitectos españoles, sus vidrios sin marco aprovechan al máximo el hueco para una mayor transparencia, mientras sus altas prestaciones técnicas aseguran el máximo confort.

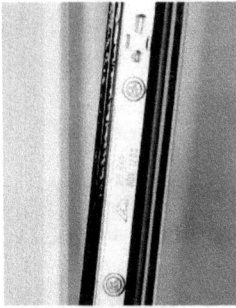

WECO pone la clásica ventana de madera al día, adaptando los últimos avances técnicos para crear un sistema de altas prestaciones con un diseño tan elegante como innovador.

Su adelanto más rotundo: el vidrio es auto-portante y sin marco, convirtiéndose en un limpio plano transparente. Así se consigue maximizar las dimensiones de la apertura, sin obstrucción alguna por elementos estructurales.

El vidrio, de doble o triple acristalamiento, se monta sobre el interior del marco de madera, y es completamente practicable en una variedad de opciones: oscilo-batiente, corredera y abatible. El sistema permite huecos ininterrumpidos de hasta seis metros de largo.

El plano de vidrio se cierra herméticamente sobre el marco de madera a base de la tecnología más sofisticada en herrajes y juntas. Con su triple junta se aseguran los máximos niveles de estanqueidad y de aislamiento térmico y acústico, cumpliendo con las normativas europeas más estrictas. La versión con triple acristalamiento alcanza los niveles de exigencia demandados por la "Passivhaus".

El plano de vidrio se cierra herméticamente sobre el marco de madera a base de la tecnología más sofisticada en herrajes y juntas. Con su triple junta se aseguran los máximos niveles de estanqueidad y de aislamiento térmico y acústico, cumpliendo con las normativas europeas más estrictas. La versión con triple acristalamiento cumple con los niveles de exigencia de la "Passivhaus". La máscara perimetral del vidrio interior está acabado con pintura al horno (Vitrificado, antes del temple, se le aplica uno o varias capas de pintura que quedan vitrificadas a una temperatura superior a los 600ºC), en cualquier color. La madera, extraída de bosques con gestión forestal sostenible, es un laminado de gran estabilidad y resistencia, acabada con barnices de bajo mantenimiento y garantía de hasta 15 años.

La solución de Roto Frank

NT Designo 150 kg

La solución de bisagra oculta para grandes pesos de hoja y ventanas estéticamente perfectas.

- Ángulo de apertura de máximo de 100º para una visión exterior ilimitada

- Ventanas Practicables / oscilo-batientes de madera, PVC y perfiles de aluminio con canal de 16 mm

- Peso de la hoja de hasta 150 kg

Roto Power Hinge

Bisagra para ventanas especialmente grandes.

- Ventanas practicables / oscilo-batientes de madera

- Pesos de hoja de 200 Kg. para ventanas oscilo-batientes y 300 kg para practicables

- Canal Ancho de hoja máximo: 1600 mm / Altura de hoja máximo: 3000 mm

WECO WINDOWS ha sido distinguida con el RED DOT AWARD: PRODUCT DESIGN 2015, un galardón que reconoce los mejores diseños de productos a nivel internacional.

reddot design award

Nuestra ventana WECO 2C ha sido seleccionada por un jurado internacional formado por 38 expertos, que ha valorado 4.928 productos provenientes de 56 países.

Red Dot premia la excepcionalidad en el diseño bajo el lema "En busca de la excelencia". El concurso se ha convertido en una de las mayores competiciones para conceptos de diseño. La marca de calidad Red Dot representa una característica distintiva para la innovación en diseño. Los miembros del jurado examinan los productos presentados en base a los siguientes criterios: grado de innovación, calidad estética, posibilidad de realización, funcionalidad y utilidad, contenido emocional e impacto del proyecto.

11.8 Soudal

SWS® SOUDAL WINDOW SYSTEM

¿aún no sabes por dónde se te escapa la energía?

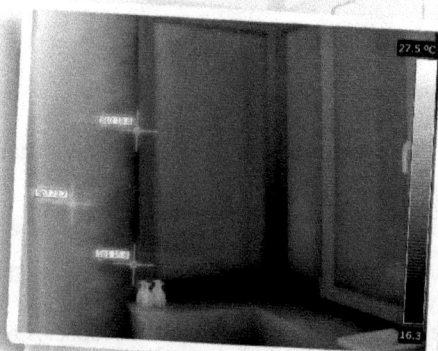

25%-30% de pérdida de energía

30%-40% de las infiltraciones

www.**soudal**.es

11.9 Maco

INTRODUCCIÓN

El grupo MACO siendo una multinacional austriaca ha desarrollado un departamento específico para la instalación óptima de ventanas y puertas. Este departamento ha efectuado los estudios pertinentes y ensayos de cómo se tiene que realizar dicha instalación para la construcción de una vivienda Passivhaus, en la que se establecen 3 barreras fundamentales, estanqueidad al agua, aislamiento acústico y térmico e impermeabilidad al agua (barrera vapor).

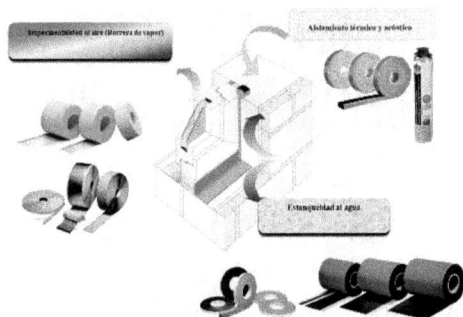

DATOS TEÓRICOS DE PARTIDA

En una construcción Passivhaus es importante saber que su base no deja de ser una construcción convencional, no estamos inventando nada nuevo, la diferencia está en el cumplimiento de 5 factores imprescindibles, la envolvente, ventilación, ventanas y puertas, puentes térmicos y sobre todo una previsión de ejecución en todas sus secciones constructivas en las cuales su resultado sea determinante para su rendimiento energético, es decir prever con antelación todos estos detalles constructivos importantes antes de su ejecución, desde nuestro punto de vista incluiríamos otro factor a tener en cuenta, el seguimiento diario de la ejecución del proyecto por parte de los técnicos, ya que como sabemos durante dicha ejecución surgen problemas, de los cuales se deben tomar soluciones por parte de los técnicos ya que son los cualificados para dar soluciones sobre todo en este tipo de construcciones.

Como ya hemos mencionado las ventanas y puertas son uno de los factores imprescindibles a tener en cuenta en Passivhaus, teniendo que ser de una calidad y prestaciones más altas que un cerramiento convencional.

Hoy en día ya disponemos de fabricantes que nos garantizan esta calidad requerida para la construcción Passivhaus, pero de lo que no disponemos es de su formación para la instalación de las mismas, siendo este un punto muy importante a tener en cuenta ya que las ventanas y puertas son los elementos que rompen la continuidad en la fachada que ya tenemos aislada y con una transmitancia óptima para su rendimiento energético.

Maco Herrajes propone y da formación a sus clientes de cómo se tiene que hacer una instalación correcta de las ventanas y puertas

Las 3 barreras fundamentales a cumplir para obtener un producto de calidad.

Estanqueidad al agua (exterior)

Dicha instalación siempre nos tiene que asegurar una estanqueidad al agua en las ventanas en su lado exterior donde debemos utilizar productos de calidad que nos aseguren su función. Dependiendo de los detalles constructivos de las fachadas y de cómo se ubiquen dichos cerramientos dispondremos de una gran variedad de productos para resolver la estanqueidad al agua. (Ejemplo figura 1)

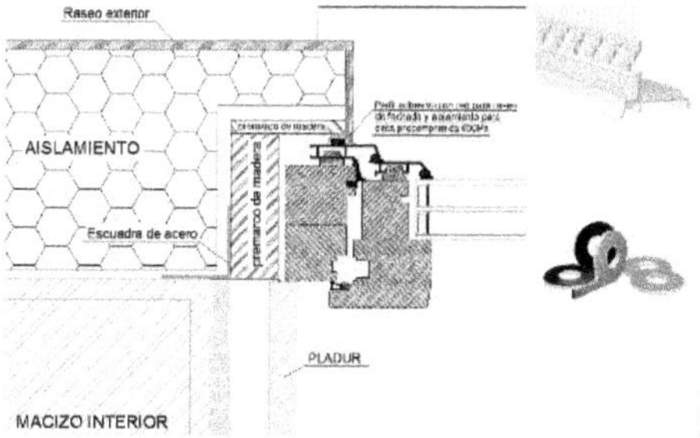

Figura 1

En esta solución constructiva la cual se compone de un macizo interior, una capa de aislante por el exterior (16cm aprox.) con un acabado en raseo y posteriormente pintado se propone una cinta precomprimida de 600Pa que nos asegura la estanqueidad al agua y un perfil de PVC con red para raseo que nos evitara la formación de grietas las cuales serían un paso importante a la entrada de agua entre la unión de la carpintería y la fachada, siendo estas muy habituales en este punto, por dilataciones, asentamientos de la estructura e incluso con la apertura y cierre de las ventanas.

Aislamiento acústico y térmico

En la zona de la junta intermedia siempre se debe cumplir la barrera del aislamiento acústico y térmico, que lo realizaremos con espuma de poliuretano de alta calidad, la cual nos tiene que proporcionar una barrera acústica y térmica para asegurar sus prestaciones en todo su perímetro, nosotros proponemos una espuma de 65dB, con una elasticidad superior a una convencional para absorber en todo momento los movimientos producidos por dilataciones, asentamientos estructurales, etc. La cual tiene una baja expansión por lo que siempre nos asegurara evitar deformaciones en los premarcos y marcos de ventanas y puertas, evitando a su vez que cuando se tengan que colocar los remates interiores se tenga que recortar dicha espuma ya que si se realiza un corte estamos debilitando sus funciones.

Siempre se ubicara la espuma en todos los huecos de aire que hay entre las juntas del muro-premarco y premarco-marco evitando asi todo tipo de transmisiones acústicas y térmicas en estos espacios vacíos, como podemos observar en la figura 2

Impermeabilidad al aire (Barrera al vapor de agua)

Una de las barreras más importantes a tener en cuenta es la impermeabilidad al aire ya que como todos sabemos la continuidad del aislamiento e impermeabilidad debe de sr continua en toda la envolvente de la casa, haciendo mención a la famosa regla del lápiz.

Además de asegurarnos dicha impermeabilidad al aire tiene que proporcionarnos barrera al vapor de agua que se genera en el interior de la vivienda pudiendo liberar este vapor de agua según las condiciones ambientales en el interior y exterior (humedad relativa del aire) de esta forma siempre mantendremos la junta de la ventana con el muro seca evitando la formación de moho y condensaciones que se nos mostrarían a lo largo del tiempo en el interior de la vivienda.

Dentro de la gama de membranas para la impermeabilidad al aire tenemos una gran variedad de ellas, en cuanto a su medida, butílicos, red para lucido, etc. Siempre dependiendo de los detalles constructivos para la instalación de ventanas y puertas.

En la figura 3 podemos observar una solución en la que la membrana de impermeabilidad al aire está compuesta de una red para un raseo interior la cual nos asegura una fijación perfecta evitando toda filtración de aire, la membrana recubre toda la unión entre el muro y el premarco fijándose a este con un adhesivo especial para materiales de construcción, la solución que hemos tomado en la junta del premarco y marco ha sido mediante un sellado de silicona ya que este nos aumenta el rendimiento acústico en la unión de la carpintería.

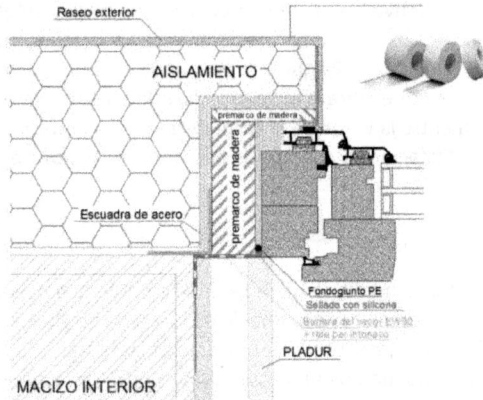

CONCLUSIONES

Dentro de las construcciones Passivhaus la instalación de sus cerramientos es un factor muy importante como ya hemos visto anteriormente, ya que la unión entre el muro y la ventana debe de ser optimo en todo su perímetro el cual nos tiene que garantizar todo el rendimiento energético de las ventanas que hemos elegido para un proyecto Passivhaus, recordando que una ventana o puerta para exterior no es un producto terminado hasta que no está instalado correctamente.

11.10 Sto

Soluciones en sistemas de aislamiento térmico del líder en el mercado

Sistemas certificados de Sto, especialmente para su uso en casas pasivas, y que llevan décadas probando su eficacia. La variada gama de sistemas de aislamiento de Sto ofrece la solución adecuada para cada necesidad – y tiene ventajas decisivas en cuanto a calidad.

StoTherm Mineral

Aislamiento térmico exterior mineral. Mayor resistencia al fuego

Ventajas del sistema

- No inflamable
- Alta resistencia contra microorganismos (algas y hongos)
- Elevada protección sonora
- Elevada resistencia al agrietamiento
- Soporta cargas mecánicas
- Elevado aislamiento térmico
- Elevada resistencia a los agentes atmosféricos
- Elevada permeabilidad al CO_2 y al vapor de agua

StoTherm Wood

Ecológico y seguro

Ventajas del sistema

- Resistencia mecánica
- Elevado aislamiento térmico
- Óptima protección térmica en verano
- Gran permeabilidad al CO_2 y al vapor de agua
- Combustibilidad normal
- Muy buenas propiedades de aislamiento acústico
- Certificado Natureplus

Sto | Construir a conciencia.

sto

Un ambiente sano para cada interior

Los productos Sto para interiores cumplen con las normas ambientales más estrictas. La mayoría cuentan con sellos de calidad para la construcción y vivienda sostenible.

StoTherm In Comfort

Sistema de aislamiento interior puramente mineral basado en paneles aislantes de perlita

Ventajas del sistema

- Permeable a la difusión
- No se requiere barrera de vapor
- No inflamable
- Mineral
- Sistema macizo, sin sonido a hueco
- Con certificación natureplus®
- Aplicación sencilla

natureplus

StoTherm In Simo

Sistema de aislamiento interno eficiente y económico

Ventajas del sistema

- Permeable a la difusión
- No se requiere barrera de vapor
- Económico

StoTherm In Aevero

La revolución del aislamiento interior. Aislamiento fino, gran eficiencia

Ventajas del sistema

- Sistema de aislamiento de alto rendimiento
- No implica necesariamente una reubicación de las instalaciones de la vivienda
- Poca pérdida de espacio
- Combinable con el actual sistema StoTherm In Comfort

Sto | Construir a conciencia.

11.11 Ursa

AISLAMIENTO TÉRMICO Y ACÚSTICO

URSa
uralita

Insulation for a better tomorrow

URSA es proveedor de materiales aislantes y sistemas de aislamiento. Somos una de las empresas europeas líderes en el sector de aislantes, y con nuestros principales productos, lana mineral y poliestireno extruido, cubrimos todas las aplicaciones constructivas en los ámbitos del aislamiento térmico y acústico y en conductos de climatización.

URSA, en su objetivo de mejorar el confort del usuario de la vivienda, y consciente de que el 40% de la energía consumida en Europa es responsabilidad de los edificios, ofrece distintas soluciones de aislamiento térmico y acústico con lana mineral y poliestireno extruido, para conseguir:

* Economizar energía de calefacción y refrigeración en los edificios.
* Mejorar el confort interior, tanto desde un punto de vista térmico como acústico.
* Evitar condensaciones y humedades de los cerramientos.
* Mejorar el aislamiento acústico de los cerramientos.
* Facilitar la labor a todos los intervinientes en el proceso constructivo, de tal forma que puedan escoger las soluciones constructivas más idóneas para cumplir con los requerimientos de la normativa vigente.
* Ayudar a realizar edificios más sostenibles, respetuosos con el entorno, mediante la información contenida en las Declaraciones Ambientales de Producto.

LOS PRODUCTOS URSA DE LANA MINERAL

LANA MINERAL URSA TERRA, URSA GLASSWOOL Y URSA AIR

Las lanas minerales URSA son productos de origen natural, mineral e inorgánico, compuestos por un entrelazado de filamentos aglutinados mediante una resina ignífuga.

Las principales prestaciones de la lana mineral de URSA, además de protección frente al fuego y protección higrotérmica, son:

* **Protección térmica.** Baja conductividad que permite conseguir el máximo confort térmico cumpliendo con los requerimientos del CTE DB HE1.
* **Protección acústica.** Mejora el aislamiento acústico en las soluciones constructivas donde se incorpora.

LOS PRODUCTOS URSA XPS

Por su naturaleza, características técnicas y prestaciones, el poliestireno extruido **URSA XPS** es la respuesta tecnológica más avanzada en el campo del aislamiento térmico, puesto que aporta a los elementos constructivos a los que se incorpora notables beneficios.

Sus principales características técnicas son:

* **Confort térmico.** Su estructura celular cerrada y el avanzado proceso tecnológico de producción confieren al URSA XPS su carácter aislante.
* **Resistencia mecánica.** Permitiendo a los paneles soportar elevadas cargas a compresión así como minimizar la fluencia en el caso de cargas permanentes.
* **Resistencia frente al agua.** URSA XPS presenta grados de absorción de agua prácticamente nulos, ya sea por difusión o inmersión, siendo especialmente adecuados para aplicaciones en cubiertas.

www.ursa.es
webmaster.ursaiberica@uralita.com

11.12 Deceuninck

www.deceuninck.es

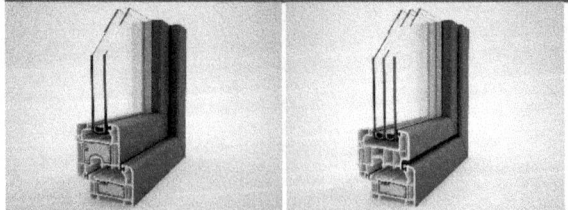

11.13 Saint Gobain

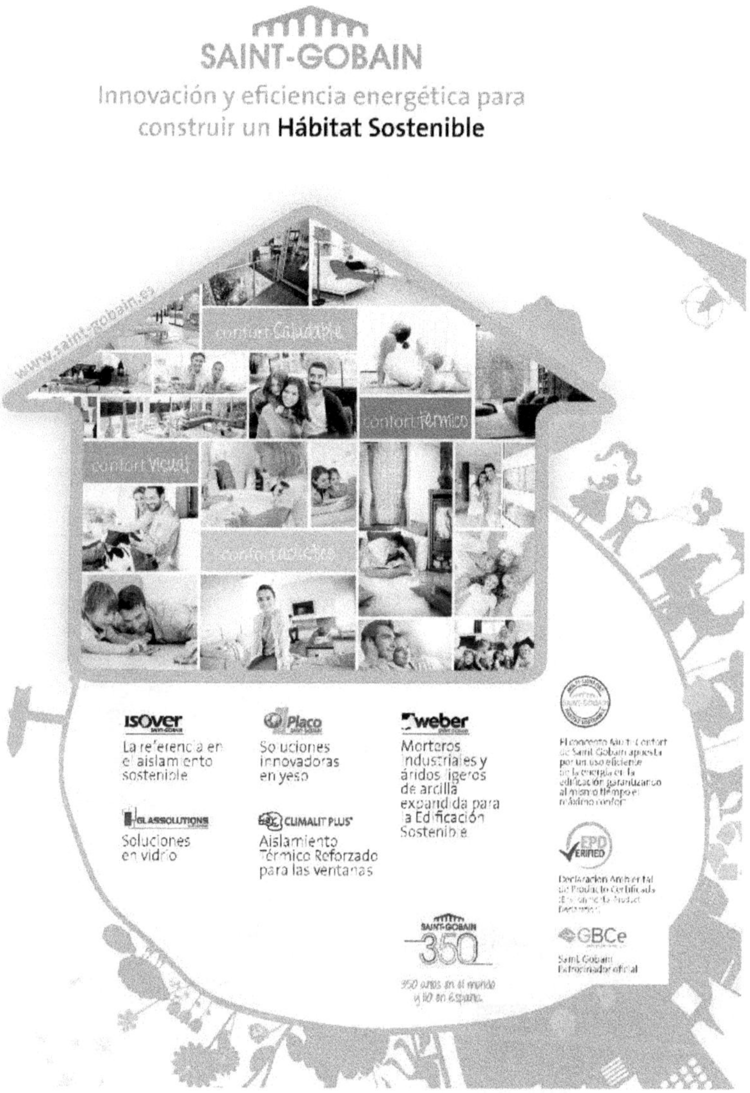

11.14 Blas Recio

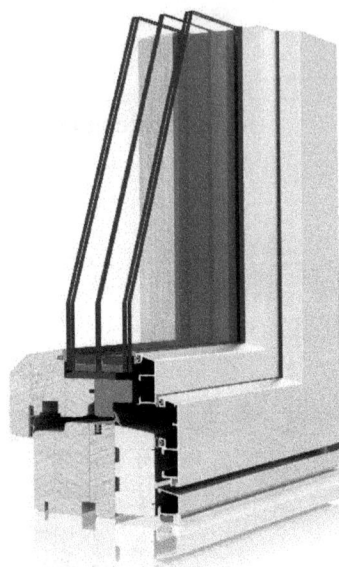

uni_one TERMOSCUDO

0,8 W/(m²K)

ahorro energético, sostenibilidad, confort y diseño
todo ello está a tu alcance **uni_one**

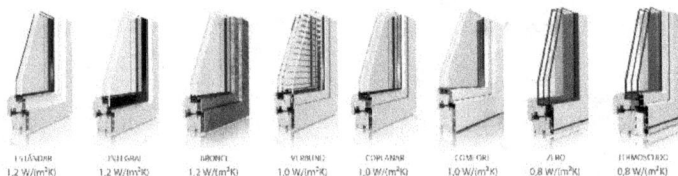

ESTÁNDAR	PVC GRIS	BRONCE	VIDRIO N2	COPLANAR	CONFORT	ALBO	TERMOSCUDO
1,2 W/(m²K)	1,2 W/(m²K)	1,2 W/(m²K)	1,0 W/(m²K)	1,0 W/(m²K)	1,0 W/(m²K)	0,8 W/(m²K)	0,8 W/(m²K)

Aislamiento Térmico:
$U_{ventana}$ entre 0,8 y 1,2 W/(m²K)

Aislamiento Acústico:
hasta 43 rw (dB)

EFFICIENT WINDOWS
BLASRECIO
E HIJOS S.L.

www.uni-one.es

info@uni-one.es   Tel. 918630046

www.ingramcontent.com/pod-product-compliance
Lightning Source LLC
Chambersburg PA
CBHW051814090426
42736CB00011B/1472